大国的坎

如何破解"卡脖子"难题

金海年 顾强 巩冰 等 —— 著

中国出版集团
中译出版社

图书在版编目（CIP）数据

大国的坎：如何破解"卡脖子"难题 / 金海年等著. -- 北京：中译出版社，2022.3（2022.11 重印）
　ISBN 978-7-5001-6818-8

Ⅰ. ①大… Ⅱ. ①金… Ⅲ. ①中国经济—经济发展—研究 Ⅳ. ① F124

中国版本图书馆 CIP 数据核字（2021）第 266574 号

大国的坎：如何破解"卡脖子"难题
DAGUO DE KAN: RUHE POJIE "QIABOZI" NANTI

著　　者：金海年　顾　强　巩　冰　等
策划编辑：于　宇　方荟文
责任编辑：于　宇　方荟文
出版发行：中译出版社
地　　址：北京市西城区新街口外大街 28 号普天德胜大厦主楼 4 层
电　　话：（010）68002494（编辑部）
邮　　编：100088
电子邮箱：book@ctph.com.cn
网　　址：http://www.ctph.com.cn

印　　刷：北京顶佳世纪印刷有限公司
经　　销：新华书店
规　　格：787 mm×1092 mm　1/16
印　　张：24.5
字　　数：263 千字
版　　次：2022 年 3 月第 1 版
印　　次：2022 年 11 月第 3 次印刷

ISBN 978-7-5001-6818-8　　　　定价：78.00 元

版权所有　侵权必究
中 译 出 版 社

序

当今世界正经历百年未有之大变局,我国发展环境面临深刻复杂的变化。经济全球化是社会生产力发展的客观规律和科技进步的必然结果,为世界经济增长提供了强劲动力。近年来,世界经济动荡变革,经济全球化遭遇逆流。美国政府封杀华为、中兴等企业,对我国高科技领域实施"卡脖子"日趋频繁,被美国列入"实体清单"的中国企业和机构不断增加。中华人民共和国成立以后就一直面临各种经济技术封锁,从"巴统"到"瓦森纳协定",西方国家对我国经贸、科技的遏制始终没有停歇。美国视我国为主要竞争对手,网罗其盟友对我国的遏制、封锁、打压将长期存在。

我国产业基础高级化、产业链现代化的任务十分繁重。电子信息、高端装备制造、航空航海、智能仪表仪器、医药医疗器械等行业大量进口关键性零部件、元器件、关键材料及关键设备。以半导体产业为例,我国高端芯片90%需要进口;虽具备较强芯片设计能力,但电子设计自动化(EDA)软件被发达国家垄断;封装测试处于先进水平,但芯片制造环节薄弱,高端芯片几乎全部要外委代工;半导体设备与材料依赖进口,光刻机成为"瓶颈"。我们要从创新驱动入手,补齐产业链、创新链、供应链中的若干短板,在关系国计民生、国家命脉与国家安全的关键领域尽快实现自主可控。

工业是立国之本，制造业是强国之基。要成为制造强国并力争走在前列，需要改革创新、自强自立、久久为功，扎扎实实办好自己的事情。习近平总书记指出，关键核心技术是要不来、买不来、讨不来的，只有把关键核心技术掌握在自己手中，才能从根本上保障国家经济安全、国防安全和其他安全。我国超大规模市场孕育着巨大商机，拥有较完整的制造配套能力、综合素质较高的产业大军，工业、制造业发展具有坚强有力的支撑。唯有建立健全自主创新体系，改善和优化发展环境，千方百计突破关键核心技术，切实增强我国产业在国际上的话语权，才能真正实现中华民族伟大复兴。

如何统筹谋划、精准发力，化解"卡脖子"的困局？本书作者金海年、顾强、巩冰带领各自研究团队从经济学维度构建了系统性的分析框架，分析了当前"卡脖子"的科技、资源、交通、规则和平台等五大领域，同时剖析了数字经济时代"卡脖子"的特点、形式和手段，研究提出了大国崛起中对"卡脖子"的破解之道。值此图书付梓出版之际，谨以此序表示祝贺，并期望在未来条件允许的情况下，研究团队继续深入研究，形成系列化研究成果，为建设制造强国、网络强国发挥积极作用。

李毅中

2021 年 11 月 2 日

前　言

2016年以来，中美博弈加剧，国际形势发生剧烈变化，美国在诸多领域采取"卡脖子"手段，令我国在经济发展等多个方面遭受了较大影响。

针对"卡脖子"的挑战，我国立刻采取了一系列的应对措施，不过在理论角度的分析研究尚未系统展开，尤其是当前的认识主要集中在技术等已发生影响的领域，而对于技术以外和其他未来可能受到影响的领域，在学术、理论以及全局战略层面，都缺乏系统性的研究与分析。

2021年1月，作者在新供给宏观经济论坛上提出，"卡脖子"源自国家垄断，不仅包括科技垄断，还包括资源垄断、规则垄断和平台垄断。应中译出版社之邀，我们编写此书，展开系统性的分析，提供解读与解决"卡脖子"问题的新视角。

本书希望从"卡脖子"发生的根源、理论出发，纵览历史上各国的经验与教训，梳理已经发生以及可能发生"卡脖子"的领域，提出系统性分析框架，探讨应对策略，期望避免"头痛医头、脚痛医脚"和疲于应急、疏于战略的被动局面。

"卡脖子"并非新现象，而是从古至今国家间竞争与博弈的常见手段。

"卡脖子"不仅发生在技术领域,而是涵盖了科技发明与专利、制造技术与工艺等科技方面,能源矿产等自然资源方面,交通与运输通道等地理空间方面,贸易与金融等国际规则方面和数字经济时代的数据资源、数字空间等平台方面等五大领域。在这些领域,我们都需要做好应对准备。

深究"卡脖子"的理论根源,既包括"卡脖子"主动一方的竞争意愿、能力,也包括被"卡脖子"一方的需求刚性和难以完全自主的局限性;既有先发优势和先发劣势,也有后发优势和后发劣势。从经济学理论视角来看,"卡脖子"现象就是国家间的垄断与反垄断、控制与反控制的博弈。

针对"卡脖子",既需要见招拆招的直接应对和"揭榜挂帅",也需要国际联盟的合纵连横,更需要从科技创新、技术与产业补短板、积极参与和推动国际规则改革升级等方面制定系统性战略,还需要建立合作博弈的长期良性竞争准备,同时要充分抓住当前世界合作抗疫、合作应对环境生态保护和气候变化的中长期机遇,逐步构建、优化新的国际秩序体系和格局,将民族复兴和世界发展统一起来,打造世界命运共同体,实现世界各国、各民族、各文明的和而不同和相互包容,在竞争中合作,在合作中共同进步。

本书以历史研究、案例研究、文献分析和理论框架创新构建及系统综合为主要研究方法,从当前挑战、历史总结、他国案例、理论剖析等视角展开研究,并提出实践建议的初步思路。在写作过程中,本书期望带来以下五个方面的创新。

一是率先系统性梳理总结了五大类"卡脖子":科技"卡脖

子"、资源"卡脖子"、交通"卡脖子"、规则"卡脖子"和平台"卡脖子"。

二是将"卡脖子"问题的本质归结为国家垄断，建立了大小国模型，初步建立了国家博弈的理论分析框架基础。

三是系统性提出了先发和后发经济体的优势与劣势理论框架。

四是系统性总结了各国"卡脖子"的历史经验与教训，分析了当前国际主要力量之间的"卡脖子"格局。

五是系统性、预见性地探讨了大国崛起中的"卡脖子"破解之道。

但是由于时间和研究专业、研究能力和精力所限，本书在资源、规则等方面未能全面充分展开，只做了部分重点的说明；在科技"卡脖子"方面仅做了部分技术的阐述，未能对科技创新和产业技术工艺进行详细分析，对农业的种源方面也仅限于以部分粮种、农作物和肉猪、肉鸡为例进行了初步分析，涵盖并不全面。

总体上，本书仅仅开启了对五大类"卡脖子"的部分典型领域的分析框架和初步描述，更加完整和系统的研究以及更加具体的应对建议，期望能够在后续研究中补足。

未来条件允许的情况下，我们计划进一步深化完成"卡脖子"理论体系的构建，并针对科技创新和产业技术工艺以及产业链关键环节的垄断模式展开研究，针对能源和矿产资源"卡脖子"进行深入分析，针对国际规则方面，将对国际组织、贸易规则、标准体系、金融体系等方面进行更加系统的研究，针对数字经济方面展开分析，形成系列化研究成果。

我国当前面临的"卡脖子"问题是制约我国经济从学习、追赶向创新领先转型升级的重要外部因素,事关中华民族能否实现复兴。一般的解决思路是自主创新,但在全球化大趋势下的新时代,创新既需要有全人类的积累,也需要有多元文化与思维方式的碰撞,还需要全球更广阔范围的资源和市场。

纵观工业革命以来世界强国的崛起历程,大都经历过被领先强国"卡脖子"的问题。在第二次世界大战(以下简称二战)以后的新世界秩序下,传统的闭关自守、自给自足难以实现创新突破,野蛮的战争手段也不再是解决"卡脖子"问题的首选路径。

从经济学视角、从容易达成共识的国际合作规则视角,将自主创新和新全球化结合起来,将国内循环和国际循环结合起来,是探索化解"卡脖子"难题的新路径。本书从我国面临的"卡脖子"现实问题出发,梳理其他国家的典型经验与教训,试图剖析"卡脖子"问题的理论实质——垄断与反垄断。同时,前瞻性地思考数字经济时代国际垄断的新形式,在发展自身实力和寻求构建国际新秩序方面提出新的思路和建议。

全书的框架由金海年和顾强带领的研究团队共同设计,共分为八章。

第一章由樊威、杨阳、顾强执笔,从"卡脖子"的源起出发,阐述了大国博弈的近代历程,以"巴黎统筹委员会"到"瓦森纳协定"为典型,剖析了"卡脖子"的前世今生,整理了当前对"卡脖子"问题的认识和应对方案。

第二章由顾强、樊威、于泽军、黄羚、郝梦倩、朱芍颖执笔,以工业母机、集成电路、片式多层陶瓷电容器和微球为例,剖析了技术"卡脖子"的现状、应对难点和破解之策;种子、种畜等种源

"卡脖子"部分由金海年执笔。

第三章由巩冰执笔,首先分析了战略资源是"卡脖子"的常控领域,矿产在各国的不均衡分布是源头,而能源又是资源中的核心,近现代史上大半战争都与此有关,并以中东危机和俄欧博弈为例展示了资源"卡脖子"的史实;然后由金海年执笔,分析了同由自然因素决定的交通"卡脖子"。

第四章由巩冰执笔,以金融体系为重点分析了规则"卡脖子"的情况,尤其以美国的金融战为案例展示了规则"卡脖子"的现状。二战结束后建立的以联合国、国际货币基金组织和世界银行为中心的国际规则体系正在削弱,是转型还是被替代,是国际规则体系面临"金德尔伯格陷阱"风险的最大挑战。

第五章由顾强、李新瑶执笔,展望了正在到来的数字经济时代,数据垄断和平台垄断正成为新的"卡脖子"工具,国家之间的"卡脖子"也有可能增加大数据企业"卡"国家"脖子"的新形式。

第六章由巩冰执笔,以英荷博弈、德英之争和美国崛起为例,回顾了西方几个主要国家崛起历史中的"卡脖子"与反"卡脖子"的经典过程,希望今天的我们能从中得到启示。

第七章由金海年执笔,从理论层面分析了"卡脖子"的本质、经济理论原型和大小国模型的不同影响,对"卡脖子"进行了系统的分类,指出"卡脖子"不仅仅在制造领域,而且包括科技发明与专利、制造技术与工艺等科技方面,能源矿产等自然资源方面,交通与运输通道等地理空间方面,贸易与金融等国际规则方面,数字经济时代的数据资源与平台等五大方面。先发国家有优势也有劣势,后发国家有劣势也有优势,"卡脖子"说到底就是国家之间垄断与反垄断、控制与反控制的博弈。

  第八章由金海年执笔，从自主创新到国际合作，从规则改革到交叉垄断威慑，提出了更开阔视野、更系统联系的大国和平崛起、良性竞合的博弈方案，在战略层面探讨了"卡脖子"难题的破解思路。

目　录

第一章　"卡脖子"的前世今生 // 001

第一节　源起：大航海时代以来的大国竞争 // 003

第二节　国家竞争：科技与制造能力的博弈 // 024

第三节　限制与管控：从"巴统"到《瓦森纳协定》// 037

第四节　对"卡脖子"的基本认识 // 048

第二章　技术"卡脖子" // 069

第一节　制造强国：撬开"卡脖子"的手 // 071

第二节　工业母机——国之重器 // 093

第三节　集成电路 // 116

第四节　片式多层陶瓷电容器 // 169

第五节　微球 // 188

第六节　种源 // 197

第三章　资源"卡脖子"与交通"卡脖子" // 207

第一节　资源：对国家的眷顾 // 209

第二节 主要战略资源：世界分布并不均衡 // 212

第三节 能源之痛：石油！石油！石油！ // 218

第四节 资源"卡脖子"不可规避吗 // 223

第五节 交通"卡脖子"：不是新招 // 226

第四章 规则"卡脖子" // 237

第一节 美国特色：金融控制与长臂管辖 // 240

第二节 金融"卡脖子"经典案例 // 248

第三节 美国的"长臂管辖"：跨国金融机构头上的"达摩克利斯之剑" // 256

第四节 国际规则与国际组织 // 260

第五章 数字经济时代的"卡脖子" // 269

第一节 数字经济时代：数权的大国之争 // 272

第二节 数字经济时代的"卡脖子"，我们还能自主呼吸吗 // 277

第三节 "'卡脖子'清单"如何变成"攻坚清单" // 295

第六章 他山之石：各国"卡脖子"与反"卡脖子"的启示 // 299

第一节 英荷争霸：全球海洋贸易垄断权 // 302

第二节 德英之争：殖民地与资源 // 310

第三节 美国崛起：新的世界霸主 // 319

第四节 历史的启示 // 328

第七章 "卡脖子"的本质:理论探究 // 331

第一节 "卡脖子"现象自古有之 // 333

第二节 "卡脖子"的本质:国家垄断 // 336

第三节 "卡脖子"领域:不止在科技 // 340

第四节 大国与小国:优势与苦恼 // 343

第五节 后发优势与后发劣势 // 346

第六节 反垄断与国家博弈的理论透视 // 349

第八章 大国突围:"卡脖子"的破解之道 // 351

第一节 反垄断的企业之道与国家之道 // 353

第二节 "双循环"是破解"卡脖子"的重大战略 // 359

第三节 突围的基础还是实力 // 362

第四节 突破"金德尔伯格"和"修昔底德"两大陷阱 // 364

结语 // 369

参考文献 // 371

第一章

"卡脖子"的前世今生

卡脖子的本质是国家间的竞争，是资源之争、利益之争、实力之争，更是制度之争、文化之争，体现了国家的意志和国家联盟间的意志。国家安全观的边界不断延伸，不仅有国防安全等传统安全，更有经济安全、产业安全、技术安全和生物与生态安全等非传统安全。国家竞争的内涵也进一步包括了制度与体制竞争和动员能力竞争等多个层次。

第一节　源起：大航海时代以来的大国竞争

一、从庞利马·阿旺说起

庞利马·阿旺是一个被历史遗忘却具有划时代意义的小人物。阿旺还有一个西班牙名字，叫"恩里克"。可能这个名字大家依然不熟悉，那么我们不得不提到他的主人：大名鼎鼎的斐迪南·麦哲伦。

阿旺是马来人，作为麦哲伦的贴身仆人和翻译，他对麦哲伦的环球航行意义重大：一方面，他现身说法向西班牙国王力证了东南亚香料群岛的富庶与原始；另一方面，他的翻译才能坚定了西班牙贵族资助环球航行计划的信心。

如果仅仅是促成这次航行，阿旺可能作为麦哲伦团队的一员载入史册。然而，他对历史的价值远不止于此。

1519年，麦哲伦正式开始远航。历经波折，直到一年多以后，麦哲伦才第一次找到了太平洋的入口，也就是麦哲伦海峡——巴拿马运河通航前世界最重要的海上通道。

1521年，麦哲伦船队完成横渡太平洋的壮举，并在3月27日抵达菲律宾的马索华岛，并要求仆人阿旺带队上岸探路。

就在这一天，阿旺在岛上听到了家乡的口音，热泪盈眶。不管是他本人，还是麦哲伦和团队，都没有意识到，这个来自菲律宾的奴隶阿旺，在这一刻会成为人类历史上第一个完成环球航行的人。

麦哲伦随后死于菲律宾宿务岛的部落冲突，他的环球之旅戛然而止。西班牙人把桂冠送给了麦哲伦的副手塞巴斯蒂安。但少有人记得，首次完成环球航行的其实是一位亚洲奴隶，他叫阿旺。

环球航行的完成标志着人类社会进入了一个新的发展阶段。曾经割裂的世界从此连成了一个整体，彼此割裂的世界各国开始相互认识和了解，也展开了相互竞争。

15世纪以来的世界舞台上，葡萄牙、西班牙、荷兰、英国、法国、德国、日本、俄国、美国等各个大国在不同的历史时期先后登场。

它们像浪潮一样，抑或后浪赶超前浪，抑或前浪压制后浪，无终无始。

500年的时间长河中，前浪与后浪发生了16次重要的交会：其中11次采取了直道超越的方式，由区域冲突上升为全面冲突，由经济冲突上升为军事冲突，从而引发了大规模战争。另外5次

第一章 "卡脖子"的前世今生

采取了较温和的弯道超越方式,通过政治操控、贸易战、科技革命和外交手段等方式,挑战者赢得了国家的崛起和跨越。

16次前后浪交会中,8次实现了后浪的成功跨越,另外8次则多为前浪对后浪的挫败。每一次后浪与前浪的交会,都极大地改变了世界政治、经济和军事的格局。本书参考了《注定一战:中美能避免修斯底德陷阱吗?》一书中对16次大国博弈的统计。见表1-1。

表1-1 16次大国博弈

序号	时期	主导性大国	崛起大国	结果
1	16世纪上半叶	法国	哈布斯堡	战争
2	16—17世纪	哈布斯堡	奥斯曼帝国	战争
3	17世纪上半叶	哈布斯堡	瑞典	战争
4	17世纪中后叶	荷兰共和国	英格兰	战争
5	17世纪末18世纪中	法国	英国	战争
6	18世纪末19世纪初	英国	法国	战争
7	19世纪中期	英国、法国	俄国	战争
8	19世纪中期	法国	德国	战争
9	19世纪末20世纪初	俄国、中国	日本	战争
10	20世纪初	英国	美国	非战争
11	20世纪初	英国	德国	战争
12	20世纪中期	苏联、英国、法国	德国	战争
13	20世纪中期	美国	日本	战争
14	20世纪40年代—80年代	苏联	日本	非战争
15	20世纪70年代—80年代	美国	苏联	非战争
16	20世纪90年代至今	英国、法国	德国	非战争

资料来源:(美)格雷厄姆·艾利森,《注定一战:中美能避免修斯底德陷阱吗?》。

二、改变人类历史进程的 16 次大国竞争

（一）15 世纪末，葡萄牙 VS 西班牙

15 世纪末，近 500 年来的第一次影响人类历史进程的大国竞争揭幕了。大航海时代来临，葡萄牙和西班牙迅速崛起。葡萄牙控制通往非洲的新航路，西班牙控制前往美洲的新航路。葡萄牙曾经垄断全球的香料生意，并在几内亚从事胡椒种植和黄金开采。西班牙的羊毛出口和造船是该国除农业之外的重要产业。面对利益争夺，西班牙决定采取外交手段。

西班牙利用亚历山大六世教皇颁布教皇子午线，与葡萄牙平分了世界。同时，西班牙接受哥伦布的建议，选择了更为风平浪静的子午线西侧。虽然《托尔德西里亚斯条约》补充协议将分界线向西推移 270 里格①，"但到了 1522 年，麦哲伦环游世界让人们发现：地球是球体，无法用一条线一分为二，所以亚洲也需要划分界线。对两国尤其重要的是香料产地马鲁古群岛的划分。根据 1529 年的《萨拉戈萨条约》，以穿过马鲁古群岛东部的子午线为界，西侧归葡萄牙，东侧归西班牙"。

竞争的本身，就是双方对殖民和国际贸易竞争的过程，但两个国家都没想到的是，由于过于醉心殖民和国际贸易，两国的木匠、石匠、瓦匠都是法国人，食品、铁器等均从荷兰、英国进口，两国被这些新兴资本主义国家牢牢地"卡"住了"脖子"。因此，

---

① 里格为陆地及海洋的古老测量单位，1 里格在海洋中通常取 3 海里，在陆地上通常取 3 英里。

两个殖民大国在短暂登顶后，迅速走向衰落。其兴也勃，其亡也忽。

（二）16 世纪上半叶，法国瓦卢瓦 VS 哈布斯堡王朝

文艺复兴后的意大利经济繁荣、文化灿烂，但在政治上却四分五裂，军事上任人宰割，成为列强的目标。西班牙和奥地利的哈布斯堡王室与法国瓦卢瓦王室为争夺欧洲霸权而不断发生摩擦，冲突不断加剧。1494—1559 年，意大利战争爆发。意大利大大小小的城邦都被卷入。这次战争标志着哈布斯堡王朝势力下的西班牙、奥地利与法国之间长达 300 年的争斗拉开了帷幕。意大利城邦国家体系覆灭，拉开了近代欧洲第一轮霸权战争的序幕。欧洲政治经济中心由地中海转移到大西洋，一个以西欧为中心的欧洲国家体系初步形成。

在这次博弈中，几方均充分发挥了自身的产业和竞争优势，法国主导的产业包括丝绸工业、印刷业等行业，其中南部城市里昂依托意大利作为经济腹地，成为大宗商品交易和大宗商品批发集散中心。西班牙是 16 世纪的羊毛原材料出口大国和造船大国，航海业发达。奥地利维也纳是哈布斯堡王朝的统治中心，金融业和森林工业发达。

（三）16—17 世纪，哈布斯堡王朝 VS 奥斯曼帝国

奥斯曼帝国一直是横在欧洲基督教头上的"达摩克利斯之剑"。每经历一段和平时期，土耳其大军便会从陆地和海洋发起进攻，威胁整个西方世界。16 世纪，欧洲经历了文艺复兴和地理大

发现，各国实力大增。16—17世纪，哈布斯堡王朝统治下的奥地利、西班牙等国家进入了工场手工业时代，生产方式进步显著。反观奥斯曼帝国，15世纪崛起，16世纪极盛，17世纪由维持走向崩塌。发生在1596年的克雷斯茨战役，是双方几十年冲突中爆发的最大规模战役。土耳其军队勉强笑到最后，却因为损失过大而无法扩大战果，奥斯曼帝国不败而败，迎来了盛极而衰的转折点。代表先进生产力的欧洲取得了最后的胜利。

这次胜利导致了哈布斯堡与奥斯曼两大帝国的强弱逆转，究其根本原因，在于来自西欧地区的骑兵已经进行了典型的近代化配置，而奥斯曼帝国不少士兵除披挂繁杂的锁子甲和片锁甲外，还会使用弓箭进行远距离攻击。这是一场火药对冷兵器的胜利，同时也是限制对奥斯曼帝国出口欧式火枪后带来的实力差距。

（四）17世纪上半叶，哈布斯堡王朝VS瑞典

17世纪初，神圣罗马帝国日趋没落，诸侯林立，纷争不断，天主教和新教尖锐对立，周边其他欧洲国家纷纷崛起。以瑞典为代表的新教国家与以哈布斯堡王朝为代表的天主教国家矛盾激化。代表传统生产方式和封建制度的天主教势力和代表资本主义生产方式的新教势力之间冲突不断。欧洲进行了三十年战争。神圣罗马帝国的内战演变成第一次全欧洲大战，包括波希米亚战争、丹麦战争、瑞典战争、全欧混战等四个阶段。战争的结局是哈布斯堡王朝战败并签订《威斯特伐利亚和约》。欧洲近代史开始。经过三十年战争，法国取得了欧洲霸权，瑞典确立了波罗的海霸权，荷兰和瑞士彻底独立，神圣罗马帝国仅在名义上存在，德意志遭

受了严重的打击，西班牙进一步衰落，葡萄牙获得独立，基本上奠定了近代欧洲各国的国界。

（五）17 世纪中后叶，荷兰 VS 英国

17 世纪，荷兰取代盛极一时的西班牙，成为"海上马车夫"和资本主义经济最发达的国家。英国爆发了 17 世纪革命（英国资产阶级革命），从农业大国跃升为君主立宪制的资本主义大国。以此为背景，三次英荷战争爆发。荷兰乘西班牙衰落和英国内战之机，垄断了世界贸易。为了争夺海上贸易主导权，力求保住开始建立的海上优势并争夺殖民地，英国 17 世纪中后叶三次挑起对荷兰的战争，双方各有胜负。17 世纪后期，法国坐收渔利，成为欧洲霸主。18 世纪英国打败荷兰，获取世界金融霸权。

这次竞争的背后，依然是工业发展水平的差距。荷兰工商业发达，工场手工业发展迅速，纺织业和造船业最为发达，同时商业、航运事业和捕鱼业兴旺，造纸、皮革、奶酪、印刷、制镜和木材加工等行业也比较发达，荷兰的金融贸易执全球之牛耳。英国通过资产阶级革命建立了君主立宪制；通过"圈地运动"为资本主义工商业奠定了坚实的劳动力和土地基础。启蒙运动促进了劳动力思想的解放，为工业革命的诞生做好了全方位的准备。

（六）17 世纪末 18 世纪中，法国 VS 英国

17 世纪末，欧洲均衡再次被打破，英国追逐制海权和商业利益，法国因为文化优越感以及殖民地利益受到挑战而民族主义情绪高涨，普鲁士陆军兴起，企图东侵萨克森。1756 年，英法七年

战争爆发，欧洲主要强国均参与了这场战争，欧洲的殖民地也受到波及，北美、中美洲、西非海岸、印度和菲律宾群岛均卷入战争。通过战争，英国成为最大的赢家和全球海外殖民地霸主。

这个阶段的法国仍旧是一个封建专制的农业国家，虽然在东北部里昂、奥尔良、阿尔萨斯－洛林等地出现了资本主义的萌芽，但资本主义程度远落后于英国，主要产业形式包括采矿、冶炼、对外贸易等，对外出口酒类和奢侈品，对内进口棉花、香料、皮革、咖啡等生产生活原材料。法国金融业发达，集中了欧洲一半以上的货币。而英国由于辉格派的政策，国内经济稳步增长，1720—1740 年，国内经济总水平提高了 6.5%，并鼓励出口，限制部分竞争性行业进口。棉纺部门新机器发明和使用，机械制造业出现。英国最早完成了工业革命。

（七）18 世纪末 19 世纪初，英国 VS 法国

18 世纪末，军事强人拿破仑登上历史舞台，英法对峙从"贸易战"开始，最终延伸到七次反法同盟进攻法国。从 1799 年"雾月政变"到 1815 年战争结束，法国与第一到第七次欧洲反法同盟多次激战，最终拿破仑时代落幕，反法同盟取得胜利。英国战胜了主要对手法国，成为世界第一强国，获得并巩固了海上霸权，并占有全球大多数殖民地，伦敦成为世界金融中心。英国世纪拉开帷幕。

这次博弈的背后，更能看到决定战争成败的不仅仅是军事实力，还有一个国家工业硬实力的水平。英国工业革命如火如荼，经济实力远超法国。这个时期的英国工业生产总值占到了世界

的 1/3，且具有世界性的殖民地。法国则刚经历了雅各宾专政崩溃后的通货膨胀和投机横行，拿破仑上台后资本主义工商业正有序复苏。

（八）19世纪中期，英国、法国 VS 俄国

马克思将东方问题形象地归结为"对土耳其怎么办"，其本质就是奥斯曼帝国衰落和瓦解后带来的世界争端和国际问题。俄国觊觎奥斯曼帝国利益，出兵干涉两次土埃战争；英国、法国不愿意小亚细亚地区被俄国据为已有，向俄国宣战。克里米亚战争爆发（俄国称"东方战争"），成为近代科技战争的开端，火炮、枪械、水雷、加农炮等武器相继登场，南丁格尔护理制度诞生，技术成为决定战争结果的关键。奥斯曼帝国、法国、英国、撒丁王国先后向俄国宣战，俄国战败，签订《巴黎和约》。法国、英国阻止了俄国版图的扩张。此次战争成为欧洲国际关系的转折点，改变了19世纪下半叶欧洲外交的理念和规则，战争影响至今犹存。

这个阶段，本质上就是一场贸易战带来的全面军事冲突，是一场"卡脖子"与反"卡脖子"的交互博弈。工业革命之后的英国需要不断扩大海外商品销售市场，奥斯曼帝国与英国经济联系紧密。1840年，英国从土耳其进口谷物就达到79万升（70万夸脱），同年，英国销往奥斯曼帝国的工业品总值为144万英镑。俄国工业起步，毛纺织业和棉纺织业发展迅猛，亟须对外扩张，占领土耳其市场。双方经济领域的矛盾延伸为军事冲突。

(九)19世纪中期,法国 VS 德国

19世纪中期,在俾斯麦的领导下,普鲁士自上而下完成了改革。作为欧洲霸主的法兰西第二帝国,不愿坐视普鲁士的快速扩张。于是普法战争爆发。战争由法国发动,最后以普鲁士大获全胜、建立德意志帝国而告终。后来普鲁士王国完成德意志统一,取代了法国在欧洲大陆的霸主地位,德国经济一翅冲天。

在俾斯麦的领导下,德国成为第二次工业革命的急先锋,铁路体系建设完成,重工业快速发展,采矿业、钢铁行业迅猛发展,电力和化学工业取得长足进步,成为世界主要的机器输出国之一。19世纪末,德国的电气工业占全球比重的34%,染料工业占全球比重的80%,在电炉炼钢、铁路电气等电能应用方面均居世界之首。法国具有先发优势,19世纪中叶,法国的工业生产总值处于世界第二位,但小农经济政策的弊端已经初现端倪,金融业的畸形发展也为后期法国落后于德国埋下了祸根。

(十)19世纪末20世纪初,俄国、中国 VS 日本

1868年日本明治维新之后迅速崛起,开始走资本主义道路,对外积极扩张,并确定了以征服中国为中心的大陆政策。这一时期的中国,政治腐败,洋务运动没能改变国家的外强中干。俄国沙皇的统治力削弱,国内革命此起彼伏,且战略部署重点在西部地区,远东仅有正规部队10万人左右,逊于日本。日本于中日甲午战争中打败了中国,又于日俄战争中打败了俄国。通过两次战役,日本成为亚洲第一强国、世界大国,控制了朝鲜和中国东北。

日本明治维新、脱亚入欧后，经济实力快速增长。1893年，清政府财政收入8 867万两白银，拥有铁路400千米、轮船26艘、纱锭13万，生丝市场占有率35.3%，产煤54.4万吨；而同期日本的财政收入为7 583万两白银，拥有铁路2 733千米、轮船680艘、纱锭38万，生丝市场占有率19.7%，产煤426.1万吨。日本利用甲午战争巨额赔款快速发展纺织工业和军事工业，其中1904年财政收入达到3.27亿日元，而生铁和钢材产量分别为6.8万吨和6万吨，铁路增加到7 539千米，轮船增加到1 088艘。同期，俄国工业发展速度缓慢，生铁产量为1.1万吨，仅占世界的5.5%，且冶金、采矿、机器制造等重工业部门中外国公司占股达74%。1903年，俄国新建铁路仅453千米，在经济上已经完全处于劣势。

（十一）20世纪初，英国VS美国

英国由于第一次科技革命的辉煌，加上殖民地众多，优势明显，不愿意出钱更新设备和技术。在第二次科技革命中，美国、德国成为主角，其中美国的电力和能源开发、材料和材料加工、通信和信息传递技术等均取得了重大进步。科技革命使美国实现了从技术引进到科技创新的转变。电力和能源开发、材料和材料加工、通信和信息传递技术等的广泛使用带来了美国经济的快速发展。美国取代英国，成为世界经济霸主。

美英博弈，本质上是钢铁产能的博弈，因为这个阶段钢铁产能代表了一个国家的工业发展水平。从1870年到1913年，英国工业总产量在世界上的比重，由32%下降为14%。19世纪90年代被美国超越，20世纪初被德国超越，降为世界第三。1913年，英国的钢产量为 778 万吨，不及美国产量的 1/3 和德国产量的 1/2。由于美国、德国的竞争，英国对外贸易占世界贸易总额的比例由 1871 年的 22% 下降为 1913 年的 15%，农业原料和食品也越来越仰赖于从国外输入。

（十二）20 世纪初，英国 VS 德国

英德、法德和俄奥三对矛盾成为欧洲的主要矛盾，同盟国和协约国形成了欧洲两大军事集团，引爆了第一次世界大战（以下简称一战）。1914—1918 年，同盟国阵营与协约国阵营开展战争，主战场在欧洲，共有 6 500 万人参战，3 000 多万人伤亡，给人类带来了深重的灾难，但也在客观上促进了科学技术的发展。1918 年，德奥投降，一战结束。德国受到协约国的严厉制裁和打压，损失大量的土地和人口，承担巨额赔款。美国未被卷入主战场，凭借海外贸易实力大增。

一战更加凸显了一国工业硬实力的决定性作用。在战争的中后期，同盟国和协约国均开展了对敌对阵营的严格出口管控。1913 年，在世界机器总产量中，美国一家独大，占 51.8%；德国占 21.3%；英国仅占 12.2%，世界工厂的地位已经一去不复返。英国所需电气设备、化学产品、光学玻璃和实验仪器等均从德国进口，只有造船业与铁路业还处于世界最强水平。其中，1913 年英国铁路总里程达 20.8 万千米，德国仅有 6.8 万千米；1913 年英国造船比重占全球的 62%，商船总吨位超过 2 000 万吨，是德国的 4 倍。

（十三）20世纪中期，苏联、英国、法国 VS 德国

一战后的 20 年间，资本主义国家的经济政治力量发展愈发不平衡，德国和日本的工业显著领先，经济实力明显增长，英国、法国、美国则先后出现停滞局面。战争一触即发，德国采用"闪击战"占领了欧洲大部分地区，但在苏联受了阻。1941 年，美国参战，形势逆转。1945 年，德国战败，欧洲战事结束。世界进入美苏争霸的两极格局，冷战拉开帷幕。

1929 年，一场严重的经济危机席卷全球，这就是著名的"大萧条"。1933 年，希特勒和纳粹党上台执政，德国经济一枝独秀，年均增长率达到 20%，失业率从 30% 降到 0，一跃成为经济强国，科学研究和技术水平均居世界前列。德国的军火产量超过了英国和法国的总和，钢铁、焦炭等各种工业品产量均名列世界前茅，工业实力仅次于"巨无霸"美国。1938 年，德国 GDP 为 3 514 亿国际元，苏联、美国和英国分别为 3 591 亿国际元、8 003 亿国际元、5 687 亿国际元；德国钢铁产量为 187.7 百万吨，苏联、美国和英国分别为 93.6 百万吨、511.7 百万吨、99.2 百万吨；德国煤炭产量 3 455 百万吨，苏联、美国和英国分别为 903 百万吨、3 758 百万吨、1 464 百万吨；德国石油产量为 46.2 百万吨，苏联、美国和英国分别为 172.1 百万吨、1 466 百万吨、93.5 百万吨；德国电力产能为 4 140 亿千瓦时，苏联、美国和英国分别为 2 820 亿千瓦时、16 780 亿千瓦时、3 150 亿千瓦时。二战中，"卡脖子"与反"卡脖子"的博弈发展到了极致。国际联盟对德国的封锁导致德国很难获得武器生产所需的铜。因此，有的德国的商船前往

北欧带上了铁锚，到了目的港后再换成铜锚，通过"蚂蚁搬家"的方式获取极其短缺的铜资源。

（十四）20世纪中期，美国 VS 日本

日俄战争后，日美矛盾日益增强，冲突在所难免。在美国经济制裁之下，日本能源匮乏，悍然发动太平洋战争。太平洋战争以日本偷袭珍珠港为开始，以1945年日本投降为终结，历时3年零8个月。日本失去1894年以来侵占的全部土地。美国成为世界霸主。

日本取得了一次次战术上的胜利，但在战略上依然处于颓势。虽然二战前日本已经跃居亚洲第一强国，但仍不可与美国同日而语。据世界经济史研究档案记载，1938年，美国的GDP是8 003亿国际元，约是日本（1 694亿国际元）的5倍；钢铁产量为51 170万吨，约是日本（4 800万吨）的10倍；煤炭产量为375 800万吨，约是日本（41 100万吨）的9倍；石油产量为146 600万吨，约是日本（2 040万吨）的80倍。另外，二战中美国展现了极其强大的动员能力。珍珠港事件后4年间，美国生产了30多万架战机、131艘航母，钢铁产量约等于苏、德、英、法、日五国总和的1.5倍，石油产量约占全球的60%。

（十五）20世纪40年代—80年代，美国 VS 苏联

1946年3月5日，"冷战"启幕。美国和北大西洋公约组织形成资本主义阵营，与以苏联、华沙条约组织为主的社会主义阵营展开了一系列政治、经济、军事较量。1947—1991年，以美国

为主的北约组织和以苏联为主的华约组织间的政治、经济、军事斗争，前后历时44年，对抗方式包括局部代理战争、科技和军备竞赛、太空竞赛、外交竞争等"冷"方式。

1980年，苏联经济实力约达到了美国的2/3，其中GDP为7 054亿美元，约是美国（10 528亿美元）的67%；钢产量为14 800万吨，约是美国（10 380万吨）的143%；发电量为12 950亿度，是美国（24 750亿度）的52%；石油产量为60 300万吨，约是美国（43 000万吨）的140%；天然气产量为4 060亿立方米，约是美国（6 000亿立方米）的67.7%，商品煤产量为65 300万吨，约是美国（78 400万吨）的83.3%。

（十六）20世纪90年代至今，英国、法国VS德国

二战后，欧洲的经济发展迅速，经济交流与联系进一步加强，但城邦制的传统导致欧洲国家面积均偏小，市场狭小，生产资料和生产要素流通不畅。"冷战"背景下的两极格局和"冷战"后的"一超多强"格局让欧洲国家呼吁团结起来提高政治和经济地位。1993年11月1日，欧盟正式成立，这是欧洲国家走向联合的重要成果。从最初的欧洲煤钢共同体、欧洲原子能共同体、欧洲经济共同体到欧洲共同体，再到欧盟的诞生，历时40多年。截至目前，欧盟共有27个成员国，成为全球第二大经济体。德国作为欧盟最大的经济体，一直都是欧盟（欧共体）的主导者和推动者，并且极力维护欧盟的团结和统一。欧盟内部博弈的结果已初步显现，英国脱欧，德国成为推动欧洲走向联合统一的主导者。

德国领导欧洲经济早已初现端倪，数十年来德国都是欧洲最

大的经济体。2019 年，德国的 GDP 为 3.85 万亿美元，法国 GDP 为 2.707 万亿美元，英国 GDP 为 2.83 万亿美元。

三、美日博弈：新形势下大国竞争的新形式

二战后，日本经济开启了高速增长模式，仅仅用了 20 多年便超越传统资本主义国家德国、法国和英国，于 1968 年一跃成为世界第二大经济体，令西方国家震惊。战后美日的全面贸易摩擦与 2018 年以来的中美贸易摩擦模式具有很强的相似性，值得借鉴与参考。

二战以后，美国政府采用乔治·凯南提出的遏制政策，将日本、德国作为遏制苏联的重要工具，并一边向日、德开放本土市场，一边允许日、德设立贸易壁垒。日本则在美国的羽翼之下全力发展经济，加大出口，实现了对美国的巨大贸易顺差，引起美国政界、学界和金融界警惕，触发了"修昔底德陷阱"。

从 20 世纪 50 年代末 60 年代初开始，日本与美国先后在纺织、钢铁、彩电、汽车和电子信息产业领域发生了五个回合的贸易摩擦。美国在"超级 301 条款"（Super 301 Provision）之外，开启对日结构性贸易障碍谈判。在谈判的同时，美国也采取了"卡脖子"的手段遏制日本技术的发展。美日博弈共分为以下几个阶段。

（一）轻工业贸易摩擦阶段（1956—1965 年）

二战前，纺织业就已经成为日本工业革命的重点产业。二战结束以后，日本国内产能不断扩大，亟须打开国际市场。1957 年，

日本成为全球纺织品出口额最高的国家。1956 年，日本纺织品占美国市场份额达到了 3/5。从 1957 年起，美国对日本纺织品进口从鼓励转向限制。双方先后签订了《美日纺织品协定（1957—1961）》《美日纺织品短期协定》《美日纺织品长期协定》《美日纺织品协定（1972—1974）》，对日本实施纺织品出口总额、出口增速等多方面的限制。

（二）重工业贸易摩擦阶段（1976—1989 年）

与轻工业贸易相比，在重工业贸易领域，美国对日本的出口采取了更加丰富多元的遏制手段。1963 年，日本成为世界第一大钢铁出口国家。20 年代 70 年代初期，日本在美钢铁市场份额占比超过 50%。同时，日本彩电业技术全面超过美国。1976 年，美国市场中进口日本彩电占全部进口彩电的比例达到了 90%，占全部市场份额也超过了 20%。这个阶段，美日签订或美方单方面实施了《美日钢铁产品协定（1968—1974）》《201（紧急进口限制条款）调查》《美日特殊钢贸易协定（1983—1987）》《美日自主出口限制协定（1984—1992）》等多种协议和举措。美国先后采取贸易限制、贸易保护威胁、最低限价制度、提高关税、设定最高市场占有率限制、征收反倾销税、开展"201 调查"、开展不公平贸易习惯调查等手段来限制日本的发展。

（三）高科技产业贸易摩擦阶段（1978—2000 年）

在高科技产业领域，美日重点聚焦高技术、高附加值行业，包括计算机、电气设备、通信工程和半导体等领域的摩擦。与前两个阶段相比，美国在这个阶段更加注重技术方面的遏制。以半导体产业为例，重点介绍一下美国对日本采取的技术"卡脖子"的手段。

日本对半导体关注较早。PN 结型晶体管发明的前一年，索尼公司成立，并于 1955 年开始发展晶体管技术，与美国肖克利半导体实验室同步启动。1959 年，日本成为世界第一大半导体生产国。1963 年，日本电气公司（NEC）获得美国仙童公司平面技术的授权，并与国内其他厂商分享，三菱、京都电气都借势进入半导体产业。1976 年 3 月，日本政府启动了"DRAM 制法革新"国家项目，推动日本半导体产业走向了巅峰。1985 年，在 DRAM 市场，日本第一次以占全球 80% 的绝对优势超越美国，实现了半导体产业由美国向日本转移。1989 年，日本芯片全球占有率为 53%，而美国仅为 37%，全球十大半导体企业中日本占据 6 席。

从 1982 年起，美国对日本发起了"芯片战争"。首先是钓鱼执法。1982 年美国联邦调查局（FBI）故意将 IBM 芯片设计资料泄露给日立公司的一位高级工程师，并将证据公之于众，对日立和三菱展开了制裁。1985 年，美国根据"超级 301 条款"，展开对日半导体的市场准入和不正当竞争调查。1987 年，美国与日本共同开发 FSX 战斗机，美国有权获得所有技术，并借此打开了获取日本半导体技术的通道。1989 年，美国与日本签订《日美半导体保障协定》，开放日本半导体产业的知识产权、专利。1991 年，美国再次与日本签订第二次半导体协定。

20 世纪 80 年代里根时期，美国将汇率作为缓解贸易收支逆差和贸易摩擦的重要工具，转嫁国内危机。1985 年 9 月，日本政府公布了"广岛协议",增加了汇率的灵活性。日元对美元和欧洲货币开始走强,在随后三年内升值一倍,导致大量国际游资涌入日本楼市及股市,造成地价暴涨和股市暴涨,出现虚假繁荣。在股市冲击4万点的同时,美国华尔街金融巨鳄倾巢而出,动用巨额资金,大肆卖空日本股市,日经指数(Nikkei)一路狂跌至1万点,经济泡沫破裂。

与此同时,美国在PC时代来临的同时,及时对半导体技术进行了升级迭代,选择以高性价比作为未来技术方向,但日本依然固守高稳定性的传统生产标准。美国同时扶持韩国,让三星成为世界第三家拥有16M DRAM内存芯片的企业,其中三星外资股权占比超过了55%,大部分是美资。到了1996年,日本半导体的全球市场份额已经低于美国。

1999年,为了保存最后的竞争力,日本传统半导体巨头日立、日本电气、三菱电机三家公司将DRAM业务整合成立尔必达公司。但在美国和韩国的联合打压下,2012年尔必达宣布破产,美韩掌握了DRAM的全球定价权。

日本在不断受到国际打压的同时,也采取了三个方面的举措来保证自身半导体产业的竞争力。首先是发展内循环模式,在贸易纠纷之下,日本电子产业的内需从1985年到2000年扩大了超过两倍,一定程度上保存了半导体行业的创新和制造能力。其次是不断提升核心零部件的价值,从较高的市场占有率转向较高的生产附加值。日本的电子设备和零部件在本国创收中占据约80%的比例。最后是加大海外投资,规避出口限制措施。

可以说,美日博弈是在新的全球政治格局下,一场新形式的大国竞争。日本在经济总量的巅峰时期，GDP总量为5.4万亿美元，约占美国GDP总量的70%。1989年，日本开始实施紧缩货币政策，股市和地价暴跌，企业大量倒闭，日本陷入20多年的停滞期。由此，大国博弈手段愈发多元化，世界第一经济大国对世界第二经济体的遏制手段也从军事领域延伸到经济和技术领域。

四、中美贸易摩擦的未来，会陷入"修昔底德陷阱"吗

2400年前，古希腊历史学家修昔底德说，当一个崛起的大国与既有的统治霸主竞争时，双方面临的危险多数以战争告终。这一观点已经成为国际关系的铁律。纵观近代500年来的16次前浪与后浪的博弈，由贸易冲突、经济冲突上升到军事冲突的事件有11次。

美国成为世界第一经济体以来，第二经济大国地位也在不断交替，一些关于"修昔底德陷阱论"的说法也甚嚣尘上。事实上，在美日博弈之后，中国成为最新的一个GDP总量超过美国2/3的国家，中美博弈迅速升级，冲突一触即发。

奥巴马政府提出了"亚太再平衡战略"，通过挑起中国与周边国家的矛盾，让它们主动成为消耗中国精力和资源的"马前卒"。特朗普政府对中国开展单边遏制，采取逆全球化的方式对中国进行打压，并制裁华为、中兴等中国企业，遏制中国高科技产业发展。拜登政府则希望通过联合盟友制衡中国，呼吁建立盟友统一战线，利用现有贸易法律制衡中国。虽然政策各有不同，但美国几届政府一直在采用组合拳系统地对中国进行压制。

第一章 "卡脖子"的前世今生

2017年12月19日，特朗普政府公布了其任内首份《国家安全战略报告》，污蔑中国为"修正主义"国家，并将中国定位为美国"战略上的竞争对手"。中美贸易冲突愈演愈烈，并扩大到科技、金融、军事等多个领域。无论是奥巴马的"美国还将继续领导世界一百年不动摇"、特朗普的"让美国再次伟大"、拜登的"让美国重新领导世界"的豪言壮语，还是中国人民有关"国际社会必将走向更加平等的多极时代""百年未有之大变局""从来没有这么靠近千百年的梦想"的良好愿景，都表明了过去十多年来以及可以预见的未来十多年中的国际体系"两极化"的大趋势——中美物质实力差距将持续缩小，中美冲突与摩擦不会消失，有时甚至会扩大。

美国将中国作为战略上的竞争对手，更大的可能是展开持续性、系统性和综合性的遏制。系统的压制需要系统的应对。在应对冲突加剧的背景下，中国应在地缘、经济、科技、金融等多个领域制定系统应对的组合策略。美国不会容忍中国在短期内超越，中国也不会放弃自身的高质量发展。因此，在百年一遇的新冠肺炎疫情冲击波、特朗普冲击波以及拜登时代新冲击波的三重打击下，作为后浪的中国将成为更孤独的赛跑者，在时间的长河中，跑出一条创新发展之路，与美国、与世界携手共发展，为人类找寻一个更好的明天！

第二节　国家竞争：科技与制造能力的博弈

一、山本五十六的最后一场豪赌

1884年，日本长冈市的一名落魄教师高野贞吉老来得子，大喜过望。为纪念五十六岁得子，他给儿子取名叫作高野五十六。高野老师当天在日记中写道：明治十七年四月四日，晴，甚五郎来约钓鱼。老实巴交的他始终没有想到，与老友相约钓鱼时出生的这个儿子会给历史留下何等浓墨重彩的一笔。

高野五十六后来过继给了日本望族：山本家族，改名为山本五十六。他好赌成性，曾因为赌技过高而成为第二个被摩洛哥蒙特卡洛赌场谢绝入内的赌客。1941年12月7日，山本五十六展开了一场史上最大的豪赌。这一次，他的赌注是日本的国运！

当天，441架日本飞机、6艘航空母舰在山本五十六的指挥下，偷袭珍珠港。战斗在90分钟内结束，日本仅仅以29架飞机等的微弱损失，击沉或重创美太平洋舰队8艘在港战列舰、6艘巡洋舰、3艘驱逐舰、188架飞机，美国海军半年内在太平洋战场无足轻重，日本迅速占领东南亚和太平洋南部，将势力一直扩张到印度洋。

然而，故事并没有结束。决定战争胜败的永远不是战争本身，而是国与国硬实力的博弈。

珍珠港事件前，日本违反了《华盛顿海军条约》的规定，联合舰队拥有航母254艘，总吨位106.8万吨，接近美国的80%。珍珠港奇袭后，日本军部判断：日、美强弱逆转，美国太平洋舰队将丧失作战能力。

日本精准估算了美国海上力量的存量，却忽略了战争背后的决定因素——工业制造能力。太平洋战争期间，美国下水航母147艘、战列舰48艘、驱逐舰355艘、护卫舰498艘、潜艇203艘，总吨位是日本的6倍。同期，美国的火炮产量是日本的5倍，飞机产量是日本的4倍，坦克产量是日本的16倍，且大多数军工产品与日本都有一代到一代半的技术领先程度。

1944年，美国工业产能达到了峰值。这一年，美国的钢铁产能为8 132万吨，约是德、苏、英、日、法五大工业国生产能力总和的1.45倍。

太平洋战争以日本无条件投降画上了句号。我们找到了日本战败的根本原因：非战之罪，更输于硬实力。

曾经不可一世的日本打败中国和俄国，称霸亚洲的密码是什么？在上节中，我们以环球航行为分割线，梳理了全球连为一体的500年来16次前浪与后浪的交会。这些交会改变了世界格局，确立了新的世界发展版图。交会中后浪能够越过前浪的终极逻辑又是什么？

事实上，后浪超越前浪的经验彰显，以工业为基础的一个国家硬实力的强大才是国家强大的根本支撑。主要发达国家成长为世界强国无一不是靠着制造业的强大。例如，英国是世界上第一个实现工业化的国家，这使得19世纪成为当之无愧的"英国世纪"。美国在建国之初就提出了"工业立国"的思想，1890年工业产值成为世界第一后，美国正式成为工业第一的世界强国。1870—1913年，德国在世界工业总产量的比重上升到15.7%，居世界第二位，成为公认的世界强国。日本作为后起之秀，通过"赶超"战略，大力发展工业，终于跻身世界强国之林。这四个在不同历史阶段成为世界强国的国家的经济发展历程表明，发展本土强大的工业才是国家富强的根基。

二、解读美国崛起的密码：科技与制造强国

以电气化为特征的第二次工业革命以美国和德国为主战场展开。1884年，美国由农业国过渡为工业国，6年之后，美国工业总产值就达到了95亿美元，成为世界第一经济大国，实现了对英、法、德的弯道超车，并雄踞世界第一的宝座至今。

130年间，第二经济大国差不多每16年更新换代一次，而世界第一经济大国则始终不变，这与美国领先的产业结构及坚实的制造业基础是分不开的。

（一）兴起于一战阶段

一战是美国制造业的第一次跃迁。1900年，美国出口产品中制成品的比例仅为24.2%，而经历了一战和战后复苏，到了1939年二战之前，美国出口产品的制成品比例已经达到了56.2%。

第一章 "卡脖子"的前世今生

（二）称雄于二战阶段

如果说，一战奠定了美国世界第一的地位，那么二战则确立了美国的世界霸主地位。二战后，美国成为最大受益国。1948年，美国工业产值占世界工业产值的比重高达54.60%，以一国之力生产了全世界一半以上的产品（见图1-1），而这一年美国的黄金储备占到了世界黄金储备的75.50%（见图1-2）。

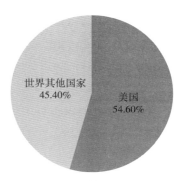

图1-1 1948年美国工业产值占比

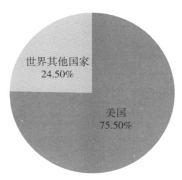

图1-2 1948年美国黄金储备占比

二战后，各个国家都开始复苏，美国的世界霸主地位也在逐渐被削弱。到了 20 世纪 80 年代，美国的国民生产总值虽然仍居世界第一，但比重已在逐年下降（见图 1-3）。

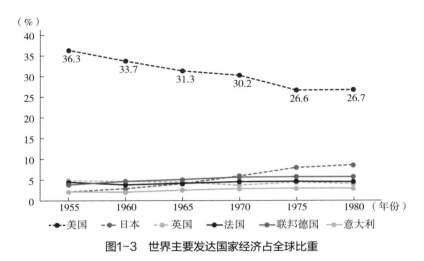

图1-3 世界主要发达国家经济占全球比重

资料来源：薛伯英、曲恒昌，《美国经济的兴衰》。

（三）筑底于"冷战"阶段

第 15 次超车的尝试，是以美国为代表的资本主义阵营与以苏联为代表的社会主义阵营间国家利益和意识形态的对抗。"冷战"的博弈以苏联重农轻工、重军轻民的畸形经济结构崩塌为终点。图 1-4 比较了美苏博弈中的 GDP 和人均 GDP。

从经济总量上看，苏联始终落后于美国，但增速与美国接近，尤其是 1950—1975 年，苏联 GDP 增速超过了美国。其中，1975 年苏联的国民生产总额达到了美国的一半，到 1991 年苏联解体时，苏联的国民生产总额占到了美国的 36.7%，两个国家的差距在逐渐拉大。从人均 GDP 上看，由于苏联人口多于美国，人均

第一章 "卡脖子"的前世今生

GDP 的差距还要大于国家总 GDP 的差距。苏联人均 GDP 与美国比较的峰值也在 1975 年出现,达到了 41.6%,此后又呈现逐年下降的趋势,到解体时只有美国的 31.8%。

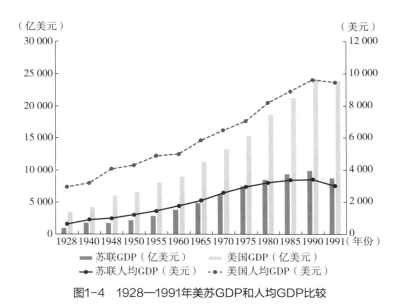

图1-4　1928—1991年美苏GDP和人均GDP比较

苏联在解体的前夕,经济增速相对来说还超过了美国,1981—1985 年的平均增速达到了 4%,美国同期为 2.6%;1986—1989 年的平均增速也是 4%,美国同期为 3.4%;但苏联传统上重视的重工业和制造业发展乏力,工业生产增速颓势显著,到了 1989 年增速仅有 1.5%,与美国拉开了差距(见图 1-5)。

(四)平稳增长于苏联解体后阶段

1990—2000 年,美国经济实现了快速平稳增长。1991 年,美国经济开始从战后第 8 次经济危机中复苏,增长率从 -1% 回归到正增长的周期，经济增长率、失业率、物价指数、商品服务出口均表现出了向好的发展趋势（见图1-6、图1-7）。

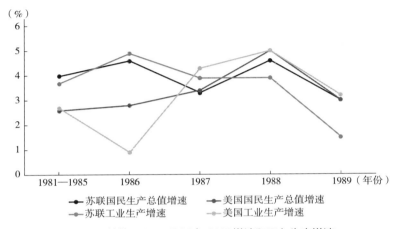

图1-5　美苏1981—1989年GNP增速和工业生产增速

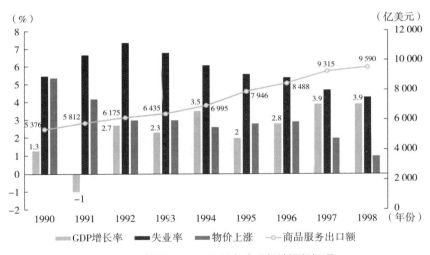

图1-6　美国1990—1998年宏观经济运行情况

资料来源：经合组织《主要经济指标》，美国商务部经济分析局。

第一章 "卡脖子"的前世今生

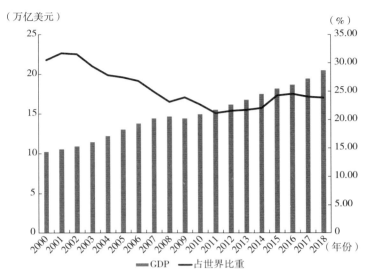

图1-7 美国2000—2018年GDP及占世界经济总量比

资料来源：快易数据。

（五）再工业化的新世纪

美国在19世纪中后期的工业化、二战后的全球扩张与创新浪潮之后，出现了"脱实入虚"的发展势头。尤其是克林顿执政时期的信息高速公路建设带来了金融业的虚假繁荣和"指数增长"，长期来看，美国没有本土制造业公司上市。互联网泡沫越吹越大，且向全球蔓延的趋势明显。

2000年以来，美国在"新经济"的带动下，经济持续走强，IT产业成为拉动经济复苏的新引擎。美国再次意识到了制造业的重要性，从2002年开始，美国就以"201条款"为由，对进口钢铁加征最高30%的高额关税。美国"再工业化"和"制造业回流"等政策也被作为国家战略寄予厚望。为应对2008年爆发的

031

全球金融危机，美国总统奥巴马提出了所谓"新经济战略"：美国经济要转向可持续的增长模式，即出口推动型增长和制造业增长，要让美国回归实体经济，重新重视国内产业尤其是制造业的发展。奥巴马在 2012 年的国情咨文中更是详细阐述了"制造业回归本土""技术密集型新兴产业"以及"更为强硬的贸易措施"三部分内容。这就是美国"再工业化"战略的主要内容。但在市场的诸多有利因素和奥巴马政府的大力推动之下，美国的"再工业化"并没有出现人们所预料的复苏与繁荣。根据美国经济分析局（Bureau of Economic Analysis）的数据，美国制造业占 GDP 的比重虽在 2009 年后有短暂回升，但在 2016 年末跌到了 11.17%。

特朗普"以促进制造业回流、保护制造业就业"为承诺，赢得了美国国内"铁锈地带"的大力支持，成功入主白宫。尽管特朗普政府对数千亿美元的中国商品加征关税，意图重建美国的制造业基地，但经济数据显示，此举并未扭转美国制造业下滑的现状。尽管从 2016 年 11 月到 2020 年 3 月，美国制造业净增加了 40 万个工作岗位，但 2020 年末美国制造业占 GDP 比重进一步下降至 10.9%。

对于高端制造业，美国始终采用各种手段保护自己的绝对优势地位。比如，以国家安全为由的行业审查、贸易摩擦背景下的制裁等。面对席卷全球的新冠肺炎疫情，拜登政府上台后高度重视供应链安全稳定，接连签署《可持续公共卫生供应链行政命令》《确保未来由美国工人在美国制造行政令》《美国供应链行政令》三道行政令。主要措施有开启供应链安全审查，确保关键产品和环节自主可控；引导制造业回流，重建以美国为中心的全球供应链体系；倡导高标准经贸规则，抢占新一轮国际规则体系博弈先手。目前还没有迹象表明，上述措施能够在多长时间内奏效，但至少表明拜登政府认识到建立更加安全和具有韧性的供应链对维护美国国家安全、经济优势和技术领先至关重要。

正如《美国先进制造业领导战略》所说，"当我们发展美国制造业时，我们不仅增加了就业岗位和薪资水平，而且强化了美国精神"。引领全球先进制造，才是美国引领全球发展的唯一密码。

三、大国博弈背后的限制与竞争

（一）西班牙、葡萄牙的谢幕：工业硬实力的缺失

近代第一次大国博弈发生在大航海时代先发的两个国家之间：西班牙和葡萄牙。但无论是后浪还是前浪，都经过短暂的辉煌后很快走向衰落。究其根本原因，两个国家都过度依赖对外殖民掠夺和国际贸易，而忽视了国家硬实力的打造——制造能力。

葡萄牙和西班牙从非洲和美洲掠夺了大量的财富。与殖民掠夺相比，任何生产活动都变得艰苦而漫长。两个国家还滋生了一种"伊比利亚文化"，其文化本质就是反对生产，追求享乐。

> 让伦敦满意地生产纤维吧，让荷兰满意地生产条纹布吧，让佛罗伦萨满意地生产衣服吧，让西印度群岛生产海狸皮和驮马吧……马德里是所有议会的女王，整个世界服侍她，而她不必为任何人服务。
>
> ——《国富国穷》，232页

国力的强盛必须依托以工业为基础的硬实力作为国家发展的基底。西班牙和葡萄牙选择了安逸，成了金银的搬运工，成就了手工工场发达的荷兰与英国，并迅速退出了历史的舞台。

（二）荷兰大国梦的幻灭：制造业领域的"卡脖子"

荷兰曾经是17世纪资本主义经济最发达的国家，并于1609年击败了西班牙，垄断东方贸易，成立东印度公司，成为"海上马车夫"。

纺织、造船、航运、捕鱼、造纸、皮革、奶酪、印刷、制镜和木材加工等各个行业快速发展，也带动了金融、银行、保险业的发展。

荷兰是当时世界金融贸易的中心。1602年，阿姆斯特丹成立了世界上第一家股票交易所，并开始炒作期货。而由于投机商的推波助澜，郁金香成为当时投机炒作的对象。

1637年，被称为"永远的奥古斯都"的一棵稀有品种的郁金香，价格约等于一个荷兰人45年的收入，足以买下27吨奶酪或者一栋阿姆斯特丹运河边上的豪宅。

是泡沫就总会破裂，这是亘古不变的历史规律。荷兰郁金香泡沫的破裂源自一个偶然事件：一个英国水手错把一颗郁金香球茎当成洋葱吃下，却引发了荷兰人的思考，郁金香的真正价值有多大？

曾经炙手可热的郁金香迅速进入了疯狂的抛售周期，其价格在几天内跌到了不及最高点的1%（见图1-8）。

郁金香泡沫的破裂带给荷兰国力的崩塌和大国梦的破裂。英荷战争爆发，法国、英国利用制造业优势，取代了荷兰的地位，分别成为欧洲最强霸权和世界金融中心。

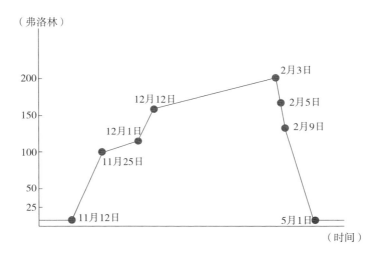

注：弗洛林为当时的荷兰货币。

图1-8　1636—1637年荷兰郁金香价格曲线

（三）数字游戏下法国的陨落：硬实力才是立国之本

17世纪末到18世纪的一百年，是英法博弈的一百年。这个阶段的大国博弈包括1756年的英法七年战争以及拿破仑战争。博弈的结果是英国世纪到来，而法国发达的金融业由于没有制造业强有力的支撑，反而导致通货膨胀和投机横行。

太阳王路易十四执政时期，对外多次开展大规模战争，同时大规模举债，导致法国国家财政濒临崩溃的边缘。

这个时候，精通货币理论的金融奇才约翰·劳出现了。他应对危机的方法至今还在沿用，那就是印钱。约翰·戈登在《伟大的博弈》中说，对付任何经济危机，你只需要开闸放水，让金钱充斥市场。约翰·劳正是采用这一办法，以国有土地为担保，推动法郎与金银脱钩。

由于没有足够的准备金，约翰·劳的货币发行措施仅在短期解决了法国的财政窘困和国债资金融通问题，仅仅五年后，密西西比泡沫破裂，一切都回到了原点，经济衰退、民生重创的现实挫伤了骄傲的法国。

脱离了制造业的金融带来的繁荣是饮鸩止渴，只有发展硬实力才是国力强盛的保证。

> 他的计算技巧无人匹敌，他用简单的代数规则，把法国变得一贫如洗。
>
> ——约翰·劳的墓志铭

以史为鉴，可以知兴替。从历史的视角来看，中美博弈本质上是又一次前浪对后浪的遏制。130年来，美国始终不能容忍超越。据观察，美国往往会在第二经济大国的经济总量接近它的70%时，通过制度战、贸易战、金融战等多种形式，诱导第二经济大国进入经济衰退周期，使其丧失竞争优势，从而保持美国的绝对领先地位。

第三节　限制与管控：
从"巴统"到《瓦森纳协定》

随着美国对华贸易政策的变化，国内学者越来越关注对华出口政策的管控，尤其是对中国高技术进口影响最大的多边管制协议——《瓦森纳协定》及其前身"巴黎统筹委员会"。学者彭爽、张晓东（2015）详细梳理了国外对华出口管制的政策体系，包括《瓦森纳协定》、核供应国集团、导弹及其技术控制制度、澳大利亚集团的成员国等多边出口管制。张汉林（1991）从对外政策角度出发，分析和论述了对华出口管制政策的基本制度、立法历史、演变与现状、存在的问题，并对出口管制政策的前景进行展望。王宇辰（2019）重点分析了美国出口管制政策的最新动向以及我国企业遭受管控的典型案例，为应对管控提出了可借鉴的政策建议。姜辉（2020）研究发现，美国通过实施高技术出口管制对我国的技术创新与中美贸易产生了不良影响，同时高技术产业由于较强的海外市场依赖性也将面临海外资源配置风险。

一、"巴统"的限制与规则锁定

"冷战"时期,在美国提议下,为防止苏联发展高端武器,17个西方国家于 1949 年 11 月在巴黎成立了巴黎统筹委员会,限制成员国向社会主义国家出口高技术和战略物资。巴黎统筹委员会(Coordinating Committee for Multilateral Export Controls),简称"巴统",总部设在巴黎。"巴统"有 17 个成员国:美国、英国、法国、联邦德国、意大利、丹麦、挪威、荷兰、比利时、卢森堡、葡萄牙、西班牙、加拿大、希腊、土耳其、日本和澳大利亚。被列为禁运对象的不仅有社会主义国家,还包括一些民族主义国家,总共 30 个左右。

针对"巴统",国内学者崔丕在《美国的冷战战略与巴黎统筹委员会、中国委员会(1945—1994)》中对巴统组织的建立、演变,中国委员会与巴黎统筹委员会之间的关系进行了全方位的历史梳理。美国学者迈克尔·马斯坦多诺(Michael Mastanduno)在其著作《经济遏制:巴黎统筹委员会与战后东西方贸易政治》中也对"冷战"期间美国和其他"巴统"成员国之间的关系进行了分析,并提出美国贸易管制政策不及预期的主要原因是国内压力致使美国的管制和禁运政策缺乏连续性。学者李继高(2016)针对"巴统"成员国之间的关系以及"巴统"成立不久之后英国就放弃"中国差别"背后的原因开展了分析。吕文栋等(2020)系统梳理了美国出口管制体系(见图 1-9),并系统研究了巴黎统筹委员会对华政策的变化,以及《瓦森纳协定》对华的相关技术规锁。

第一章 "卡脖子"的前世今生

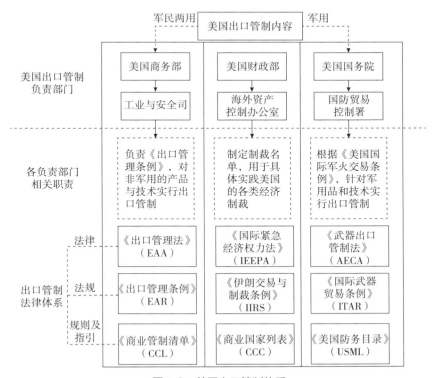

图1-9 美国出口管制体系

"巴统"的宗旨是执行对社会主义国家的禁运政策。禁运产品有三大类，包括军事武器装备、尖端技术产品和战略产品。禁运货单有四类：①Ⅰ号货单为绝对禁运者，如武器和原子能物质；②Ⅱ号货单属于数量管制；③Ⅲ号货单属于监视项目；④中国禁单，即对中国贸易的特别禁单，该禁单所包括的项目比苏联和东欧国家所适用的国际禁单项目多了500余种。根据规定，当成员国准备向受限制的国家出口清单内的货物和技术时，必须向"巴统"提出申请，只有在所有成员国政府一致同意后，才能签发出口许可证。

"巴统"的禁运政策和货单常受国际形势变化影响，禁运限制还同被禁运国家的社会制度、经济体制或人权联系在一起。"巴统"带有强烈的"冷战"色彩和意识形态的目的。"冷战"结束后，西方国家认为，世界安全的主要威胁不再来自军事集团和社会主义国家，该委员会的宗旨和目的也与现实国际形势不相适应，遂于 1994 年 4 月 1 日宣布正式解散。

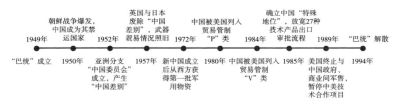

图1-10 "巴统"对华政策调整

二、《瓦森纳协定》的限制与管控

针对《瓦森纳协定》，我国在 20 世纪 90 年代该协定刚出台时以及 2019 年以来中美贸易摩擦后均开展了大量的研究。侯红育（2005）的《瓦森纳安排的起源与发展》是国内介绍《瓦森纳协定》缘起、主要内容、特点和局限的一篇重要文章。刘宏松（2007）简述《瓦森纳协定》形成的历史过程，比较了《瓦森纳协定》与"巴统"组织的不同之处，通过分析瓦森纳初始文件的措辞、比较瓦森纳安排与其他国际防扩散安排的不同，证明了"协定"是一个非正式性的国际机制。学者吴兴佐、徐飞彪（2005）提出，《瓦森纳协定》等出口管制组织的发展变化折射出了国家间的战略利益竞争，是西方国家防范非西方国家的一项重要政策，还可以从战略上阻碍发展中国家的进步。即便没法直接阻止发展中国家进步，也可以延缓其科技进步的步伐。

1994年，"巴统"组织正式解散。但美国等西方国家认为，在解散"巴统"的同时有必要建立一个应对地区安全威胁的新机制。1996年7月，美国等33个国家的代表在荷兰小城瓦森纳签署了新的协定——《瓦森纳协定》，继续限制并且不断强化所谓的"敏感技术出口"。

西方国家认为，俄罗斯及东欧国家加入会使《瓦森纳协定》更有效和更有合法性，因此俄罗斯、捷克、匈牙利、波兰、斯洛伐克、罗马尼亚、保加利亚、乌克兰、阿根廷及韩国等16个国家和17个"巴统"成员国一道成为创始成员国。

表1-2 《瓦森纳协定》的主体国别情况表

成员国来源	主要国家
"巴统"17国	澳大利亚、比利时、加拿大、丹麦、法国、德国、希腊、意大利、日本、卢森堡、荷兰、挪威、葡萄牙、西班牙、土耳其、英国、美国
其他发起16国	阿根廷、奥地利、保加利亚、捷克、芬兰、匈牙利、爱尔兰、新西兰、波兰、罗马尼亚、俄罗斯、斯洛伐克、韩国、瑞典、瑞士、乌克兰
后续加入9国	克罗地亚、爱沙尼亚、印度、拉脱维亚、立陶宛、马耳他、墨西哥、斯洛文尼亚、南非
合计	截至2020年12月31日，共有42个成员国

理论上，《瓦森纳协定》的制约对象是除了42个缔约国以外的全部非缔约国。根据《瓦森纳协定》，对于敏感的产品或技术，成员国之间的交易无须通报；如果成员国要将这些产品卖给非成员国，就要向其他成员国通报。

但实际上，成员国在重要的技术出口决策上受美国的影响很大，目前重点限制对象包括中国、伊朗、利比亚、朝鲜等国家。受《瓦森纳协定》影响，中国在能源、环境、可持续发展等领域与西方发达国家科技合作比较活跃，但是在航空、航天、信息、生物技术等高技术领域合作不够活跃。

对《瓦森纳协定》研究最权威的参考为其官网，当前最新的出口管控限制版本发表于2020年12月17日，243页的《两用商品技术及军需品清单》报告详尽地规定了成员国对成员国之外的国家管控的具体行业和产业目录。另外，该网站还公布了创始文件、背景文件、全体会议文件和其他声明、最佳实践文件纲要等。尽管这一"紧箍咒"给中国高技术进口带来了巨大的困扰，但国外学者普遍认为，瓦森纳协定仅仅是一个非正式的松散型组织，在实践中发挥的作用远小于"巴统"。另外，我国与瓦森纳协定组织保持着比较良好的沟通，并在逐渐修改自己的出口管制制度，使其更符合《瓦森纳协定》的相关规定，更加符合国际相关标准。2004年4月，我国与瓦森纳协定组织在维也纳举行了首轮对话会。但鉴于加入瓦森纳协定需要当前42个成员国一致同意，中国近期能够加入该协定的可能性微乎其微。

《瓦森纳协定》自1996年发布以来，每年都会进行修订。但该协定涵盖的限制领域基本保持不变：一是军民两用商品和技术清单，涵盖了先进材料、材料处理、电子器件、计算机、电信与信息安全、传感与激光、导航与航空电子仪器、船舶与海事设备、推进系统等九大类，每一类限制项下的具体产品又分为设备和组件、测试和检验设备、材料、软件、技术等五个维度进行阐述。

二是军品和技术清单，涵盖了各类武器弹药、设备及作战平台等共 22 类，中国同样在被禁运国家之列。从实质上讲，《瓦森纳协定》是构成美国出口管制制度完整性的重要链条。《瓦森纳协定》对限制向伊拉克、利比亚、朝鲜、伊朗、苏丹等被美国列为"关切"国家的出口起到了一定作用，但美国对印度、沙特、台湾地区等国家和地区的武器出口在数量和质量上却有增加。因此，《瓦森纳协定》在一定程度上反映了美国作为世界唯一超级大国，限制其他国家向对其构成安全关切的国家或地区的出口，却无法约束美国向破坏地区稳定的国家或地区的出口。在全球化和各国经济、社会发展相互依存的背景下，美国对我国的技术出口管制已经成为"卡"住我国核心关键技术发展的重大障碍。

可以说，从"冷战"时期的"巴统"到现在的《瓦森纳协定》，西方国家对高技术出口的控制不仅没有削弱，而且在不断加强，其本质是维护国家的战略安全和经济利益。

三、突围：中国自主创新的突破

中华人民共和国刚成立的时候，很多技术都要依赖国外。中苏关系破裂以后，我国国防工业的发展一直受到国外的技术封锁和禁运。国防工业部门和相关配套单位的科研人员艰苦拼搏、自主创新，完成了一项又一项先进装备的研制。特别是以"两弹一星"为代表的国之重器研制成功，极大地提升了我国的国际地位和综合国力。"两弹一星"精神、载人航天精神已成为激励我国科研人员不断攀登新高峰的宝贵财富。军工科技战线积累的技术和经验，形成的管理体制和机制，也成为我国走向世界科技强国的重要基础。

改革开放后，我国打开了与发达国家交流的窗口，引进了很多民用技术，使我国经济建设飞速发展，经济体量已居世界第二。随着我国国力的增强，美国开始对我国高技术领域实行全面打压，关键核心技术面临"卡脖子"的新情况。当前我国遭遇的"卡脖子"问题，应该说只是过去"卡脖子"问题范围的扩大，从军工技术领域扩大到民用高技术领域。如何应对"卡脖子"，如何反制"卡脖子"，总体来说有两个方面：一是提高自主创新能力，不被别人"卡脖子"；二是探索建章立制，对"卡脖子"进行反制。

为了应对"卡脖子"问题，我国科学界和企业界做了一系列努力和相关工作。2020年10月，党的十九届五中全会审议通过了《中共中央关于制定国民经济和社会发展第十四个五年规划和二〇三五年远景目标的建议》，提出到2035年基本实现社会主义现代化远景目标，使我国经济实力、科技实力、综合国力等迈上新台阶，关键核心技术实现重大突破，进入创新型国家前列。

我国在应对"卡脖子"技术方面，开展了一系列相关的努力与尝试。早在1956年，我国就开始规划芯片的技术发展，比日本提前了两年。半导体科学曾经是我国的荣耀与骄傲，1958年中国科学院拉出中国第一根硅单晶。17年后，北京大学物理系半导体研究小组设计出我国第一批三种类型的1K DRAM动态随机存储器，比美国英特尔公司研制的C103要晚5年，但比韩国、我国台湾地区要早四五年。作为制造芯片的核心装置光刻机，我国起步也不晚。1965年，我国研制出65型接触式光刻机，而当年称霸光刻机界的荷兰阿斯麦（ASML）公司还没有成立。1977年，K-3半自动光刻机诞生。1980年，清华大学研发出第四代分布式投影光刻机，精度高达3微米，已经接近国际主流水平，仅次于美国。1985年，机电部45所研制出了分步光刻机样机，通过电子工业部技术鉴定，认为它达到美国4800DSW水平。

1980年以来，科学技术迅速发展，对人类产生了巨大的影响，引起了经济、社会、文化、政治、军事等各方面深刻的变革。许多国家为了在国际竞争中赢得先机，都把发展高技术列为国家发展战略的重要组成部分，不惜投入大量的人力与物力。1983年美国提出的"战略防御倡议"（即"星球大战计划"）、欧洲的"尤里卡计划"、日本的"今后10年科学技术振兴政策"等，对世界高技术大发展产生了一定的影响和震动。1986年3月3日，王大珩、王淦昌、杨嘉墀、陈芳允四位科学家向国家提出要跟踪世界先进水平，发展中国高技术的建议。经过邓小平批示，国务院批准了《高技术研究发展计划（863计划）纲要》。作为中国高技术研究发展的一项战略性计划，经过20多年的实施，有力地促进了中国高技术及其产业发展。2016年，随着国家重点研发计划的出台，"863计划"结束了自己的历史使命。这是我国新时期满足国家发展需求、适应新技术革命和产业变革的适时之举、关键之举。

1997年，中央决定制定国家重点基础研究发展规划，解决国家战略需求中的重大科学问题，即《国家重点基础研究发展计划（973计划）》。"973计划"的实施，实现了国家需求导向的基础研究的部署，建立了自由探索和国家需求导向"双力驱动"的基础研究资助体系，完善了基础研究布局。自1998年实施以来，

"973 计划"围绕农业、能源、信息、资源环境、人口与健康、材料、综合交叉与重要科学前沿等领域进行战略部署，2006 年又落实《国家中长期科学和技术发展规划纲要》的部署，启动了蛋白质研究、量子调控研究、纳米研究、发育与生殖研究四个重大科学研究计划。"973 计划"始终坚持面向国家重大需求，立足国际科学发展前沿，解决中国经济社会发展和科技自身发展中的重大科学问题，显著提升了中国基础研究创新能力和研究水平，带动了中国基础科学的发展，培养和锻炼了一支优秀的基础研究队伍，形成了一批高水平的研究基地，为经济建设、社会可持续发展提供了科学支撑。

国家科技重大专项是为了实现国家目标，通过核心技术突破和资源集成，在一定时限内完成的重大战略产品、关键共性技术和重大工程。《国家中长期科学和技术发展规划纲要（2006—2020）》确定了大型飞机等 16 个重大专项。确定重大科技专项的原则：一是紧密结合经济社会发展的重大需求，培育能形成具有核心自主知识产权、对企业自主创新能力的提高具有重大推动作用的战略性产业；二是突出对产业竞争力整体提升具有全局性影响、带动性强的关键共性技术；三是解决制约经济社会发展的重大瓶颈问题；四是体现军民结合、寓军于民，对保障国家安全和增强综合国力具有重大战略意义；五是切合我国国情，国力能够承受。根据国家发展需要和实施条件的成熟程度，重大专项逐项论证启动。同时，根据国家战略需求和发展形势的变化，对重大专项进行动态调整，分步实施。重大专项的组织实施将注重与国家重大工程的结合，与国家科技计划的安排协调互动。充分发挥市场配置资源的基础性作用，在确保中央财政投入的同时，形成多元化的投入机制，突出企业在技术创新中的主体作用，对于具有明确产品和工程目标的专项任务，主要由企业牵头实施。建立责权统一的责任机制，按照"谁牵头，谁负责"的原则，加强监督，确保实效。集成各方面的力量和资源，广泛调动科技界、企业界、经济界等各方面的积极性，突破事关国计民生和国家安全的重大关键技术，着力培育具有自主知识产权的战略产业，有效提升我国的核心竞争力和国际地位。

2019年的全国科技活动周上，展示了一批国家科技重大专项取得的成果，这些成果包括长征五号、长征六号、长征七号运载火箭家族，中国海油深水油气田开发及作业船队，时速达250千米以上的高速货运动车组，"龙芯3号"芯片，柔性AMOLED屏幕，自动化绿色钻机，国和一号核电技术，龙华一号百万千瓦级压水堆核电技术，面向空间站虚拟训练的手臂力觉反馈系统，FT5000无创肝纤维化和脂肪变量化监测系统，海绵城市建设技术，首创药创新成果等。

应该说，中国实施科教兴国、创新驱动战略是卓有成效的，在很多领域都取得了巨大突破。但是，从中兴事件、华为事件来看，"卡脖子"问题在相关领域依然存在。从半导体来看，从材料、装备到制程技术，从芯片设计工具EDA到高性能芯片，从光刻胶到众多电子化学品，都存在不同程度的"卡脖子"问题。这一方面存在技术代差，另一方面下一代技术也存在被甩下的风险。这些问题在短时间内还难以全面解决，需要付出更长时间、更大努力才能取得积极进展。

第四节　对"卡脖子"的基本认识

  2013年9月举行的十八届中央政治局第九次集体学习会上，习近平总书记就"有人认为，科技创新对经济社会发展是远水解不了近渴"的问题指出："要采取'非对称'战略，更好发挥自己的优势，在关键领域、'卡脖子'的地方下大功夫。"2020年9月在教育文化卫生体育领域专家代表座谈会上的讲话中，习近平总书记强调，我国高校要勇挑重担，释放高校基础研究、科技创新潜力，聚焦国家战略需要，瞄准关键核心技术，特别是"卡脖子"问题，加快技术攻关。2020年12月的中央经济工作会议上，习近平总书记再次提出，尽快解决一批"卡脖子"问题，在产业优势领域精耕细作，搞出更多独门绝技。要开展种源"卡脖子"技术攻关，立志打一场种业翻身仗。2021年2月，习近平总书记主持召开中央全面深化改革委员会第十八次会议并发表重要讲话。会议强调，坚决破除影响和制约科技核心竞争力提升的体制机制障碍，加快攻克重要领域"卡脖子"技术，有效突破产业瓶颈，牢牢把握创新发展主动权。2021年3月，《求是》杂志发表的重要文章《努力成为世界主要科学中心和创新高地》中，习近平总书记更是振聋发聩地提出，要"在关键领域、'卡脖子'的地方下大功夫，集合精锐力量，做出战略性安排，尽早取得突破"。2018年中兴事件、2019年华为事件充分表明，中美之间存在着一批"卡脖子"的技术，一旦美国进行封锁，就能"卡"住中国的"脖子"。可以看到，中央领导对"卡脖子"技术非常关注和高度重视，并早已做了战略部署。什么是"卡脖子"技术，"卡脖子"技术有什么样的特征，以美国为首的国家是如何实施"卡脖子"的，正是接下来要讨论的问题。

一、什么是"卡脖子"技术

"卡脖子"一般比喻在关键时刻发生致命性的事情。中国有句古话，"打蛇打七寸"，通常用来比喻把握事物的关键点、弱点、要害部位，就是打蛇的心脏位置，蛇就必死无疑。比如，对付恐怖集团与恐怖分子，主要办法就是切断资金来源、控制武器交易、打击主要据点等。在个人学习生活中，"卡脖子"的事可以说是家常便饭。

在典型的市场竞争中，只要存在技术垄断或资源独占，出于利益考量，发生"卡脖子"的事就在所难免。当然，我们要讨论的"卡脖子"是国家与国家（国家联盟）之间出于扼制竞争对手而采取的非常规手段。如2019年7月，日本政府决定对韩国出口以下三种半导体生产中使用的核心材料进行管制：高纯度氟化氢、光刻胶、用于显示屏面板的聚酰亚胺。没有得到可出口光刻胶、氟化氢许可的企业，禁止对韩出口。日方停止供应光刻胶等电子化学品，造成不少存货不足的韩国半导体企业停工停产。到 2020 年 6 月底，韩国在液态氟化氢的制程方面取得了积极进展，但光刻胶等进口替代尚未有明显迹象。对于韩国三星专注的 5 纳米（1 纳米 = 10^{-9} 米）以及更高的纳米制程来说，EUV 曝光设备是必不可少的，日本如对 EUV 曝光的光刻胶出口韩国实施限制，三星将无法与台湾地区的台积电（TSMC）在 5 纳米产品上继续展开竞争。

近年来，美国对中兴、华为等采取了一系列单方面制裁措施，实际就是使用"卡脖子"手段，达到扼制战略竞争对手的目的。如从 2019 年 5 月开始，美国对华为的制裁措施全面升级，将华为列入实体清单，从各方面限制华为在美国和世界的贸易机会，从此华为开始处于被动局面，处处受到限制，同时"五眼联盟"也抵制华为，开始拆除华为在本国的 5G 设备。进入 2020 年后，美国对华为的压迫进一步升级，在芯片上修改了两次规则，9 月 15 日正式实施了芯片禁令。这个禁令的实施对华为的影响十分巨大，2021 年上半年，受芯片供给影响，华为手机以 2 450 万台的出货量稳居全球第六的位置。然而，由于众所周知的原因，与 2020 年同期相比仍大幅下降了 66.9%。

目前，学术界对"卡脖子"技术的界定主要分为问题视角和技术视角两个方面，本节选择从技术视角切入。关键核心技术被定义为需要通过长期高投入研究开发且具备关键性与独特性的技术体系，而"卡脖子"技术必须具备关键核心技术的共性特征，它对于整个产业发展的技术瓶颈突破具有关键意义。"卡脖子"技术实际也不只是某项单一技术，而是一系列关键核心技术的"技术体系"或者"技术簇",其中基础工艺、核心元部件、系统架构与机器设备都归属这一体系范畴。企业或者产业在发展过程中,由于技术依存度或对外依存度过高,关键核心技术受制于人,便形成了制约一国产业或企业创新发展的"卡脖子"技术。

以高端芯片为例,芯片的研发创新过程是基础研究能力与应用开发能力的高度互嵌,高端芯片的开发与创新过程既需要基础研究,包括数学、物理、化学等多基础学科的综合知识基础,又需要IC设计、晶圆制造、封装和测试过程中的多工序协同,以及基于基础理论的研发创新与基于工艺创新的应用开发创新的双元创新能力,如此方能实现高端芯片的研发生产与创新迭代。特别是,由于EDA设计工具、IP核、光刻机、关键材料等,既是当今最新技术的集大成,也依赖长期知识的累积和经验的沉淀,对于新进入者而言,具有极高的门槛。

2018年《科技日报》撰文,公布了中国35项"卡脖子"技术,分别为光刻机、芯片、操作系统、航空发动机短舱、触觉传感器、真空蒸镀机、手机射频器件、iCLIP技术、重型燃气轮机、激光雷达、适航标准、高端电容电阻、核心工业软件、ITO靶材、核心算法、航空钢材、铣刀、高端轴承钢、高压柱塞泵、航空设计软件、光刻胶、高压共轨系统、投射式电镜、掘进机主轴承、微球、水下连接器、燃料电池关键材料、高端焊接电源、锂电池隔膜、医学影像设备元器件、超精密抛光工艺、环氧树脂、高强度不锈钢、数据库管理系统、扫描电镜。当然,"卡脖子"技术要远多于上述名单,而且也是动态演化的。如云计算领域是一个新兴领域,如果不能在云操作系统、安全架构以及网络安全方面有自主可控能力，就会使"云计算"成为新的"卡脖子"领域；过去一些领域进行迭代或出现颠覆性技术，如果我国企业没有跟上，也会出现重新被"卡脖子"的情况。

对于"卡脖子"技术存在的原因，总体来看是科研基础薄弱、创新能力不足。国与国（国家联盟）之间的战略竞争，本质上是实力的竞争，一般表现为以技术为特征的硬实力竞争，然后在硬实力基础上再升级为以规则为特征的软实力竞争。学者肖广岭等（2019）提出，从我国发展现状来看，某些领域与世界先进水平还存在较大差距，核心技术受制于人的局面还没有从根本上得到改变，华为、中兴事件更说明了"卡脖子"关键核心技术必须牢牢掌握在自己手中，科技发展的主动权就是国家发展的主动权。"卡脖子"问题究竟"卡"在哪儿？杨玉良院士（2020）提出，"卡脖子"的关键是反映了原始创新能力的基础研究，"卡脖子"困境的根本原因是"卡脑子"，因此必须弘扬科学精神和追求思想自由。高福院士（2019）持类似的观点，认为"卡脖子"遇到的是关键核心技术瓶颈，而"卡脑子"是欠缺颠覆性变革的思维。刘忠范院士（2018）也认为，"卡脖子"问题是源于基础研究不过关，研究积累不够。他提出要做好基础研究的未来布局，建立高效的科技创新体系。夏清华、乐毅（2020）则与杨玉良院士的结论不完全相同，他们通过对"卡脖子"技术的梳理，提出"卡脖子"技术既有应用研究层面的问题，也有基础研究层面的问题，并给出了"卡脖子"的解决办法。宋立昕院士（2020）则从人的角度提出观点，认为"卡脖子"的源头不是因为对基础研究不重视，而是现行的科研评价体系导致科研人员难以安心做有价值的研究。

王英俭（2020）也对"卡脖子"的原因进行了解析，认为"卡脖子"的问题不在于基本科学原理和技术路线，而在于关键材料、器件和生产过程等方面的基础科学数据不够翔实、技术过程工艺流程不够精准，甚至是设计制造精度不够严格等基础性问题。张中祥、邵珠琼（2020）从微观的企业层面，到中观的产业链层面，以及宏观的国家战略层面分别分析了"撒手锏"和"卡脖子"技术之间的关系，并认为锻造"撒手锏"是解决"卡脖子"困境的关键方法。

二、"卡脖子"技术识别与基本特征

"卡脖子"现象是国家间剧烈博弈的表现，往往发生在那些必要性、紧迫性、战略性的领域，一方通过对这些领域进行控制，对另一方的经济安全甚至国家安全产生重要的影响，达到维护己方在全球格局中的利益的目的。

（一）"卡脖子"技术的识别

"卡脖子"技术属于关键核心技术的范畴，不仅在技术价值链上占有极高的位置，且在国际上技术来源少，易形成技术垄断的局面，一旦被技术供给方制裁，技术需求方将难以在短期内实现技术突破，直接威胁到企业存亡和国家经济安全。

学者陈劲等（2020）提出了"卡脖子"的金字塔识别模型，从技术差距、技术本身的关键程度、产业安全性以及在国家间创新链与价值链之间的战略性等多重维度界定"卡脖子"技术的核心特征,即是否与主要发达国家竞争体存在较大的技术差距、是否为产业当前与未来发展的关键核心技术(技术预见)、是否满足产业安全性(技术垄断程度)、是否在全球创新链与价值链中占据关键核心位置(全球竞争地位)(见图1-11)以及是否为国家创新发展战略中的关键性技术要素等多维判断准则(见表1-3)。

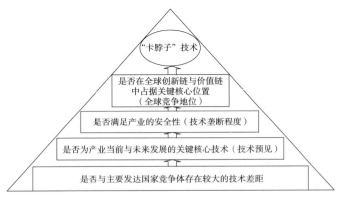

图1-11 "卡脖子"技术的金字塔识别模型

资料来源:《"十四五"时期"卡脖子"技术的破解:识别框架、战略转向与突破路径》。

表1-3 "卡脖子"技术评估指标体系

一级指标	二级指标	三级指标
技术差距	基础研究差距	学术研究论文的质量与基础学科的学术影响力
	应用研究差距	专利的数量与质量
	实验开发差距	重点实验室的应用开发能力
	产业商业化差距	成果转化比例
关键核心技术	专利被引次数	专利后续引用频次与年均引用频次
	技术覆盖范围	技术覆盖的产业领域
	同族专利数量	同族专利代表同一件专利在不同国家以及主要竞争国家间获得保护的数量
	相对专利地位	专利的相对增长率
	技术复杂度	研发周期与成本

第一章 "卡脖子"的前世今生

续表

一级指标	二级指标	三级指标
产业安全性	技术自主可控程度	核心零部件的对外依存度
		基础材料的对外依存度
		网络技术对外依存度
		技术标准的参与程度
		技术的跨国转移难度
国家战略竞争性	全球价值链地位	技术嵌入价值链的程度

资料来源：《"十四五"时期"卡脖子"技术的破解：识别框架、战略转向与突破路径》。

汤志伟等（2021）学者就电子信息产业"卡脖子"技术识别方法进行了研究，建立了以关键核心技术为核心的识别框架（见图1-12），通过问卷调查法收集关键核心技术35项，从中识别出"卡脖子"技术13项，得出电子信息产业"卡脖子"技术基础性特征突出、集成电路"卡脖子"威胁大、高端软件相对安全的结论。

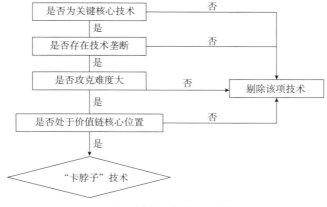

图1-12 "卡脖子"技术识别框架

唐恒等（2021）基于专利视角，构建了对"卡脖子"技术短板进行甄选的分析框架，建立了由宏观到微观的分析路径，设定了宏观分析的技术短板差距度评测模型，构建了微观分析的技术—功效—机构的三维分析模型，以光刻机领域为例展开实证研究，并分析了具体的技术卡点（见图1-13）。上述模型的研究结果显示，宏观层面的对比分析表明我国在光刻机领域和国际一流水平之间还存在较大差距，从统计的前十位IPC的数量分布来看，我国光刻机重点技术领域全部被"卡"，其中与领头国家差距最小的技术领域为G02B（光学元件、系统或仪器）。微观层面主要是针对宏观层面判别出来的差距最大的G03C领域（照相用的感光材料）深入分析，甄选到一些更下位的技术卡点：（1）关于如何改进或利用光致抗蚀剂提升光刻精度、形成清晰图案的研究；（2）关于如何改进多次曝光技术，以达到提升产量、提高精度、形成清晰图案的目的；（3）关于研发抗蚀剂组合物，用以提高光刻精度、灵敏度，降低膨胀率，形成清晰图案；（4）关于提升分辨率的技术研究，以达到形成清晰图案的结果；（5）关于交替相移掩模的研究，以提高光刻精度、灵敏度，形成清晰图案，降低膨胀率。对于这些方面的研究，我们亟须加大资源投入，聚焦技术短板，强化专项技术研发，努力赶追，力争技术突破。

发现"卡脖子"技术有两种思路：一种是建立识别的框架及相应的工具，逐一筛选判断，就像上述提及的识别方法及技术；另一种是美国等发达国家对中国限制什么，列出被限制清单，也就找到了"卡脖子"的主要领域。比较理想的办法是把两种思路进行有机的结合。当"卡脖子"技术客观存在，一国会不会被"卡"住"脖子"或"喉咙"呢？只有成为战略竞争对手，或者两国（国家联盟或阵营）发生冲突（冲击程度也是重要变量），这些技术才成为"卡"住对手的工具与手段。

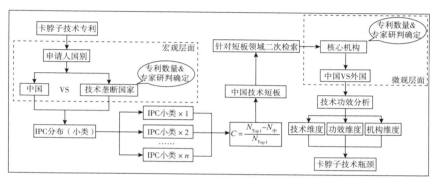

图1-13 "卡脖子"技术短板分析模型

（二）"卡脖子"技术的基本特征

"卡脖子"是一个动态演进的概念及管制工具。若封锁一项技术可以阻碍下游多项技术的发展，或者一项技术能够加速多项下游技术的发展，或者一项技术可以显著增加国家防御能力，或者一项技术能够威胁其他国家的安全，它都可能成为"卡"别人"脖子"的选项。"卡脖子"技术具有以下几个特征。

垄断性。从经济学视角看，"卡脖子"的本质就是被垄断，重点在于"卡脖子"技术是不是独家所有，或者独家能够控制。从现实情况看，全球产业布局的关键节点往往掌握在一个国家甚至一个公司手中，他们在同类产品中具有绝对优势，独占卖方市场，技术供给方具有绝对话语权，技术需求方缺乏谈判筹码，处于相对劣势位。以低纳米级光刻机为例，目前仅有ASML有供给能力；以大型民用航空发动机为例，仅有少数国家拥有核心技术和整机制造能力，形成了寡头垄断。只有技术处于垄断和绝对控制地位，或具有最终的话语权，才能达到"一剑封喉"的效果。从现实世界来看，通过对美国的依赖程度可以判断该项技术的垄断性，部分依赖意味着该技术不存在严重的技术垄断问题，而大部分依赖或完全依赖则说明有可能面临严重的技术垄断。

关键性。关键核心技术是指在一个系统、产业链或一项技术领域中起重要作用且不可或缺的技术。它可以是技术点，也可以是对某个领域起到至关重要作用的知识。比如，前面提到光刻机用的感光材料，没有这个材料，光刻机就生产不出来或者达不到最先进的水平。从国家经济战略与科技战略视角界定"卡脖子"技术，认为"卡脖子"技术不只是关键核心技术范畴，更是决定一国科技发展战略与创新能力的关键技术。其关键的特征在于具备战略性，对保障国家经济安全与科技垄断地位具有突出的作用，兼具技术属性与国家安全属性，是一国参与国际经济竞争过程中兼具经济性、安全性与技术性的"耳目"。

战略性。"卡脖子"技术应该是国家间竞争的战略核心技术。涉及国家安全的重大技术，可以显著增加国家防御能力，或者能够威胁其他国家安全的技术，如中远程战略导弹技术。有些技术虽然基本依赖国外，且国内外技术差距较大，但如果该技术并不处于产业价值链核心或重要环节，即使被国外管制也不会对我国经济发展造成巨大冲击，就不一定是"卡脖子"技术。识别"卡脖子"技术，就是找出那些真正影响国家经济命脉的技术。太赫兹技术被美国评为"改变未来世界的十大技术"之一，被日本列为"国家支柱技术十大重点战略目标"之首。哪个国家首先取得突破并成功实现产业化，就有可能在这一技术领域取得垄断地位，所以美、日、欧、中等都在集中科研资源进行攻关。

引领性。主要是指一项或一组技术对相关技术与产业的辐射带动作用。如微球技术，一般指尺寸在纳米到微米级的球形粒子，由于具有独特的小尺寸效应、表面效应、量子效应、宏观隧道效应、生物相容性等特性，被广泛应用到工业生产中，是诸多新兴产业、战略性新兴产业发展的共性基础材料，具有较大的辐射性与带动性。

除了上述四个基本特征外，"卡脖子"越来越表现出融合性、集成性两个新特征。

与"卡别人脖子"相对应的是"不要被别人卡脖子"。在现实世界中，自身掌握相关技术或主动放弃类似技术，可能就不被人"卡脖子"。中国作为一个大国，以民族伟大复兴作为伟大梦想，在关系国家安全与民族复兴的关键核心领域具备自主创新能力，才是不被"卡脖子"的根本所在。

三、"卡脖子"的实施方式

通过管制出口与限制进口、强化高技术公司并购审查、阻断学术交流与合作等方式，试图切断中国高新技术源头，阻碍中国战略性新兴产业成长，是美国等发达国家实施"卡脖子"的根本目的。

（一）管制出口与限制进口

出口管理是最重要的"卡脖子"技术实施方式。对于中国而言，"卡脖子"技术掌握在其他国家手中，只有通过贸易方式才能获取；对于出口技术的国家而言，则采取严格管制与惩罚措施来实施"卡脖子"。受到美国出口管制的物品，不仅包括大规模杀伤性武器、核技术等军用类物品，还包括军民两用产品及纯民用物品。美国涉及出口管制的法律法规众多，包括《出口管制改革法案》(Export Control Reform Act, ECRA)、《国际紧急经济权力法》(International Emergency Economic Powers Act, IEEPA)、《武器出口管制法》(Arms Export Control Act, AECA)、《国际武器贸易条例》(International Traffic in Arms Regulation, ITAR)、《出口管理条例》(Export Administration Regulations, EAR)等法规。上述法律法规及相关行政令主要通过以下几种管制方式来实现"卡脖子"的战略意图。

一是受管制国家清单。EAR 基于管控目的不同，对受到管制的国家进行了分类。对于某些受到禁运和其他限制的国家，例如古巴、伊拉克、朝鲜、伊朗、叙利亚等，几乎所有商业管制清单中的商品都需要取得美国商务部工业与安全局（BIS）的许可才能对其出口（转出口）。此外，EAR 还列举了许可豁免的情形，即商业管制清单上的商品在特定情况下可以免予许可向受管制国家出口。

二是拒绝人员清单。这个清单是指列有在美国不享有出口特权的实体（含个人）的名单，该名单内实体将受到 EAR 比较全面的贸易管制的限制。被拒绝实体不得直接或间接出口受美国出口管制法规管控的物项，也不得采取任何受出口管制法规控制的行为。与被拒绝实体有联系的，包括所属、控制或有责任地位的个人、公司或组织在进行交易或相关服务时也可能因该被拒绝人员清单受到美国管制的影响。

三是军民两用品清单。BIS负责军民两用物品出口管制，通过调整出口管制分类编号（ECCN），限制美国企业出口高端技术，实现"国家安全"目标。军民两用品管制清单有两个特点：一是出口行为覆盖面广，包括出口、再出口、转运、视同出口以及美国境外的某些交易，适用于任何地点的所有源于美国的物品，包括含有美国原产零部件价值超过最顶级标准（通常为25%，对伊朗等禁运国家最低含量要求为10%）的外国产品，使用美国技术、软件、生产线或装置生产的外国产品。因此该管辖具有域外效力，可延伸至适用上述情形下的外国厂商。2018年3月BIS对中兴进行全面制裁，库存产品用完后，可能连一台手机也没办法生产出来，因为中兴使用了美国康宁玻璃生产的手机屏和高通设计的手机芯片。由于管制行为宽泛，一个产品即使经过了多轮转运出口，只要涉及美国的技术、产品部件达到一定标准，就会被纳入管制范围。二是以商品控制清单与国家控制清单联合搭建形成严密的封锁网。管制程序非常复杂，既要了解技术参数确定是否受到管制，又要通过"国家列表"确定是否对特定国家设限（受管制国家清单），还要研究"许可例外"，了解是否可以不向BIS申请许可。同一项技术可能在A类国家如加拿大、欧盟畅通无阻，但是对中国可能实行严厉管制。

四是实体清单。这是美国商务部出口管制条例中的一个附录部分。实体清单中不仅包含企业，也包括个人和国家机关。实体清单最为严格，它于1997年2月首次发布，被认为"威胁美国国家安全和外交政策"的企业，会被美国商务部通过限制高科技产品和技术的输出，对其进口美国技术实施严格监控。在实体清单中规定范围内，出口、转出口或境内转让任何受EAR管辖的物品都必须经许可；除非允许前述出口、转出口或境内转让不适用许可；对于许可申请的审查将依照注明的审查政策（及EAR其他相关条款规定的审查政策）进行。在未得到许可证前，美国各出口商不得帮助这些名单上的企业获取受相关条例管辖的任何物品。简单地说，"实体清单"就是一份"黑名单"。一旦进入此名单，实际上相关企业就被剥夺了在美国的贸易机会，会遭到技术封锁和国际供应链隔离。自2018年至2021年6月，被美国列入实体清单的中国企业包括海康威视、科大讯飞等200多家。从特朗普执政以来公布的实体清单看，这些企业主要分为三类：一是从事军民两用的高技术企业，这些技术领域至少包括芯片、通信、卫星、航空航天、新材料、军用和民用无人机、人工智能以及安防系统；二是已具有或有可能获得一定的全球技术和市场地位的企业；三是具有一定的全球政治影响的企业，如中国石化、中国石油、中国海油等大型国有企业。

五是未经验证清单。针对的是"最终用途"。美国商务部在超出管制范围外无法验证实体的真实性、无法进行最终用途审查时，如果存在最终用途审查的主体无法说明美国出口管理条例管制物品的处置，按照出口文件的地址无法找到该机构，不能通过电话或电子邮件联络，没有回应美国政府查核，以及东道国缺乏合作阻止了美国商务部进行最终用户审查等情况，那么美国商务部就会将该实体纳入"未经验证清单"。被加入该名单虽不代表被全面禁运，但有时美国供应商也会把它当作禁运，故该名单的实际效果大于法律效果。

美国也通过限制进口来封杀竞争对手。2019年5月15日，特朗普签署总统特别行政令，宣布国家进入紧急状态，认为外国竞争对手利用美国在信息、通信技术和服务方面的漏洞，对美国采取经济和技术间谍行为，美国企业不得使用对国家安全构成风险的企业所生产的电信设备。美国国防部发布的《5G生态系统：对美国国防部的风险与机遇》的报告中，详细阐述了5G对美国国防部的影响与挑战。为了"国土安全"，美国在本土禁止使用华为等公司的5G技术。2021年8月，美国总统国家安全顾问沙利文到访巴西，公开要求巴西禁止华为参与当地5G网络建设。美国不仅在本土不使用华为5G技术，而且要求同盟国及其能够影响的国家一起封杀华为5G技术。

另外，美国国际贸易委员会根据美国《1930年关税法》及相关修正案进行了"337"调查。其调查的对象为进口产品侵犯美国知识产权的行为以及进口贸易中的其他不公平竞争。由于界定不清晰，实际"337"调查经常成为贸易制裁的工具与手段。从2001年到2018年，全球"337"调查699件，涉及中国企业的调查为213件，占比达30.5%。

（二）强化对美国企业并购的安全审查

特朗普执政时期，美参众两院同时发起《美国外商投资风险审查现代化法案》，推动近年来规模最大、力度最强、范围最广的外商投资审查制度改革。一是扩展美国外国投资委员会（CFIUS）审查范围，规定涉及关键技术和关键基础设施的"非被动投资"，或者将知识产权或关键技术转移给外国投资者的特定合资项目，都必须纳入审查；二是强化国家安全审查，新增关键技术的"累积"控制、公民敏感信息、网络安全、舆论影响等多项内容；三是提升 CFIUS 的执行效率，引入强制申报制度，加强事后合规性监管等。

受《外国投资风险评估现代化法案》《2019 财年国防授权法案》等法案影响，我国科技企业从美国机构获得风险投资或收购美国企业将要接受更多的投资审查。随着上述措施或法案的实施，一方面，我国科技企业要想通过收购美国技术公司获取技术将非常困难，未来通过海外离岸公司推动这些投资活动的风险也很高；另一方面，美国金融监管部门可能收紧外资监管政策，加大对各类可疑外资特别是来自中国投资者的资金进行跟踪审查的力度，随时有可能冻结这类资金，从而加大我国企业对美投资安全的担忧。

对于中国在海外其他国家的投资活动，美国也常常插手干涉。乌克兰马达西奇公司因濒临破产，中国公司欲参与收购。2019 年 8 月，时任美国国家安全顾问的博尔顿出面阻止中资企业收购，推动乌克兰反垄断委员会否决收购案。

（三）阻断学术交流与科技合作

美国对华战略已从以前的接触转为扩大遏制，通过收紧赴美签证、限制大学敏感专业招生、打击知识产权窃取等手段限制中方人员赴美求学、开展学术交流和科技合作，限制甚至禁止中国学者或留学生接触美国领先技术，以期封锁美国对华的技术输出。

1. 人文交流限制

科技人才是技术交流的纽带和载体。"PP10043"是美国前总统特朗普于2020年5月签署的一项行政令，规定签证官可以学生（学者）就读专业及研究方向、毕业于特定高校或接受国家留学基金委（CSC）资助等为由拒发签证。

目前美国国务院列出的敏感专业清单如下：

（1）常规弹药；

（2）核技术，物理与工程；

（3）火箭系统和无人飞行器；

（4）导航，航空电子和飞行控制；

（5）可用于火箭系统的导航，航空电子和飞行控制；

（6）化学，生物技术和生物医学工程；

（7）前后，影像和侦察；

（8）先进的计算机/微电子技术；

（9）材料技术；

（10）信息安全；

（11）激光和定向能量系统技术；

（12）传感器和传感器技术；

（13）海洋技术；

（14）机器人；

（15）城市规划。

对于敏感专业的细分领域也有明确规定。先进的计算机和软件在导弹与导弹系统的开发和部署以及核武器的开发和生产中发挥着作用（但不一定是至关重要的作用）。先进的计算机功能还用于超视距瞄准、机载预警瞄准、电子对策（ECM）处理器。这些技术为：

（1）超级计算，混合计算；

（2）语音处理/识别系统；

（3）神经网络；

（4）数据融合；

（5）量子阱，共振隧穿；

（6）超导；

（7）先进的光电；

（8）声波设备；

（9）超导电子器件；

（9）闪光放电型X射线系统；

（10）频率合成器；

（11）微电脑补偿晶体振荡器。

被拒签学生基本上为申请赴美攻读博士或硕士学位的研究生。

2. 科技合作限制

特朗普执政期间，美国能源部（DOE）出台了两项新的政策，全面禁止与所谓敏感国家的科技合作。第一个政策备忘录于2018

年 12 月 14 日发布，禁止 DOE 资助的研究人员在人工智能、纳米科技、先进制造、超算、量子信息等新兴科技领域与所谓敏感国家研究人员展开合作。DOE 的这个政策备忘录并未给出所谓的敏感国家清单，但此前有一个旅行敏感国家和地区名单，中国内地、香港和澳门都榜上有名。第二个政策备忘录则于 2019 年 1 月 31 日发布，全面禁止 DOE 资助的研究人员参与外国人才引进计划，限制的不仅仅是美国的科研人员，也包括在美国展开合作研究的大量其他国家科技人员。该政策不仅仅禁止科研项目合作，即使去所谓敏感国家开会交流，也在限制之列。

另外，美国许多行业协会是世界计算机、电子、通信、材料、装备等行业标准的主要制定者。我国不少企业和机构具有会员资格，受邀参加部分行业标准的起草、修订或制定。但受到美国政府的压力，这些行业组织冻结或取消了我国有关企业和机构的会员资格，使其失去参与标准合作的机会。5G、人工智能等领域的底层技术标准直接关系到行业的未来发展，如果我国不能参加相关标准的制定，就有可能丧失重大发展机遇。

由此可见，美国对中国"卡脖子"是全方位、多层面开展的系统性行为，既有行政命令，也有法案与法律；既有直接的出口管制，也有从科技源头上的阻断；既有美国自身的行动，也有与盟国的共同行动。其核心是遏制中国高技术发展，保持美国在技术领域的绝对领先优势。中国对美国最根本的反制措施是提高自主创新能力，在主要的"卡脖子"领域实现自主可控。

第二章

技术"卡脖子"

第一节 制造强国:撬开"卡脖子"的手

"卡脖子"问题的本质,是国家间科技创新与制造能力的博弈。尤其是在全球舞台上,对于志在民族伟大复兴的大国,"追随战略"的结果只能是在关键时期、关键环节上被创新大国、制造强国牢牢"卡住脖子",这是社会发展和进化的基本法则。目前中国是一个名副其实的制造大国,但离制造强国还有相当的距离,核心是缺乏占据世界产业制高点的核心技术,存在若干被他国"卡脖子"的领域。制造业是实体经济的主体,是立国之本、兴国之器、强国之基。提高自主创新能力,打造具有国际竞争力的现代产业体系,是我国突破"卡脖子"瓶颈问题和其他国家制约的核心关键和必由之路。

当前,面对以新一代信息技术、新能源、智能化等为标志的新工业革命浪潮,处于追赶型的广大发展中国家,特别是像中国这样的发展中大国,面临着难得的机遇与严峻的挑战。在经历了40多年快速、持续的发展后,中国要想在"第三次工业革命浪潮"中真正实现大国崛起,真正撬开"卡脖子"的手,实现从"工业大国"向"制造强国"的完美蜕变,根本出路在于自主创新能力的提升。

一、世界制造强国的标志

如果从基于产业优势的大国来看，我们可以依据工业竞争优势对世界制造强国做一个初步的归类，主要可分为三个层次：第一层次，是世界一流制造强国，如美国、日本、德国等，它们在整个工业领域具有非常突出的产业优势并掌握了国际市场定价权；第二层次，是整体处于世界前列，同时局部优势明显的制造强国，如英国、法国、意大利等，它们在工业部门的相当大范围内拥有明显的竞争优势和定价能力；第三层次，是局部优势突出的制造强国，如瑞士、瑞典、韩国等，这些国家在某些工业领域内的优势非常突出，并在这些工业中掌握了相当强的定价能力。一般而言，制造强国是产业结构、发展方式、运行模式、组织形式、制度环境等多种因素长期综合作用的结果，任何单一的指标都不能作为制造强国的唯一指标。

（一）拥有世界一流的创新能力，特别是原始创新能力

创新能力是国家竞争力的核心，是突破"卡脖子"瓶颈问题的核心关键，也是一个国家获取竞争优势的最重要源泉。一个国家只有拥有强大的自主创新能力，才能在激烈的国际竞争中赢得先机、把握主动。美国之所以能引领全球电子信息产业发展的潮流，与其在集成电路、IT、互联网、航空航天等领域层出不穷的重大原始创新是分不开的。从发展实际看，世界制造强国无一不拥有强大的自主创新能力。2000—2020年，日本共有19人获得诺贝尔奖，这表明日本在原始创新领域已经走在世界前列。

从每百万人研发人员指标来看,丹麦是研发人员占比最高的国家,2018年每百万人中研发人员达到了8 066人。美国2018年的数据暂缺,2017年每百万人中研发人员达到了4 412人。中国仅为1 307人,目前与世界先进国家差距较大(见图2-1)。

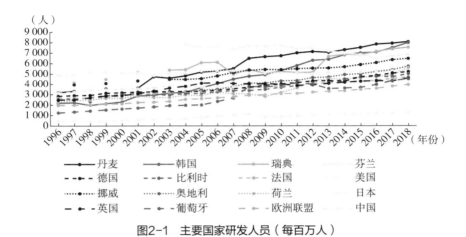

图2-1 主要国家研发人员(每百万人)

资料来源:世界银行数据库,华夏幸福研究院绘制。

从整体创新能力看,欧洲工商管理学院(INSEAD)与世界知识产权组织(WIPO)联合发布2020年全球创新指数(GII)报告,其中创新指数排前5名的国家分别为瑞士、瑞典、美国、英国和荷兰,中国排第14位,同时也是前30名中唯一的中等收入经济体(见图2-2)。中国的排名在2013—2020年提升了21位(见图2-3)。

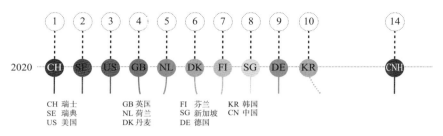

图2-2 主要国家创新指数

资料来源：GII2020。

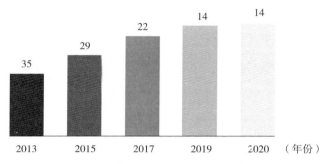

图2-3 中国GII排名变化情况

资料来源：GII2020。

  一个制造强国，首先是一个创新大国、强国。创新能力的高低取决于创新要素的聚集度、创新链条的完整度、创新生态的丰富度，如航空发动机涉及空气动力学、工程热物理、机械、密封、电子、自动控制等多学科的综合性系统工程，就需要上述学科从基础研究、应用研究、产业化三个环节全部贯通。中国古诗云，"功夫在诗外"。制造业水平及竞争力是创新成果的外在表现，所有人类知识及创新成果最重要的载体是制造装备及其制造产品。从创新要素看，最重要的是创新人才的数量及质量，而创新人才的数量及质量又取决于大学教育的质量及基础教育的水平。进言之，基础教育水平和大学教育质量，不仅取决于投入水平，更取决于制度、机制及文化。如从人才质量及规模去评价美国的科技实力，无疑"都在鳌头"。截至2020年，诺贝尔科学榜上获奖次数最多的是美国人，其中248人（占35%）出生于美国。全球诺贝尔奖获得者最多的大学中，前8名均是美国大学，其中哈佛大学累计获诺贝尔奖达160人次。

（二）拥有一批具有较强国际竞争力的著名企业和品牌

拥有一批具有较强国际竞争力和资源整合能力的大型企业集团是一个国家制造业强大的外在体现。龙头企业和自主品牌决定着不同国家在世界产业价值链所处的地位，一个国家拥有的跨国企业和世界知名品牌越多，其价值链所处地位及主导力就越强，在全球市场竞争中就越能够占领先机。一个世界制造强国要在竞争中处于优势，关键还是要有一批竞争力强的大企业和集团。

2020年，中国首次成为世界500强企业数量排行榜中的榜首国家，展现了我国企业从大到强的蜕变。按照榜单排名，世界各国的500强企业数量分别为：中国133家，美国121家，日本53家，法国31家，德国27家，英国21家，韩国14家，瑞士14家，加拿大13家，荷兰12家。从平均销售收入来看，该榜单世界500强平均销售收入是666亿美元，中国上榜企业平均销售收入是669亿美元；世界500强平均净资产是364亿美元，中国上榜企业平均净资产是364.4亿美元。也就是说，中国企业的平均销售收入和平均净资产，都达到了《财富》世界500强的平均水平。但从利润率来看，上榜中国企业的平均利润不到36亿美元，约是美国企业平均利润70亿美元的一半，低于全球500强企业的平均利润——41亿美元。如果不计银行利润，那么中国企业的平均利润只有22亿美元左右，与美国非银行企业的平均利润——63亿美元相比，约是其1/3。所以在一定程度上，中国企业"大"是大了，但是"强"却未必，特别是科技型制造公司在榜单中还不多，还有很大的提升空间。

从汽车领域来看，共有33家企业进入《财富》500强，其中中国有6家企业上榜，这是否就意味着中国汽车企业整体已具备了创新竞争力呢？答案还不能轻易得出：一是6家企业都有外国合资企业的贡献，如上汽中有大众和通用品牌汽车的贡献；二是汽车电子领域就存在严重的"卡脖子"问题，如果出现断供，我国汽车企业就可能会出现停工停产。

表2-1　33家汽车及零配件企业上榜《财富》世界500强

排名		公司名称	营业收入（百万美元）	国家
2020年	2019年			
9 ↑	10	丰田汽车公司	256 721.70	日本
10 ↓	7	大众公司	253 965.00	德国
24 ↓	20	戴勒姆股份公司	175 827.30	德国
47 ↓	31	福特汽车公司	127 144.00	美国
48 ↓	39	本田汽车	124 240.60	日本
49 ↓	40	通用汽车公司	122 485.00	美国
54 ↑	56	宝马集团	112 794.10	德国
60 ↓	52	上海汽车集团股份有限公司	107 555.20	中国
66 ↑	89	中国第一汽车集团有限公司	101 075.80	中国
83 ↑	84	现代汽车	88 155.70	韩国

续表

排名 2020年	排名 2019年	公司名称	营业收入（百万美元）	国家
85 ↑	100	东风汽车公司集团有限公司	86 856.30	中国
98 ↓	95	博世集团	81 463.80	德国
116 ↓	83	日产汽车	74 169.50	日本
124 ↑	134	北京汽车集团有限公司	72 147.30	中国
176 ↑	206	广州汽车工业集团有限公司	57 723.90	中国
215 ↑	229	起亚公司	50 155.10	韩国
219 ↓	175	雷诺	49 536.40	法国
239 ↑	243	浙江吉利控股集团有限公司	47 191.00	中国
224 ↑	247	电装公司	46 569.30	日本
272 ↓	230	德国大陆集团	42 982.70	德国
323 ↓	302	采埃孚	37 158.60	德国
327 ↓	259	沃尔沃集团	36 754.30	瑞典
357 ↓	337	印度塔塔汽车公司	34 012.80	印度
365 ↓	359	爱信	33 259.70	日本
372 ↓	301	怡和集团	32 647.00	中国
372 ↓	315	麦格纳国际	32 647.00	加拿大
392 ↑	—	特斯拉	31 536.00	美国
395 ↓	385	现代摩比斯公司	31 047.20	韩国
412 ↓	390	铃木汽车	29 980.80	日本
434 ↓	387	普利司通	28 046.80	日本
442 ↑	445	住友电工	27 531.70	日本
449 ↓	400	马自达汽车株式会社	27 187.20	日本
459 ↓	405	斯巴鲁公司	26 698.00	日本

资料来源：美国《财富》杂志。

（三）拥有国际领先的规模影响力

具有领先的产业规模和现代化的产业体系，是制造强国之所以强大的重要基础。结构优化、技术先进、附加值高的现代工业体系，越来越成为制造强国获取竞争优势的重要环节，如美国的化工、电子信息、机械设备制造、航空航天、汽车、生物医药等产业，德国的汽车、机械设备制造、电气设备制造、化学工业等产业，日本的汽车、电子信息、化学、钢铁等产业，韩国的汽车、显示器、造船、通信设备、半导体、化学、钢铁等产业。提高自主研发能力，提升制造业的价值链水平，并通过商品出口建立的全球贸易网络，逐步提高商业出口业务，才能保证出口贸易乃至国民经济在世界动荡的经济环境面前，具有更强的抗干扰性和更高的韧性。

世界上的制造强国制造业规模都居全球前列。2019年美国制造业增加值为2.3万亿美元，日本为1.0万亿美元，德国为0.83亿美元，在全球排在第二位至第四位。在航空航天、新一代信息技术、高端装备、新材料、生物医药等高新技术领域，制造强国的产业规模与市场份额则更高。

中国依靠制造业的优势成为商品出口的第一大国，也是出口贸易的第一大国。制造业占比较高的国家有中国、美国、德国、日本、韩国、加拿大、英国、法国、意大利、土耳其、墨西哥和印度。这些国家的制造业出口占比之和在60%左右，是世界上最重要的制造业出口国。高科技制造业是制造业中快速发展的领域，从1990年到2015年，高科技出口在制造业的占比都在20%左右，是增长较快的领域。G20国家（不包括欧盟）的高科技出口占比接近全球高科技出口的80%。中国虽然在制造业和高科技出口方面都已经成为世界第一大国，充分展现了中国工业化、现代化的生产制造能力，但由于缺少足够的自主创新和知识产权，处于产业链的下游，容易受世界经济波动的影响。

（四）拥有国际领先的产业基地和产业集群

前文从国家层面讨论创新能力，此处从城市及创新集群层面评判区域创新能力。无论全球还是中国，在顶尖人才、高水平大学、创新型头部企业等要素的助推下，核心城市的创新成果会扎堆涌现、创新行为日益密集，形成一座座"创新尖峰"。这些高耸的创新尖峰，将成为引领全球科技创新的风向标。

在半导体制造领域，全球芯片制造创新前十的城市中，美国与我国台湾地区分别占两席，我国大陆占三席，日本东京、韩国首尔和德国慕尼黑分列第一、第三和第八。国际城市的芯片创新集中在高端芯片整合设备制造（IDM）模式，例如，日本东京以存储、分立器件、模拟芯片IDM创新为主，韩国首尔以存储芯片创新为主，纽约以CPU芯片创新为主。我国台湾地区以台积电、台联电为代表的数字芯片代工创新为主，上海、北京、深圳等城市创新则集中在数字芯片代工与面板、分立器件、LED等技术门槛低、市场规模小的领域。

在半导体设计领域，在全球芯片设计前十的城市中，美国旧金山湾区绝对领先于其他城市，排名其后的是东京、纽约、北京、奥斯汀、首尔、上海、深圳、西雅图和新竹。芯片设计创新主要来自无工厂（Fabless）企业与IDM企业。旧金山湾区、纽约、西雅图是典型的Fabless集聚城市，旧金山聚集了高通、博通、英伟达等全球顶尖的Fabless企业，享受低资本投入和高毛利。国际上其他城市如东京、首尔、奥斯汀等主要以IDM企业主导的芯片创新为主。我国北京、上海、深圳、新竹以Fabless企业为主，但企业创新能力、企业规模相对美国企业仍存在较大差距。

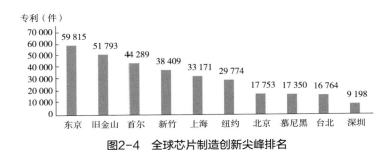

图2-4　全球芯片制造创新尖峰排名

资料来源：大七环都市圈研究院收集整理。

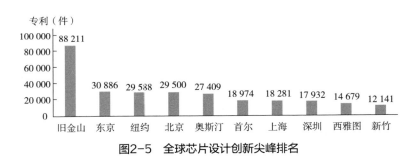

图2-5　全球芯片设计创新尖峰排名

资料来源：大七环都市圈研究院收集整理。

在人工智能领域，从全球范围看，美国表现出较大优势，前十强中有六个美国城市，旧金山湾区和大波士顿地区是全球人工智能领域创新的领头羊，创新主体以谷歌、英伟达、Facebook等企业以及斯坦福、加州伯克利等高校为主；北京、多伦多、东京、伦敦分列第五、六、九、十位。从国内范围看，北京处于全面领先位势，科研机构如清华大学、北京大学、中科院集中，龙头企业如百度、微软亚洲研究院等聚集；上海、深圳分处第二、三位，创新态势良好；杭州、合肥、南京等地区凭借各地要素资源名列前茅，并紧紧追赶，总体形成北京、上海、广深都市圈"三足鼎立"的创新尖峰格局。

在通信设备领域，从全球范围看，创新尖峰主要分布在北美（1个）、东亚（5个）和欧洲（4个）。美国湾区集聚全球创新人才，坐拥全球领先企业高通、思科等，居全球第一。欧洲产业基础扎实、工艺积累深厚，优势集中在模拟器件领域。东亚地区后来居上，在通信标准、算法研发等领域逐渐突破，如深圳地区依托华为、中兴等创新主体，实现位势的领先。从国内范围看，一线城市深圳、北京、上海排名前三，后面是势头强劲的新一线城市；从更大范围的都市圈角度看，大湾区、长三角及京津冀区域整体表现亮眼，引领我国通信设备产业快速发展。

从全球范围看，美国在电子信息领域技术创新排名全球领先，典型城市是旧金山湾区、纽约、波士顿等。正是这些创新尖峰的存在，保留了持续的原始创新能力与优势，使美国在信息技术领域始终占据全球制高点，于是就有了"卡脖子"的资本。

（五）拥有雄厚的制度、文化等软实力

文化、制度等软实力是世界制造强国获取竞争优势的重要方面。软实力是一种无形的影响力，是导向力、吸引力和效仿力。软实力主要体现在企业文化、品牌战略、行为规范、价值理念、

管理科学、法律政策、人才队伍等方面。实践表明，企业之间的竞争除了硬实力的较量外，软实力也是根本的要素，甚至比硬实力更具持久性和影响力。全球各个制造强国依赖于与其主导产业相适应的文化，创造了源源不断的灵感，也培育了忠实的消费者，以及发展主导产业的人才，如德国的制造业文化、法国的航空文化、美国底特律的汽车文化、意大利米兰的服装文化等。

以德国制造业文化为例，曾经身份卑微的"德国制造"，在英国工业雄霸天下的时代，毅然崛起并取而代之。目前，在机械制造业的31个部门中，德国有17个部门占据全球领先地位，处于前三位的部门共有27个。德国制造业被称为"众厂之厂"，是世界工厂的制造者。德国制造业的强势崛起有其深刻的文化原因。无论是百年前的教堂大钟、酿酒设备、地下排水系统、建筑与家具，还是今天的奔驰、宝马、大众、双立人刀具，"德国制造"具备了如下四个基本特征：耐用、可靠、安全、精密。这些可触摸的特征是德国文化在物质层面的外显，而隐含其后的则是"德国制造"独特的精神文化。德国人理性严谨的民族性格，是其精神文化的焦点和结晶，更是德国制造业的核心文化，其在制造业的具体表现可归纳为六大类，即专注精神、标准主义、精确主义、完美主义、程序主义和厚实精神。其中以标准主义为例，德国人理性严谨的民族性格，必然演化为其生活与工作中的"标准主义"。德国人生活中的标准比比皆是，如烹饪作料添加量、垃圾分类规范、什么时间段居民不可出噪声、列车几点几分停在站台的哪条线。这种标准化性格也必然被带入其制造业。从A4纸尺寸，到楼梯的阶梯间距，我们今天时常接触的标准很多都来自德国。全球三分之二的国际机械制造标准来自"德国标准化学会标准"——DIN（德语：世界上最高的工业标准）。可以说，德国是世界工业标准化的发源地。DIN标准涵盖了机械、化工、汽车、服务业等所有产业门类，超过3万项，是"德国制造"的基础。引进德国设备、零部件和工艺，却不能造出原装（德国制造）产品的质量。"德国制造"已经成为"中国制造"的重要参照物。

上述几大特征是世界制造强国获取竞争优势的主要基础，也是这些国家能够突破"卡脖子"瓶颈，从多层次、多角度、多方位参与并影响全球工业的市场竞争格局，进而形成较强的综合竞争力的关键。中国必须从靠规模取胜转到建立自己的技术、品牌、管理、创新等多方面综合竞争优势，成为真正在世界工业中占据强势地位、具有引领作用和发挥重要影响的国家。

二、中国制造"大而不强"，需要长时间坚持不懈努力成为真正的"制造强国"

2021年3月1日，工信部部长在国新办新闻发布会上表示，2020年我国工业增加值达31.3万亿元（见图2-6），连续11年成为世界最大的制造业国家；高技术制造业增加值平均增速达到10.4%，高出规模以上工业增加值的平均增速4.9个百分点，在规模以上工业增加值中的占比也由"十三五"初期的11.8%提高到了15.1%。

总体上看，中国成为工业大国的基本经济国情包括以下几点：一是中国的经济总量巨大，中国拥有世界第一的人口总量和世界第二的经济总量；二是中国工业在国民经济中占主导地位，虽然服务业增加值占GDP的比重超过了工业成为国民经济第一大产业，但这并不能撼动工业在我国经济社会发展中的主导作用；三是中国工业生产总量在世界工业中占据较大份额，如前文所述，目前我国制造业净出口额持续保持世界第一，且钢铁、水泥、汽车、计算机等220多种工业品产量位居世界第一。

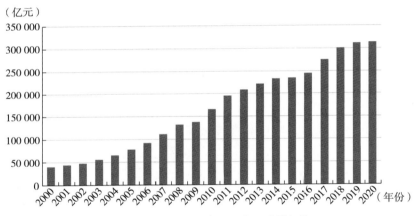

图2-6 我国2000—2020年工业增加值

资料来源：国家统计局（其中2020年为新闻数据）。

美国对中国的最大忌惮正是其保持领先优势的立国之本：制造业。学界很多观点认为，美国制造业正在衰败，主要的证据包括：一是美国制造业占世界的份额正在逐年降低；二是制造业占GDP的比重显著下降；三是制造业的创造就业人数显著下降等。尤其是通过中美对标，可以发现中国在制造业领域具有显著的后发优势。

由图2-7可见，中国制造业增加值在2010年已超越美国，跃居世界第一，但数量超越背后是质量的显著差距。

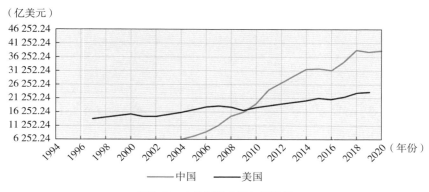

图2-7 中美制造业增加值比较

资料来源：快易数据。

部分学者认为美国制造业衰落的另一个依据是制造业增加值占GDP的比重正在显著下降。2019年美国第二季度制造业增加值占美国GDP的比重为11%，已经降至72年来新低。如图2-8所示，1997年以来美国制造业增加值占GDP的比重也在逐渐走低。这与美国产业结构的变化是息息相关的。

当下中国已经成为全球第一制造大国，拥有41个工业大类、207个中类、666个小类，建立了世界上门类最齐全的工业体系。2018年，中国的制造业产值已经是美国的1.7倍，制造业占GDP的比重也达到了29.4%，远高于美国的11.4%。中国纺织、钢铁、汽车制造等传统行业的产值都已经超越美国，铁路、船舶、计算机、通信和电子设备制造业实现了快速突破和占全球市场份额的等量提升。与老牌工业大国美国相比，不难发现中国工业发展仅仅是在数量上取胜，在质量上依然存在诸多问题。

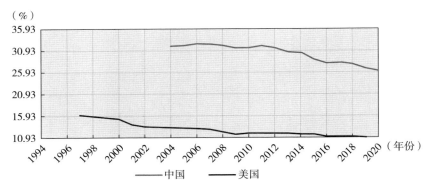

图2-8　1994—2020年中美制造业增加值占GDP比重比较

资料来源：快易数据。

一是从制造业价值链看，美国等发达国家掌控了高端环节。美国利用先发优势掌控了全球价值链的主导权。在"微笑曲线"（见图2-9）的具体价值分布上，以美国为代表的发达国家，通常占据了高端地位，拿走了利润的大部分。虽然中国在制造业增加值上居全球第一，零部件国产化近年来也有了长足进步，但我们在相当程度上还只是"世界工厂"。从产业链来看，我国传统制造业以贴牌生产（OEM）为主，在价值链上表现出"中间强，两端弱"的态势，竞争力主要体现在生产加工环节，但是在研发、品牌、营销等环节上的竞争力较低。以苹果公司为例，其产值占美国国内生产总值的1.25%，但其在美国本土又仅保留了产品设计环节，而把芯片、显示器和核心零部件生产布局在日本、韩国，把其他部分的零部件生产和组装放在中国。其中中国的供应商约占到了苹果公司产业链的43%。

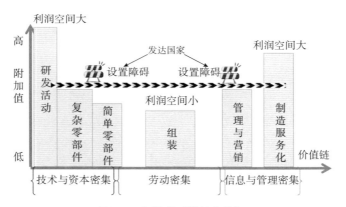

图2-9 制造业"微笑曲线"

二是从技术先进性看，美国始终保持高端制造领域的绝对优势。2020年福布斯全球上市公司2 000强榜单中，美国共有587家企业上榜，其中高端制造业有107家，占比高达18.2%。另外，在"两基"和"两新"领域（基础电子、基础装备，新材料、新医药）中，美国拥有一批代表性企业。在同一个榜单中，中国高端制造企业仅有46家，且排名均较靠后，高端制造能力成为中国发展短板中的短板。未来的中国需要自己的苹果、特斯拉、SpaceX和洛克希德·马丁。

三是从研发投入看，美国从基础研究、应用研究等领域奠定了其全球创新竞争优势。2018年诺贝尔获奖者中，美国学者占据一半席位；100篇全球最有影响力的科研论文中，72篇来自美国。当年美国基础研究预算之和等于中国的四倍。另外，美国企业对创新的重视也远超过其他国家，全球研发投入前50名的企业中，中国仅有华为上榜，美国有22家。据普华永道统计，2018财年全球研发投入最多的1 000家上市公司研发资金总额为7 818亿美元,其中3 290亿美元来自美国。全球研发投入排名前十的上市公司全部是美国企业。

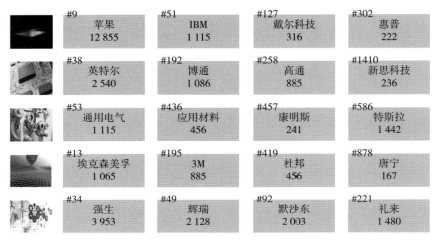

图2-10 福布斯2 000强中的美国高端制造企业(亿美元)

四是从制造业发展环境来看,美国五大指标高于中国。美国布鲁金斯学会2018年发布了全球制造业记分牌,从政策和法规、税收政策、能源运输和健康成本、劳动力素质以及基础设施和创新等五个方面对全球19个主要国家的制造业环境进行了分析。按照记分牌排名,美国制造业环境以77分名列全球第三(落后于英国和瑞士1分),而中国的制造业环境以61分名列第十二,与美国具有一定的差距。

表2-2 国家制造业环境排名

国家	总分(满分100分)
英国	78
瑞士	78

续表

国家	总分（满分100分）
美国	77
日本	74
加拿大	74
荷兰	74
韩国	73
德国	72
西班牙	72
法国	70

资料来源：美国布鲁金斯学会。

五是从整体工业竞争力评价来看，中国与制造强国间依然存在差距。为了更有针对性地分析不同国家之间工业竞争力的相对特征，《大国经济与工业强国之路》一书提出了国家工业整体竞争力指数（NIC）。NIC指数由企业的国际竞争力、工业的效率、资源消耗和技术等四大方面构成。根据估算，美国、德国和日本始终在工业整体竞争力方面处于第一梯队，在技术、市场和产业方面具备全面竞争优势。而以中国为代表的"金砖国家"则是典型的工业新兴国，与美国差距较大。2010年，我国的NIC指数刚刚达到美国的一半。2021年我国的NIC指数预计有所上升，但差距依然十分明显。

通过与美国的比较，我们不难看出，"大而不强"是中国工业的显著特征。虽然工业体量巨大，但仍存在自主创新能力不强、综合实力和国际化能力不强等问题，特别是中国先进制造长期依附于欧美发达国家的技术与产业体系，某种意义上存在路径依赖和低端锁定效应。那么，我国是否能够实现弯道超车，实现由跟跑、并跑到最后领跑的转变呢？在技术稳定领域，我们首先要完成跟跑动作，迭代性和颠覆性技术可以缩短追赶的步伐与进程；在新兴技术甚至颠覆性技术领域，要加大要素投资，在投入阈值上领先全球，实现在局部的并跑甚至领跑。

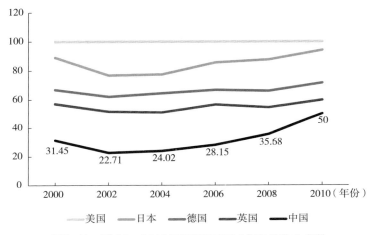

图2-11　2000—2010年部分国家工业整体竞争力指数

资料来源：顾强，《大国经济与工业强国之路》。

"卡脖子"技术可以分为基础类、可控类、紧迫类以及关键类四种。基础类是指产品的核心卡点在于基础材料，特别是多个领域共性的基础材料，比如超高强度钢、高温合金等材料；可控类是指国外的技术或产品性能指标更高，更加成熟，而国内拥有相对中低端的技术或产品，可以长期替代，如激光器、精密阀门等；紧迫类是指国外的技术或产品无法替代，完全依赖于国外供给，一旦断供，将影响整个产品的生产、制造和销售，比如光刻机、芯片、飞机发动机等；关键类是指产品或技术属于核心关键部件，国内中低端的技术或产品可以短期替代，但没有市场竞争力，比如机床、光电传感器等。基础类和可控类技术卡点，虽然国内技术和性能不如国外，但国内有"备胎"替代，短期不会有致命的影响，也就是我们俗称的"脚脖子"。而紧迫类和关键类技术卡点将直接导致整个产业链的休克或者决定企业的生死存亡，"卡"住的将是产业和企业的"脑脖子"。

当前，世界强国已经进入后工业化时代，制造业占各国经济比重不断下降，但制造强国仍牢牢掌控了全球价值链，占据了创新制高点，掌握着竞争的话语权。以美国为例，其在新一代信息技术、生命健康、智能制造、新能源、新材料、军事装备等前沿领域保持着全球领先地位。通过与美国的比较，我们不难看出，大而不强是中国制造业的显著特征。虽然工业体量巨大，但自主创新能力不强，相关领域仍存在"卡脖子"的潜在威胁。从工业大国到制造强国的转型是实现我国大国崛起的关键，要实现成为制造强国的愿景，首先要将对硬科技和制造业能力的培养提升到国家战略高度，以自主创新作为我国制造业强国的不竭动力。2019 年，中国通过世界知识产权组织《专利合作条约》（PCT）提交了 5.899 万件专利申请，超越美国成为国际专利申请量最多的国家。与 1999 年相比，这一数字 20 年来增长了 200 倍。但仍必须看到的是，中国核心专利数量远低于美国，低价值和无价值专利较多，在知识产权、标准领域仍与世界强国有差距。以航空发动机为例，它是人类制造技术领域的最高巅峰，也是一门验证科学，需要长时间的数据和经验积累、持续的人力物力投入。由于发达国家在军民两用技术领域的封锁，中国需要遵循累积性规律，靠自身技术、数据和经验的累积实现突破。只有中国本土的科研与技术能力实现了持续的累积和提升，才能完成跟跑的动作。唯制造者恒胜，唯创新者恒强！

第二节　工业母机——国之重器

工业母机是制造机器和机械的机器，主要有车床、铣床、刨床、钻床、镗床、磨床、制齿机等，简称为工业机床。它是工业生产中最重要的工具之一，在整个工业体系中处于基石的地位。作为工业制造产业链最核心的环节，工业母机的技术水平决定着一个国家或地区的工业制造能力，甚至是国家之间的综合竞争力。

工业母机是"生产设备的设备"，为装备制造业提供智能的生产设备和零部件，如工业机器人、发动机、汽车、工程机械、工业基础件等。在工业生产和设备制造过程中，机床所担负的加工工作量，占工业制造总工作量的40%—60%。因此，工业机床的性能直接影响机械设备和产品的性能、质量和经济性。工业机床是国民经济中具有战略意义的基础工业，工业母机的拥有量及其先进程度将直接影响国民经济各部门生产发展和技术进步的能力。

一、机床的分类和产业链

机床的分类方法较多，通常有加工对象、用途类别、工作精度、重量和尺寸、轴刀数目、自动化程度等分类方法。按照加工对象来分类，机床可分为金属加工机床、复合材料加工机床、木材加工机床和其他加工机床。其中，金属加工机床是工业生产中使用最广泛、数量最多的机床类别。根据材料的成型方式，可将金属加工机床划分为金属切削机床、金属成形机床、特种加工机床、机床附件及核心零部件等四个子行业（见图2-12）。

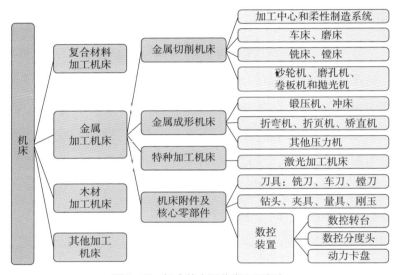

图2-12　机床的主要分类和子行业

资料来源：华夏幸福研究院。

一般而言，狭义上的机床是指金属切削机床。金属切削机床指的是利用切削、磨削或特种加工方法等制造各类金属工件，使金属材料工件获得目标几何形状、尺寸精度和表面粗糙度的机床，主要包括加工中心和柔性制造系统，车床、磨床，铣床、镗床，砂轮机、磨孔机、卷板机和抛光机等；金属成型机床一般指锻压设备，如锻压机、冲床、折弯机、折页机、矫直机，以及其他压力机等；特种加工机床是利用电能、热能、光能、电化学能、化学能、声能及特殊机械能等能量达到去除或增加材料的加工装置，如激光加工机床；除了机床整套装备，刀具、钻头、夹具及数控装置等核心零部件也是机床的重要组成部分。

按照机床用途类别，可将机床分为通用型机床、专门化机床及专用类机床等；按照机床的加工精度，可将机床分为普通精度机床、精密机床及高精密机床等；按照机床轴刀数量，可将机床分为单轴机床、多轴机床、单刀机床及多刀机床等；按照机床加工的自动化程度，又可将机床分为普通机床、半自动机床及全自动数控机床等。

数控机床按照加工方式的复杂性可以分为普通数控机床和加工中心两大类。一般而言，在加工工艺过程的一个工序或多个工序中实现了数字控制的机床，我们称之为普通数控机床，如数控铣床、数控车床、数控磨床、数控钻床与数控齿轮加工机床等。目前，普通数控机床自动化的程度还不高，在加工过程中零件的装夹与刀具的更换仍需要人工来实现。对于带有刀库且在加工过程中可完成自动换刀装置的数控机床，我们称之为加工中心。它综合了数控铣床、数控镗床、数控钻床的所有主要功能，可以实现零件一次装夹，对其进行铣、镗、钻、铰及攻螺纹等多工序的加工。这样可以有效避免由于工件多次安装定位而造成的人为误差和系统误差，使产品获得更高的加工精度，特别适用于形状复杂、多工序高精度的产品。

机床行业的上游主要是基础材料及零部件，其中包括结构件、铸铁、钢铁、数控系统、驱动系统、传动系统等。下游涵盖传统机械工业、石油化工、铁路机车、汽车、船舶、航空航天等国防工业，以及工程机械、能源电力、电子信息技术、材料建筑等其他加工工业。

二、中国是机床生产和消费大国

2008年全球金融危机爆发后，2009年机床产值萎缩至3 851亿元。随着全球经济复苏，机床行业产值维持在5 000亿—6 000亿元，近十年没有显著增长。2019—2020年，全球机床产值继续下降。在新冠肺炎疫情的叠加影响下，2020年全球机床产值不足5 000亿元，跌幅达到16.3%（见图2-13）。

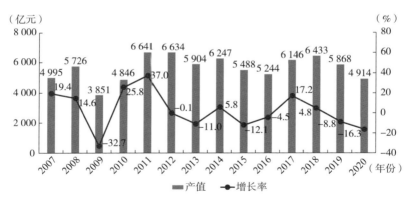

图2-13　2007—2020年全球机床行业产值及增速

资料来源：Wind数据，华夏幸福研究院收集整理。

从区域分布来看（见图2-14），我国连续多年占据全球机床生产和消费第一的席位。以2018年为例，全球各区域产值分布，我国大陆占28%，排名世界第一；日本占17%，德国占16%，意大利占7%，韩国和美国各占6%，我国台湾地区占5%，瑞士占4%，分别居第二至第八位。前三位中、日、德机床生产总值合计占比超过全球的60%。从消费方面，我国大陆机床消费总值占全球的35.3%，超过美国（9.4%）、德国（8.2%）、日本（7.4%）、韩国（4.9%）、意大利（4%）等的总和。由此可见，我国在全球机床消费市场有着举足轻重的地位。

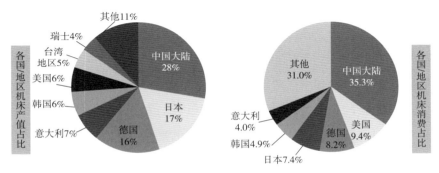

图2-14　2018年各国/地区机床产值和消费的占比

资料来源：Wind数据，华夏幸福研究院收集整理。

三、中国机床行业面临的困境

（一）产业基础能力薄弱，进口依赖度高

目前，我国机床产业从总体上看基础相对薄弱，主要缺乏机床领域的基础理论、核心工艺及关键技术等方面的研究。在快速发展的数控机床时代，一些基础开发理论、基础工艺研究及数控应用软件积累得还不够，很难满足生产需求。此外，机床行业缺乏科技人才，特别是高精尖人才，以企业为主体的创新体

系尚未建立，全行业的研发投入和科研设施投入还有待进一步提高。

自20世纪90年代后期，我国原有机床产业研发体系瓦解，面向市场的新型研发体系一直没有建立起来。在上游设计、制造端，在材料、零部件以及经验等方面基础薄弱，难以支撑我国在高端机床领域实现全面自主；在下游应用端，离开了进口原料，高端机床在我国如同"废铜烂铁"一样无用武之地。仅以材料为例，我国基础材料均质性、切削性能等指标相对国外有较大差距。不仅高端刀具依赖进口，大量下游应用端的高端材料也严重依赖进口。在这种"内忧外患"的情况下，我国机床行业被欧洲、美国、日本等国家和地区迅速甩下，赶超乏力。

虽然我国是全球第一大机床生产国，但这仍不能满足我国产业的升级需要，同时存在结构失衡的问题。中国和美国是机床进口型国家，而日本和德国是机床出口型国家。从2018年全球进出口数据可以发现，中国、美国、墨西哥、俄罗斯、印度是进口大于出口，日本、德国、意大利、瑞士是出口大于进口（台湾地区出口排名第三）。

2018年，我国实现机床进口605亿元，出口225亿元，贸易逆差达380亿元，是世界上机床进口最多、贸易逆差最大的国家，美国紧随其后。日本2018年实现机床出口607亿元，进口66亿元，贸易顺差达541亿元，是世界上机床出口最多、贸易顺差最大的国家。德国出口619亿元，进口192亿元，贸易顺差为427亿元，排名第二。

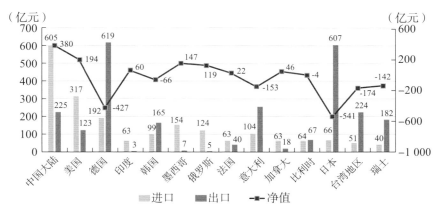

图2-15　2018年全球机床行业各国/地区进出口值

资料来源：Wind数据，华夏幸福研究院收集整理。

从进出口结构方面来看，我国机床进出口产品结构存在较大差异。2018年，我国数控机床进口中数控锻造或冲压机床、立式加工中心占据了84%，而出口产品中数控卧式机床、数控弯曲折叠或矫平机占据了55%，这体现出我国出口产品技术含量仍较低。从产品价格角度来看，进口机床产品均价远远高于出口产品均价。2019年12月，我国金属加工机床进口均价为12.39万美元，数控机床进口均价为28.38万美元。这说明，我国机床行业高精尖产品主要依靠进口，而出口的主要是中低端产品。

（二）中国机床缺乏高端产品

一方面，我国数控机床行业存在着明显的供需矛盾和供给侧结构性失衡等问题，具体表现为低档数控机床的产能严重过剩，而高档数控机床的供应严重不足等。我国数控机床行业自20世纪90年代末快速发展至今，已经由过去的开发增量发展到现在的优化存量阶段，比如，近年来对数控机床需求占比最大的汽车、航空航天和模具等领域都向着轻质化、多构型化及低成本制造等方向发展，新材料的运用越来越广泛，对数控机床的加工能力也提出越来越高的要求。但由于低档数控机床行业门槛低，进入企业众多，而近年来低档数控机床市场有效需求不足，该领域已经出现产能过剩的现象。

另一方面，我国制造业正处于"两化"融合发展、推动产业结构调整升级的关键时期，以中高档数控机床为核心的智能制造装备产业在中国产业结构调整、工业"两化"融合发展中发挥着重要作用。随着国民经济的发展以及产业结构的升级，中高档数控机床的应用越发普及，产品需求越来越大，供给却难以满足需求。

低端产品贸易增加值低，向高端转型刻不容缓。数据显示，2018年我国低档数控机床，如半自动半手摇式车床、铣床、磨床等，国产化率为82%，基本实现了国产化；中档数控机床，即非全自动化类的铣床、刨床、磨床、车床、钻床等，国产化率为65%，处于比较低的水平；而高档数控机床，如立式加工中心、卧式加工中心、龙门加工中心、落地铣镗床、多轴多联动加工中心等，国产化率仅为6%，主要依靠国外进口。五轴及以上加工中心自给率不到10%，其中龙门式加工中心及立式加工中心等的自给率甚至不到1%。

在高端领域，我国机床企业对于一些高端行业的需求难以触碰，甚至不敢触碰。比如，在近年来的主机厂招投标过程中，有大量的生产纲领及制程能力指标（CPK）、临界机器能力指数（CMK）等条件严格的验收指标，导致我国大陆厂商知难而退，参与产线机床竞标的企业几乎全部为德国、日本或瑞士企业,偶尔有台湾地区和韩国企业。

在中端领域,日本机床以其可靠耐用的性能以及较便宜的价格牢牢占据了我国的中端市场。以卧式加工中心为例,日本森精机、山崎马扎克、日本大隈等企业占据了我国超过80%的市场。吉利、长城等国产汽车产线,基本都是德国、日本机床的天下。

在低端领域,大量中小民营机床企业聚集在山东滕州(中国中小机床之都)、浙江玉环(中国经济型数控车床之都)等地,陷入低端混战。可以说,在低端领域,我国机床行业整体处于"还在自动化的路上,智能化刚刚起步"的阶段,主要以仿制为主,技术含量低,技术门槛极低,价格战"狼烟四起"。

(三)中国机床行业缺乏龙头企业

2010年以后,全球机床行业的龙头地位长期被日本、德国、韩国、美国所占据,我国机床企业无一在列。2018年,全球前10强企业中,日本有6.5家,德国有1.5家,韩国有2家。前20强中,日本有7.5家,德国有5.5家,美国和韩国各有3家,瑞士有1家,日本在全球机床行业占据着绝对的主导地位。2008年,世界机床企业前10强中,日本有5家,德国有2家,中国有2家,美国有1家。中国的两家企业是沈阳机床和大连机床,而到2018年,沈阳机床和大连机床纷纷跌出前20名,陷入破产重组的境地。

值得深思的是,我国是世界第一机床生产和消费大国,年度机床的市场规模超过1 500亿元,全球机床市场1/3属于我国。如此大的市场容量,10年前我国还有世界TOP 10的机床企业,10

年后产业基础能力不断提高和产业体系不断健全的今天，为什么都"养"不出一家能打的机床企业呢？

从企业盈利方面来看，日本机床龙头企业山崎马扎克2019年营业收入359.04亿元，而我国营业收入最高的10家机床企业2019年营业收入之和仅为112.54亿元，约为山崎马扎克的31.34%，由此可见，我国机床企业盈利能力远远低于海外巨头。

表2-3 2008年和2018年世界机床龙头企业前20强

2008年				2018年			
排名	企业	产值（美元）	国家	排名	企业	产值（美元）	国家
1	山崎马扎克	25.2亿	日本	1	山崎马扎克	41亿	日本
2	德玛吉	25.1亿	德国	2	通快	41亿	德国
3	通快	21.4亿	德国	3	小松	34亿	日本
4	天田	19亿	日本	4	捷太格特	31亿	日本
5	大隈	16.7亿	日本	5	天田	28亿	日本
6	马格	16.5亿	美国	6	斗山	27亿	韩国
7	沈阳机床	16.3亿	中国	7	德玛吉&森精机	26亿	德日
8	森精机	15.7亿	日本	8	大隈	26亿	日本
9	捷太格特	15.3亿	日本	9	现代威亚	24亿	韩国
10	大连机床	15.3亿	中国	10	牧野	22亿	日本
11	舒勒	—	德国	11	舒勒	—	德国
12	夏米尔	—	瑞士	12	马格	—	美国
13	哈斯	—	美国	13	夏米尔	—	瑞士
14	斗山	—	韩国	14	格劳勃	—	德国
15	牧野	—	日本	15	哈斯	—	美国
16	埃马格	—	德国	16	因代克斯	—	德国
17	维亚	—	韩国	17	柯尔柏	—	韩国
18	格里森	—	美国	18	格里森	—	美国
19	斯来福临	—	德国	19	兄弟工业	—	日本
20	百超	—	瑞士	20	巨浪	—	德国

资料来源：Wind数据，华夏幸福研究院收集整理。

我国机床行业上市公司近半数处于亏损状态，其中龙头企业沈阳机床 2019 年净利润约为 –25.8 亿元，亏损严重。前三位中，秦川机床、日发精机在 2018 年也处于亏损中，2019 年才实现扭亏为盈。中国机床上市企业正处于生死存亡的境地，更无法与国际机床企业竞争。究其原因，主要是它们基本为国有控股企业，机制体制不灵活，产品竞争力不足，落后于国际企业，最终导致中国机床企业陷入进退两难的境地。

目前，国内机床行业兼并重组序幕已经拉开，国内竞争格局有望持续优化。2019 年 4 月和 12 月，中国通用技术集团相继对大连机床集团和沈阳机床集团实施重组，国内机床行业领军企业沈阳机床集团、大连机床集团等，悉数归于中国通用技术集团旗下。这意味着我国机床产业在重重困难与挑战面前，将开展新一轮产业格局重塑。未来，针对我国高端机床核心技术仍未全面摆脱"卡脖子"困境、面临国际技术封锁加剧的新动向，要深刻把握机床支撑作用大、事关产业安全的行业特点和规律，进一步采取有力措施，推动重点龙头企业走出困境，保障重点产业链安全，为我国制造高质量发展提供支撑。

（四）缺乏数控系统等核心零部件

对于中低档数控机床而言，机械电气部件以及数控系统现已基本实现国产化，各类部件均有多个供应商配套供应，基本不存在"卡脖子"问题，国内数控机床先进企业实现国产化产品性能、质量与国际先进企业相比无明显差异。

但对于高档数控机床而言，其大部分数控系统和核心零部件仍需依赖进口。大多数中高档数控机床主要配套的还是发那科和西门子等国外数控系统，刀库机械手、数控刀架、滚珠丝杠和导轨、电主轴等主要还是日本、德国或台湾地区的产品，用户选购国产机床时普遍提出选用境外功能部件的要求。

中国机床工具工业协会研究指出，一方面，国内高档数控系统约90%以上依赖进口，自给率不足10%，中档和高档数控系统国产化率合计不到30%。中高档数控系统进口主要来源于日本，约占总量的1/3。在国际市场上，中高档数控系统被少数大型企业严重垄断，以日本发那科、三菱，德国西门子、海德汉、力士乐，法国NUM等为代表，其中日本发那科占据着40%以上的市场份额。在国内市场，主要生产厂商有华中数控、大连大森、广州数控、南京华兴、北京凯恩帝等20多家企业。另一方面，在一些核心关键零部件方面，如刀具、钻头、夹具、量具、分度头和动力卡盘等，其加工精度、可靠性程度相对落后，导致国产化数控机床的性能、质量暂无法达到国外先进企业水平。

我们不应该忽视国内制造商近年来做出的努力与取得的成就。以科德数控为例，数控系统、伺服驱动器、电机、主轴、双轴转台、刀库实现全部自制，只有导轨、丝杠和传感器部分自制或外购，这表明数控机床零件国产化在加速。数控机床核心零部件国产化是一个动态过程，不可能一蹴而就，只能逐步实现。

（五）资本整合短期难以改变行业发展格局

机床行业是高技术门槛、高专业分工而且需要长期积累的典型。德国拥有完整的工业体系，学徒制、双元制等教育体系为制造业提供了源源不断的高质量"新鲜血液",同时企业严谨务实,追求在"窄领域"做强。在这基础上,德国延生了1 300余家单项冠军企业,为德国高端机床行业的发展提供了"丰沃土壤"。日本企业更加崇尚代际传承、技术传承,不做自己不熟悉的领域,追求精益求精。在这一文化的主导下,日本现有长寿企业数量高达3 900家。其中,大量著名机床企业已绵延几代人,历久不衰,比如山崎马扎克(成立于1919年)、发那科(成立于1956年)、森精机(成立于1951年)、小松(成立于1945年)等。

中国机床企业在取得了一定成绩后,往往会加大步伐,选择激进的发展策略。如沈阳机床、大连机床等原国内机床核心企业,因为"贪大求快"而陷入发展困境。沈阳机床曾投入10多亿元的研发费用,打造世界首台互联化的智能数控系统i5,并在i5的基础上研发了i5数控机床。沈阳机床将i5定位为机床行业的"苹果",以颠覆传统机床行业的商业模式,但最终因为步子迈得太大而宣告失败。虽然i5数控机床在2016年获得了1万台订单,但巨量的订单并没有带来利润,反而带来了14亿元的亏损。同样,大连机床在完成混合所有制改革后,大干快上,喊着"像造汽车一样造机床"的口号,最终导致融资资金断裂,欠下数百亿元的债务。

机床行业进步仅靠资本驱动是难以成功的,需要的是市场化的机制。即便投资对象是技术,资本看重的也是技术可以带来的独占性资源。但是,对于机床行业而言,其技术进步并不能带来商业暴利。据市场估算,机床的市场容量仅相当于其生产对象市场容量的2.5%,而真实数据恐怕连1%都还不到。曾经辉煌的"十八罗汉"基本早就进入市场,但目前全部不尽如人意。中国母机行业目前最值得关注的企业，如大连光洋、北京精雕、上海拓璞等，有一个共性，就是在数控系统及特色工艺上下了很大功夫，与用户行业紧密结合协同创新，在机床销售后仍提供软件升级、工艺升级等服务。事实上，机床目前已演化为主机本体、数控系统、核心功能部件三个关键体系。即使是主体本体也需要结合用户行业来优化设计，在数控系统及核心功能部件上，传统机床企业没有显著优势。致力于提升中国机床水平，甚至不被"卡脖子"，我国必须改进的是数控系统的软件部分以及与主机本体、功能部件运行的有机融合。

如果作为科技攻坚战，那么我国的科研人员完全有能力打造一台世界级的机床。例如 625 所、北一机等大院、大所就开发过很多优质的设备。但是做一台机床和做一个机床产业完全是两码事，机床与高铁、核电设备之类的装备制造有本质的不同：机床行业是完全市场化运营的，国家意志最多能够维持几家重点企业的经营，但发挥不了决定性作用。如果倾尽全力不惜代价，那么国产机床厂家有能力打造出一款超级精良的机床，但不惜代价打造出来的试点项目只能作为大国重器保障军工，真正投入市场就会显得缺乏竞争力。

四、中国机床行业"卡脖子"主要产品和技术

（一）产品

目前我国机床行业核心"卡脖子"产品在于高档数控机床，如五轴五联动加工中心，其具有高效率、高精度的特点，工件一

次装夹就可完成五面体的加工，目前国际上已有的产品，包括摇篮式、立式、卧式、NC 工作台 +NC 分度头、NC 工作台 +90°B 轴、NC 工作台 +45°B 轴、NC 工作台 +A 轴、二轴 NC+ 主轴等。五轴五联动加工中心对一个国家的航空、航天、军事、科研、精密器械、高精医疗设备等行业有着举足轻重的影响力。目前，五轴联动数控机床系统是进行叶轮、叶片、船用螺旋桨、重型发电机转子、汽轮机转子、大型柴油机曲轴等加工的唯一手段。

在核心零部件方面，如高强度的铣刀、镗刀、金刚钻头也制约着我国机床行业的应用，特别是加工具有超高强度的板材、管材及复杂构件等。高精度微米丝杆和高精度微米导轨是机床加工精度的核心保障，将直接影响机床加工产品的精度和品质。

在数控软件方面，尽管国内也有很多企业正在自行研发，但是在稳定性、兼容性和实用性等方面，还是与国外先进的机床制造厂商有一定差距。原因在于材料科学、工艺、规划上的距离使国产机床的丝杠、导轨、伺服电机、力矩电机、电主轴、编码器等首要功能部件大部分还要依赖国外产品。

（二）技术

1. 加工精度

机床是一个复杂的机电信息系统，在加工过程中会受到静力学、动力学、振动以及热的影响。仅以内部热影响为例，就包括电机转动切割磁感线生热、丝杠导轨运动摩擦生热、切削过程生热等数十甚至数百项影响因素，而产生的热量又会造成零件的受热变形，造成刀具及材料性能的变化，最终叠加体现在加工误差上。

欧洲在这方面已经能够建立对应的物理模型，能够通过高精度仿真的方式，模拟分析加工误差来源，并加以补偿，提高加工精度，但目前我国企业甚至对电机转动切割磁感线生热这一热源项尚没有扎实的基础性研究。

2. 可靠性

在可靠性方面，我国自主生产的数控机床与进口产品相比还存在不小的差距。德国德玛吉（DMG）公司对其生产的机床有严格的质量控制体系，公司允许的返修率在数年前已经低至 1.8 次/（千台·年），比目前国内的返修率低至少一个量级。机床的可靠性主要分为三个方面，分别是静态特性、动态特性和热特性，而机床的切削性能则主要取决于动态特性。正是这个动态特性几乎被国内机床界所忽略。这个看似"疏忽"的根本原因其实是我国缺乏对于基础机理的研究，对机床特性的工程数据库积累不足，从而无法对这些尺寸机型正确标定。工程化经验不足，又没有行业共性技术的支撑，是我国机床界的一大缺陷。这一缺陷造成使用我国机床的厂商经常需要将机床退回供应商返修，重新标定。

3. 传感器技术

有效、完备的控制系统是机床实现高加工精度和智能化的前提，而完善、合理的传感器系统则是控制系统的核心硬件基础。德国、瑞士、日本、美国等国机床企业在漫长的发展过程中积累了大量技术诀窍，了解所需传感器的数量、种类、精度、安装位置等相关信息。以德玛吉目前市场上的五轴削铣加工中心 DMC

80 FD duoBLOCK 为例，一台机床在关键部位配备了包括温度、力、振动、润滑液流量、冷却液温度等在内的超过 60 个传感器。通过传感器，所需的机床及加工信息可以被精准、实时地收集，通过适当的控制方法，及时完成在线修正补偿。

4. 智能化

智能化是实现机床"自学习、自适应、自诊断"甚至是"自决策"的一个完整过程。目前，欧洲的机床智能化水平较高，以德玛吉的 CELOS 为例。目前这款机器已经能够大幅优化人机交互，将机床功能组块化，开发成类似 App 的功能，用户可以在面板上更加简便、快捷地进行加工编程操作。此外，CELOS 已实现加工过程的高精度仿真，加工中心在接收加工指令程序段后，可首先将加工过程通过建模仿真的方式直接可视化，呈现给工业机床的操作者。

机床智能化的核心是需要在完善的传感器系统的基础上，叠加以大数据、人工智能等方法，实现加工过程、参数、路径、速度曲线的自动优化，对可能产生的冲突做出提前预警，对内外部干扰因素做出修正补偿，保证精度等功能。但不论是大数据还是现阶段在机床领域应用的人工智能，都要以大量的经验数据为基础。以刀具的智能优化为例，我们可以通过传感器对其扭矩加以实时监测，并通过扭矩监控破损。如果刀具损坏，切削阻力和扭矩会迅速增大。但是，如果想进一步对刀具寿命进行预测并对磨损提前预警，则需要以大量刀具磨损前的扭矩曲线作为经验基础。这项研究在欧洲开展已久，成果显著。智能化的背后是知识和经验的数字化、可编辑化。如果没有数据基础，机床的稳定性和高精度就不能实现，智能化控制就是一句空话。北京精雕机床在加工智能化及服务云化方面取得了积极进展，除了提供主轴等关键功能部件，已演化为特色工艺软件提供商，这是机床企业进阶的基本方向。

五、"卡脖子"突破路径

习近平总书记在两院院士会议上强调：要矢志不移自主创新，坚定创新信心，着力增强自主创新能力。只有自信的国家和民族，才能在通往未来的道路上行稳致远。树高叶茂，系于根深……以关键共性技术、前沿引领技术、现代工程技术、颠覆性技术创新为突破口，敢于走前人没走过的路，努力实现关键核心技术自主可控，把创新主动权、发展主动权牢牢掌握在自己手中。

（一）基础研究

工业母机是战略性、基础性产业，事关产业基础高级化和制造业转型升级，因此要实现"卡脖子"的突破，首先要关注基础研究，建立自己的原创工业体系。目前，美国和欧洲已经具备可持续创新的制造业发展能力，搭建了完善的工业体系和科学技术体系，且在同盟内部广泛高度共享。而我国工业机床行业因为起步较晚，一直面临落后、模仿、追赶的困境，因急于求成，始终没有建立一种自给自足、技术原创、持续发展的工业体系，又受到巴黎统筹委员会和北约体系性、多层级、脉轮似的严格限制。因此，从战略布局上，我国必须心平气和地去研究事物的根本，脚踏实地地聚焦基础研究,在"863""973"项目布局上向基础研究进一步倾斜。

我国需要结合工作母机产业发展特征,完善对基础性、战略性、前沿性科学研究和共性技术的支持机制,实现国家各类科技计划的有效衔接,发挥国家自然科学基金在基础研究和原始创新研究方面的引导和支持作用,倡导先进工艺多学科交叉研究、母机装备原始创新研究。相关原始创新研究的部署应接续支持重点研发计划、科技重大专项,基础研究成果应结合有关专项的攻关任务进行贯彻、扩散及融入。重点研发计划的具体成果,如样机、工艺等应在有关专项中持续开展应用验证和推广示范。

建议启动 04 专项的接续计划,延续我国高端制造装备的创新发展节奏,总体任务目标应从"跟跑"转向"并跑"。专项接续计划由探索领域重要用户(即业主)牵头,实行"产学研用"联合体大平台协同攻关的新举国体制,重点提升我国航空、航天、军工、核能动力、信息产品、新能源汽车等行业高端制造装备的自主可控和与时俱进的持续发展能力。

建议将数控机床和基础制造装备("铸锻焊")研究内容聚焦在高效、精密、可靠性和精度保持性等方面,进而拓展到超精密机床、大型复合材料制造装备、大尺寸高效金属增材制造装备、冷热加工、宏微纳结构制造、高能束工艺复合装备及制造装备智能化。注重专项研究成果的产业和企业应用,在配套政策支持下,进一步巩固创新成果、提升经济效益。

（二）应用研究

我国高端制造装备产业的发展模式应由"跟踪引进吸收"逐步向"并行自主创新"以及进一步的"原始创新领跑"转变。我们要进一步深化国家科技体制改革，针对航空、航天、军工等国家重大需求，探索高端制造装备全产业链协同创新模式。要梳理核心技术、关键元器件、工艺和装备的短板问题以及"缺链""断链"环节，以高端制造装备协同创新中心为基础组建"产学研用"联合体。要组织全产业链协同创新、技术攻关，建立上游、中游、下游分工合作、利益共享的产业链组织新模式。

以正在建设的制造业创新中心为基础，我国要对现有分散在高等院校和科研院所的国家重点实验室、国家工程实验室、工程研究中心等进行优化重组，建立"产学研用"长效合作机制，形成分布式、网络化的新型科研机构集群；作为非营利研究机构，为全国制造业企业特别是中小企业提供技术支持，填补以高等院校和科研院所为主体的基础研究与以企业为主体的产品和产业技术创新之间的鸿沟。

建议国家设立"工作母机国家实验室"，致力于正向设计、关键元器件、大数据及智能技术使能软件的研发，形成基础研究、竞争前沿高技术研究和社会公益研究的高端智力聚集地，支撑工作母机产业的长远发展及行业应用。

（三）产业化

我国要培养一批技术先进、世界领先的企业，使其发挥"龙头"作用，带动产业上下游协同发展，提高行业的整体竞争力，从而形成具有持续创新能力、技术全球领先的产业集群。

引导竞争力不强的机床企业实施转型，使之成为民生领域或国防军工领域专用装备的提供商、制造业转型升级与智能化改造的领头羊、制造业整体解决方案的一体化供应商。

引导中小企业向"专精特"方向发展和成长，通过税收优惠或金融支持鼓励其深耕基础零部件、材料、元器件、传感器、各类工业软件以及专用装备等细分领域，实现差异化发展。

（四）应用场景

在宇航及深空探测制造装备方面，解决新一代中型、大型运载火箭量产对成套装备的迫切需求，突破飞行器大型构件和复杂构件批量、高效、精密制造的技术瓶颈，满足深空探测飞行器对复杂构件轻量化、结构功能一体化的重大需求。

在大型飞机制造装备方面，突破大尺寸钛合金、碳纤维复合材料以及异性材料叠层的航空结构件高速切削、增减材复合以及大部件高精度互换性制造等技术问题，实现航空装备的高性能、高精度、高效率、低成本制造。

在航空发动机制造装备方面，产业化推广发动机典型部件制造的国产化装备，突破航空发动机关键零部件高温合金、高强度合金、复合材料的集成设计制造、高效和高精制造技术瓶颈，解决进口依赖问题。

继续完善船舶及海工大型柴油机缸体、曲轴、齿轮和船用燃气轮机叶片、涡轮轴、叶盘等先进成套技术装备。突破大型舰船关键部件制造技术、大型船用螺旋桨推进器整机加工装备、深海焊接/探测及深海工作站制造装备等，推进舰船增材制造现场维修成套装备发展，实现关键装备自主可控。

针对动车组车体、客车车体等大型复杂型面加工需求，研制智能磨抛系统和柔性打磨工具；针对转向架、变速箱、轮对等关键零组件制造需求，开发专用高效加工成套装备及生产线。重点开发新能源汽车变速箱高效加工、近净成型装备及成组工艺生产线，研制高效加工与成型、在线检测与装配成套装备及生产线。

超精密加工技术是军民领域高端装备制造的核心技术，超精密机床是实现超精密加工的基础。面向新一代惯性仪表制造、多目标红外探测及高精度智能导引等领域，亟须集中优势力量，快速突破超精密加工机床技术瓶颈，推动超精密制造领域相关基础理论、测量技术、超精密机床制造技术、在线测量与智能控制技术的重大发展，探索形成超精密加工及高端机床自主研发的高效创新模式。

（五）鼓励政策

优化国家科技成果采购体系，将各类科技成果编制目录、简介进行宣传推广。国资企业技术改造采购应优先使用国家科技成果，优先采购国产高端装备，或者确定一定比例对成果产品实现税费补贴，切实减轻制造业企业的负担和经营成本。改革调整企业税费比例，降低公共服务价格，探索新的制造业融资方式，引导金融机构降低制造业企业的融资成本。制定优惠政策，改变制造业企业人才流失的困境。

改革高等院校和职业院校的学科评估指标体系，在学科评估、人才选拔、人才培养的各项指标方面，倡导注重实效。通过科研实践培养勇于创新、善于创新、献身实业的工程技术人才，加强论文、专利等研究成果的工程化导向。针对制造专业人才培养，在打牢基础、淡化专业的同时，应加强智能制造传感器、软件及大数据等方面的知识积累与研究实践。

机床行业是我国建设制造强国的必争之地，处在"十字路口"的中国机床工业，亟须转变发展方式，寻求新的突围之路。一是明确"中国母机"基础产业战略定位，考核评价要防止盲目求大的规模导向，要引导企业走向创新能力建设。二是打破应用壁垒，提升产业化水平。要更多采取市场化手段，加大机床产业研发投入，探索恢复对中高档数控机床的增值税返还政策。三是加大与新一代信息技术的融合。从未来的趋势看，机床企业更像一个提供细分领域工业软件的软件公司，核心竞争力是软件开发、维护和在线升级的能力。无论是整机还是关键部件，工业母机最核心的能力是软件开发和产品验证，这也是中国机床企业进阶的主要方向。

第三节　集成电路

集成电路是电子信息技术产业的核心，是支撑经济社会发展和保障国家安全的战略性、基础性和先导性产业。集成电路产业竞争力已成为衡量各国高科技领域发展实力的关键指标，对国家实现创新发展具有重要意义。

集成电路产业可以广泛地应用到一切电子信息产品中，渗透到国民经济的各个领域，并推动各领域劳动生产率的提高。然而，我国集成电路产品供给更大程度依赖于进口。截至目前，集成电路已成为我国规模巨大的进口产品之一。2013 年，IC 芯片首次超过原油，跃升为我国第一大进口商品。2018 年，我国集成电路进口额是出口额的 4 倍左右。2021 年 1—6 月，我国进口集成电路产品高达 1 979 亿美元，同比增长 28%。其中处理器和控制器进口 943 亿美元，同比增长 23.9%；存储芯片进口 540 亿美元，同比增长 23.9%。2021 年 1—6 月，半导体设备进口达 109.9 亿美元，同比增长 72.0%；8—12 英寸晶圆进口 10.7 亿美元，同比增长 23.9%。

集成电路作为信息时代万物核心，产业带动作用极强，具有重大战略意义。集成电路作为新兴产业的核心支撑，是大国竞争的焦点，正在重塑世界竞争格局。集成电路作为我国被"卡脖子"的关键技术之一，是关乎国家安全和经济发展的关键产业，也是要着力促进产业基础高级化、产业链现代化的核心领域。这个领域的"卡脖子"问题得不到有效解决，整个国家的"卡脖子"问题就无法得到根本解决。

一、中美贸易摩擦中，美方选择集成电路产业链"卡脖子"

自 2018 年 4 月起，美方不断扩大针对中国商品的关税范围，并通过对中兴、华为等高科技公司的制裁，将中美贸易战逐步升级为科技战。

2016 年 3 月，美国商务部对中兴通讯实施出口限制措施。禁运事件爆发后，在双方政府协调下，美国商务部给中兴颁布了临时许可证，从而保证中兴通讯可以正常采购美国元器件和软件。2017 年 3 月，中兴通讯因被控违反美国相关法律，同意接受处罚，支付 11.9 亿美元罚款。2018 年 4 月 15 日，美国国家网络安全中心下发指示，要求 ICT 行业不使用中兴公司的产品和服务；7 月 12 日，美国商务部更新进展，声称已经与中兴公司达成一致，取消禁止美国产品供应中兴的禁令，中兴公司将能够恢复生产经营。在中兴向美国支付 4 亿美元保证金之后，禁令将解除，其中的重要条件就是美国政府指派代表入驻中兴，前美国联邦检察官罗斯科·霍华德（Roscoe Howard）将担任中兴通讯的特别合规协调员，负责协调、审查以及评估中兴及其子公司等的运作是否符合美国出口控制法,并将所获情况向美国商务部报告。根据此前"中兴解禁"的协议,美国商务部指派的协调员将在中兴负责监督合规长达10年时间。

美国特朗普当局以华为可能涉及美国的国家安全利益为由禁止华为进入美国市场,并呼吁其他国家禁用华为。2018年12月1日,加拿大警方应美国政府司法互助要求逮捕华为CFO孟晚舟。2019年5月15日,美国商务部工业安全局把华为公司列入出口管制"实体清单"。2020年4月,美国商务部发布公告称,华为及其附属公司使用美国商业控制清单(CCL)中的项目进而孵化的所有产品,全部将纳入管制。同时,位于美国境外的CCL中的半导体制造设备,在为华为及其附属公司生产芯片等产品前,也要获得美国政府许可。这意味着,只要是使用了美国技术和设备的公司,不管其是否是美国公司,在向华为供货之前,均需得到美国认可,违者将受到美国方面的惩罚和制裁。随后,对于列入"实体清单"的公司,涉及美国技术含量超过10%门槛的设备加工出的半导体产品均需经过美国政府的审批许可才可以对外提供。

美国的集成电路产品在对硬件要求高的领域如智能手机、笔记本电脑和平板电脑这些消费电子领域占据绝对优势。美国选择集成电路相关领域作为"卡脖子"的目标,对我国公司和产业危害极大,后果相当严重。我国整机厂商对美国产业链上游高度依赖:不仅是华为,OPPO、vivo、小米等都对美国半导体元器件高度依赖,一旦美国停止供货,它们将受到极大打击。以华为为例,作为利润主力的Mate系列、P系列高端手机将会全军覆没。因此,部分公司包括华为开始采取技术上"去美国化"的措施以保证供货安全。2021年7月上市的华为P50手机，由于美国的禁令，无法搭载5G芯片，只能使用高通的4G芯片。根据2021年上半年华为公司财报，手机终端业务同比下降47%，运营商业务下降14.2%，都与美国及其盟友的制裁直接相关。

二、集成电路产业链"卡脖子"情况研判

集成电路产业链可细划分为材料、设备、设计、制造、封测等五大环节，如图2-16所示。集成电路核心技术仍然被"卡脖子"，尤其在EDA工具、关键集成电路设备与材料、先进制程与特色工艺等领域。

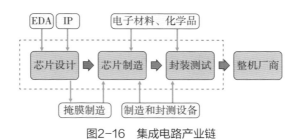

图2-16 集成电路产业链

资料来源：华夏幸福研究院。

（一）EDA与IP核

在核心架构知识产权方面，我国高度依赖海外公司的知识产权（IP）授权。主流IC设计商基本采用海外IP授权，终端主要依赖ARM授权。设计基础差，芯片架构依靠的海外授权和EDA软件被海外厂商垄断。芯片设计产业链集中在通信业，在模拟

（数模转换）、计算机系统、民用导航、射频等方面缺失较大。

1. EDA芯片设计工具

EDA是电子设计自动化的简称，是集成电路设计必需也是最重要的软件工具。在集成电路设计中，工程师会用程式码规划芯片功能，再透过EDA工具让程式码转换成实际的电路设计图。之后，需反复确定此逻辑闸设计图是否符合规格并修改，直到功能正确为止。EDA是芯片之母，是芯片产业皇冠上的明珠，同时也是国内芯片产业链最为薄弱的环节。

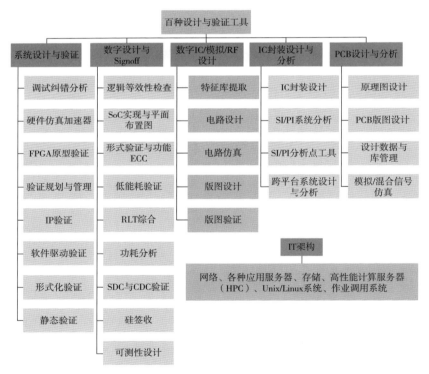

图2-17　EDA工具类型

资料来源：华夏幸福研究院。

经过不断的市场洗牌，EDA 行业已经从 20 世纪的百家争鸣到目前的三大巨头，成为一个高度垄断的行业。目前，全球 EDA 软件供应者主要是国际三巨头 Synopsys、Cadence 和 Mentor Graphics。2018 年 Synopsys 全球市场份额领先，占比达到 32.1%；Cadence 次之，占比为 22%；Mentor Graphics 占比为 10%。三家企业占全球市场份额超过 60%。

EDA 公司提供给集成电路公司的一般都是全套工具，集成度高的产品更有竞争力，三巨头基本都能提供全套芯片设计解决方案。Synopsys 最为全面，它的优势在于数字前端、数字后端和 PT signoff，拥有 90% 的 TCAD 器件仿真市场份额和 50% 的 DFM 工艺仿真市场份额。Cadence 的强项在于模拟或混合信号的定制化电路和版图设计，印制电路板（PCB）相对也较强。Mentor Graphics 的优势是 Calibre signoff 和 DFT，在后端布局布线和 PCB 方面也具有显著优势。华为旗下海思半导体使用的 EDA 工具主要是美国的 Cadence Design Systems、Synopsys 和 Ansys，还有德国西门子 Mentor Graphics。华为在被列入美国"实体清单"后，目前已获得永久授权的 EDA，并没有被停止授权，而是停止了软件更新。但停止了软件更新，华为海思也就被"卡"住了"脖子"。原因很简单，软件停止更新后，芯片设计软件不能自动生成"芯片内部的逻辑电路"，同时有的模拟功能也不能运行，无法知道设计的芯片能不能运作。

20 世纪 80 年代中后期，我国开始投入 EDA 产业研发。1993 年，国产首套 EDA 熊猫系统问世。之后的国内 EDA 发展曲折而缓慢，国产 EDA 没有取得实质性成功。2008 年，EDA 研究领域涌现了华大电子、华天中汇、芯愿景、爱克赛利、圣景微、技业思、广立微和讯美等公司。10年后，华大九天、芯愿景、芯禾科技、广立微、博达微等企业从国产EDA阵型中展露生机。到2021年6月末，国内有EDA产品的企业已超过20家。华大九天已发展为目前国内产品线最完整的EDA研发企业，已具备模拟电路设计全流程EDA工具系统、数字电路设计EDA工具、平板显示电路设计全流程EDA工具系统和晶圆制造EDA工具等核心技术，实现了相关产品的产业化。

国内EDA公司目前多聚焦在对芯片制程工艺迭代要求不高的模拟芯片领域，相关公司已占据一定地位。但在数字芯片领域，EDA软件差距依然巨大，目前全球先进的EDA可支持5nm芯片，国内还处于28nm阶段。同时，数字芯片在每个环节都需要用到EDA软件，所以需求量更大，特别是需要大量现有的数据与EDA工具进行匹配并进行调教。EDA不只是设计芯片，它还包含验证、仿真、测试等环节，以及前端、后端、PCB板等类型，国内EDA产品还不足以覆盖全流程的60%，在已覆盖的领域产品水平还处于中低端水平。整体来看，国内集成电路设计公司还是主要采用国外EDA工具，因此EDA环节被美国企业严重卡脖子。

2. IP核

芯片设计中的IP核（Intellectual Property Core）通常指应用在系统芯片（SoC）中且具有特定功能的可复用（Reusable）的电路模块，具有标准性和可交易性。通过产业化验证的IP电路模块可以被系统设计工程师直接植入芯片。IP大体上可以分为软核、硬核和固核三种。

根据 IP 核在 SoC 中的集成方式及应用场景，还可以将其分为：（1）接口 IP，例如通用串行总线（USB）、串行高级技术附件（SATA）、PCIe、高清多媒体接口/显示端口（HDMI/DP）等；（2）存储 IP，例如静态随机存取存储器（SRAM）、动态随机存取存储器（DRAM）、与非/或非型闪存存储器（NAND/NOR）、单次/多次可编程存储器（OTP/MTP）等；（3）功能性 IP，例如模数/数模转换器（ADC/DAC）、数字信号处理器（DSP）、微控制器（MCU）、音视频交叉存取（AVI）等。

全球 IP 核龙头企业 ARM 从 2007 年 33% 的市场占有率增加到 2017 年的 46.2%，表明 IP 正向高度集中的方向发展。目前 EDA 设计软件领域集中度较高，Synopsys、Cadence 等公司将自己的 IP 集成在设计软件中，进一步增加了用户黏性，从而达到 IP 和 EDA 工具锁定在一家企业的目的，通过 EDA 与 IP 核的绑定，进一步强化了市场垄断地位。自主可控、安全可靠的 IP 核技术是我国集成电路设计发展需要重点突破的领域之一。我国的 IP 企业基本上属于小而散模式，整体利用率很低，已有 IP 缺乏维护，竞争力远远不足。我国的 IP 核发展主要有三个方向，即高端处理器的 IP 核、高速接口类的 IP 核以及与产品应用密切相关的应用类 IP，但目前仍存在以下几个方面的"卡脖子"现象。

处理器 IP 核市占率不足 2%。当前国内主流 IC 设计商采用购买国外 CPU 的 IP 授权，并借助现有的生态系统开拓市场，外资企业 IP 核市占率超过 97%。其中，国际先进水平 ARM 公司采用 DynamIQ 技术，领先国内最高水平至少 6 年。目前，处理器 IP 环节基本无法实现国产替代，属于"卡脖子"环节。

存储器 IP 核市占率基本为 0。美国 Kilopass 拥有 OTP 方面专利垄断，客户超过 250 家（IDM&IC 设计公司），仅仅台积电 10nm 的 eFuse 出货量大于 100 亿元。中国内地主力企业只有 ISSI，市占率极低。存储器 IP 环节基本无法实现国产替代，属于"卡脖子"环节。

混合信号 IP 核市占率不足 5%。ARM 除了在 CPU、GPU、视频处理单元（VPU）和分散处理单元（DPU）上拥有极高的 IP，在信号处理上也拥有绝对的 IP 垄断，此外 Synopsy 除了 EDA 业务以外在有限接口 IP 上也占据了制高点。我国的厂家目前都是集中于接口 IP 攻克，对于 CPU 和 GPU 的信号 IP 尚未有实质性突破。混合信号 IP 环节基本无法实现国产替代，属于"卡脖子"环节。

集成电路产业的顶层是设计 IP 核。开发新一代工艺节点（28nm）上的 IP 需要投入近 1 000 万美元，以及 6 个月以上的研发周期，多数设计企业无法在每一代的产品设计中有这么大投入，所以 IP 也需要共享。IP 核共享是支撑产业链整体发展的重要环节之一。IP 核共享平台建设也是中国芯片设计领域必须突破的一个关键领域。

（二）核心装备

芯片制造可分为硅片制造、场效应管制作（前道工序，FEOL）、布线（后道工序，BEOL）和封测四个环节。

硅片制造：上游硅晶圆制造公司生产单晶硅棒并将其切割成硅片，使用化学机械抛光（CMP）设备对硅晶圆进行抛光。中游代工厂收到晶圆后对硅晶圆进行湿洗，保证表面没有杂质，为后续在其上完成场效应管做好准备。

场效应管制作（前道工序）：代工厂首先使用物理气相沉积/化学气相沉积（PVD/CVD）设备在晶圆表面沉积绝缘氧化层，然后使用离心技术涂光刻胶（涂胶）、根据芯片结构图曝光（光刻），受到强光照部分的光刻胶会失去其保护功能（显影）。接下来用蚀刻设备蚀刻暴露的氧化层，抛光后在裸露的硅中注入不同杂质离子（离子注入），使其导电率发生改变，形成 PN 结。重复该流程多次可完成场效应管的制作。

布线（后道工序）：在完成场效应管制作后，代工厂使用 PVD/CVD 设备沉积层间绝缘薄膜，抛光后用光刻和蚀刻设备制作导孔，之后再次使用 PVD/CVD 设备沉积金属层，由此形成一层布线，重复该流程多次可完成芯片电路布线。

封测：代工厂使用热处理系统对晶圆进行钝化处理，以提高芯片的电学性能和可靠性，然后用探针台检测芯片的电气特性是否合格。合格的晶圆经过磨削处理后交由封装厂进行切割、粘贴（把 IC 贴到 PCB 上）、焊接（IC 的引线焊接到 PCB 上）、模封。最后对成品进行终测，检测器件的耐温性、电气特性等。

其中，前道工序及后道工序使用设备价值量最高，从历史数据看，占比接近 80%。在半导体制作流程中需要用到大量设备，如硅片制造过程需要长晶炉、切割、CMP、清洗等设备；前端工艺（场效应管的制作）需要 CVD、PVD、涂胶器、光刻机、显影机、蚀刻机、CMP、离子注入设备，后道工艺（布线）与前道工艺设备相似；封测环节需要用到单晶圆热处理系统、晶圆探针、研磨机、切割机、芯片焊接机以及终测设备等。前端工艺和后端工序由于"制作难度较高+需重复多次",设备价值量在整个工艺流程中最大。而对于存储器件与逻辑器件而言,前道与后道的设备价值又有所不同:存储器用于存储,需要更多的特殊结构晶体管以及电容,因此前道设备价值占比更高;而逻辑器件用于计算,需要更多布线层并且不需电容,因而后道设备价值占比更高。

具体到设备类型,刻蚀、光刻、沉积为市场规模最大的三类。2020年刻蚀设备、光刻设备、沉积设备市场空间大小分别为177亿、153亿、142亿美元,占市场占比分别为25%、20%、20%。剩余设备中,用于前道检测、后道检测、封装、清洁、离子注入的市场占比分别为11%、9%、6%、4%、2%。目前,主要半导体设备均由海外厂商垄断,大陆企业积极布局,已在部分领域取得突破。

在半导体设备方面,美国是集成电路设备领域的霸主,主要优势在于物理气相沉积设备、检测设备、离子注入机和化学机械抛光设备CMP等半导体制造中的核心设备。在化学气相沉积设备、刻蚀设备等领域也具有较强的优势。主要有应用材料(Applied Materials)、泛林集团(Lam Research)、亚舍立(Axelis)、福尼克斯(Photronics)、卡博特(Cabot)、杜邦(DuPont)、霍尼韦尔(Honeywell)、普莱克斯(Praxair)、陶氏(Dow)等知名公司。

我国整体上国产化率不足20%,光刻、刻蚀等关键设备与海外差距大;构成设备的基础设备硬软件基础水平差,核心零部件依赖进口。IC设备业核心设备供应商TOP 3中无中国企业上榜,占比较大的核心设备(光刻机、刻蚀机、沉积设备)市场被美国、日本、欧洲巨头牢牢控制,关键设备98%来自海外公司,存在很大的风险。

第二章 技术"卡脖子"

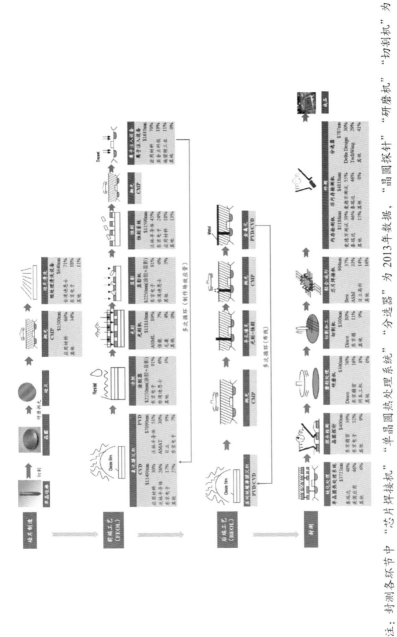

图2-18 半导体各环节生产设备及市场规模

注：封测各环节中"芯片焊接机""单晶圆热处理系统""分选器""晶圆探针""研磨机""切割机"为2017年数据，其他环节数据均为2019年数据。

资料来源：SEMI、WSTS、民生证券研究院。

表2-4 全球主要设备厂商及其市场份额

设备	企业	市场份额（%）
光刻机	阿斯麦	75.3
	尼康	11.3
	佳能	6.2
刻蚀机	泛林集团	52.7
	东京电子	19.7
	应用材料	18.1
PVD	应用材料	84.9
	意发	5.9
CVD	应用材料	29.6
	东京电子	20.8
	泛林集团	19.5
前道检测	科磊半导体	50
	应用材料	12
	日立高新	10
后道检测	泰瑞达	37.7
	爱德万	25.8
离子注入机	应用材料	40
	亚舍立	32

资料来源：SEMI，东吴证券。

2020年全球半导体设备销售额712亿美元，同比增加19.2%；中国半导体设备销售额187.2亿美元，同比增加39.2%。中国半导体设备销售额占比从2017年的14.5%提升至2020年的26.3%，首次成为半导体设备的最大市场。

1. 光刻机

2020年，全球光刻机市场约为135亿美元，占全球半导体制造设备市场的21%。在半导体设备领域中，光刻机最引人注目，也是"卡脖子"的最优选项，主要原因是其具有较高技术难度，并且单台设备价值量也较高，属于半导体制造设备的"皇冠"。

光刻机单机价值量高，每年出货数量300—400台。近两年全球光刻机每年出货量300—400台，整体均价约0.3亿美元。其中主要产品KrF为90—100台，ArFi为90—100台。近几年EUV出货量在逐步增长，全球仅有ASML具备供应能力，每年出货30—50台，均价超过1亿美元。

光刻机的供给有限，前三大晶圆制造领先厂商占据大部分需求。从历史需求端来看，全球90%以上的EUV光刻机由台积电、三星、英特尔三家采购，其他诸如代工厂格罗方德，存储厂海力士、美光每年最多采购1台光刻机。

ASML主导全球光刻机市场。从光刻机格局来看，2020年ASML占据全球光刻机市场84%的市场空间，尼康约占7%，佳能约占5%，国产化水平基本为零。ASML占据高度的垄断地位，并且由于EUV跨越式的升级进步，ASML在技术上的领先性更加明显。国内主力企业是上海微电子装备，仅能提供90nm以上工艺使用。此外，配套显影设备由于国内是单机台，不能直接和光刻机联系，无法单独验证，目前市占率基本为零。

荷兰ASML公司是一家总部设在荷兰埃因霍芬（Eindhoven）的全球最大的半导体设备制造商之一，其股票分别在阿姆斯特丹及纽约上市。ASML创立于1984年，是从飞利浦独立出来的一个半导体设备制造商，而美国提供的光源技术促使ASML公司在光刻机方面飞速发展。按美国政府现行规定，ASML向中国出售光刻机必须得到美国政府的许可。

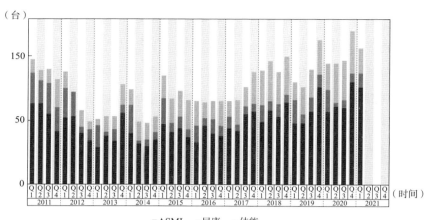

图2-19 全球半导体光刻机出货数据统计

ASML的光刻机成为美国卡脖子的手段与工具。中国是否能独立制造光刻机，特别是什么时间能生产低纳米级的光刻机呢？截止到2020年末，上海微电子、中电科45所等在光刻曝光领域有交货业绩，其中上海微电子的SSX600系列步进扫描投影光刻机可满足IC前道制造90nm、110nm、280nm关键层和非关键层的光刻工艺需求。该设备可用于8英寸线或12英寸线的大规模工业生产；SSB500系列步进投影光刻机主要应用于200mm/300mm集成电路先进封装领域，包括Flip Chip、Fan-In WLP、Fan-Out WLP和2.5D/3D等先进封装形式，可满足Bumping、RDL和TSV等制程的晶圆级光刻工艺需求，但与ASML还有巨大的差距。

2. 刻蚀机

全球的刻蚀设备寡头企业共有三家，分别是泛林半导体、应用材料和东京电子（Tokyo Electron），这三家也占据了薄膜沉积市场的主要份额。中国能生产刻蚀设备的公司主要是中微公司和北方华创,其中,中微公司更是率先发布 5nm 刻蚀机,成了刻蚀机设备领域不容忽视的存在。

刻蚀机发展至今,最重要的技术是等离子体刻蚀。按照等离子体的生成方式,可以将其分为容性耦合等离子体(CCP)和感性耦合等离子体(ICP)。由于等离子体产生的方式不同,刻蚀机的结构、性能和特点也存在较大的差异。其中 CCP 属于中密度等离子体,ICP 则属于高密度等离子体,两类等离子体相互补充。

自 2012 年以来,刻蚀机在晶圆厂设备中的价值占比逐步提升,与之对应的是光刻机的价值占比下滑,这其中的主要原因是光刻机技术瓶颈和芯片结构变化带来的晶圆加工工序的调整。在光刻机技术停滞不前的近十几年,芯片工艺制程的提升主要依赖于刻蚀步骤的增加。从 65nm 制程开始,每一次制程的精进都需要大幅增加刻蚀的步骤,7nm 制程中刻蚀步骤比 28nm 增加了 3 倍。因此,这些年来,刻蚀设备是半导体设备中增长最快的领域。

表2-5 两种主要等离子体干法刻蚀技术对照

技术	特点	主要应用
CCP	等离子密度:中	介质刻蚀:氧化硅、氮化硅等,形成线路 金属刻蚀:铝、钨等
	等离子能量:高	
	可调节性:较差	
ICP	等离子密度:高	硅刻蚀:单晶硅、多晶硅、硅化物等,刻器件
	等离子能量:低	
	可调节性:可单独调节密度和能量	

资料来源:东兴证券。

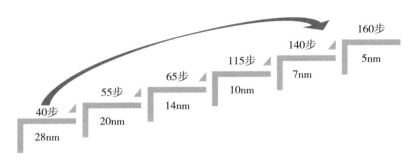

图2-20 不同制程中刻蚀工艺的步骤数

资料来源：东兴证券。

3. 薄膜沉积设备

集成电路薄膜材料制造广泛采用的工艺为物理气相沉积（PVD）与化学气相沉积（CVD）等。PVD指将材料源表面气化并通过低压气体/等离子体在基体表面沉积，包括蒸发、溅射、离子束等；CVD指将含有薄膜元素的气体通过气体流量计送至反应腔晶片表面反应沉积，包括低压化学气相沉积（LPCVD）、金属有机化合物气相沉积（MOCVD）、等离子体增强化学气相沉积（PECVD）、原子层沉积（ALD）等。

表2-6 主要薄膜沉积方法列举

PVD	基本原理	性能特点
蒸发	在真空腔室通过电流或电子束加热原料，生成原料蒸汽，沉积在冷却的晶片表面	结构简单，主要用于低熔点的金属膜，缺点是沉积的膜与基体附着不牢
溅射	将腔室惰性气体电离，离子加速后将原料原子轰击出来，溅射在晶片表面	不需要高温条件，有较好的致密度和性能，缺点是对晶片造成轰击损伤
离子束	在蒸发或溅射原料的同时，再用某种离子束对原料进行轰击反应，生成合成薄膜	沉积的膜与基体黏合较好，缺点是结构复杂，有强的射线和辐射损伤

续表

CVD	基本原理	性能特点
LPCVD	在较低的工作气压中,气体加热产生化学反应或高温分解沉积形成薄膜	过程副产物少,纯度较高,缺点是高温产生形变,从而降低薄膜的附着力
MOCVD	在低压下用金属化合物作源,以热分解方式在晶片上生长薄层单晶材料	结构复杂,功能强大,能做多种材料的膜制作,设备安全防护成本较高
PECVD	在真空腔室施加直流或射频电压,等离子体活化源气体,在晶片上沉积固态薄膜	结构简单,温度低,速率快,薄膜高纯度、高致密,应力小,附着力强

资料来源：申港证券。

近年来，全球薄膜沉积设备持续稳定发展，根据 Maximize Market Research 数据统计，全球半导体薄膜沉积市场 2017 年市场空间约为 125 亿美元，预计到 2025 年将达到 340 亿美元，期间以年复合 13.3% 的速度增长。

集成电路 PVD 领域主要被美国应用材料、瑞士意发（Evatec）、日本爱发科（Ulvac）所垄断，其中应用材料占比约 85%；CVD 领域全球主要供应商为美国应用材料、东京电子、泛林半导体，其中美国应用材料占比约 30%，国际领先水平目前处于 7nm 制程。我国薄膜沉积设备国产化率为 2%，供应商主要为沈阳拓荆、北方华创及中微半导体，国内最高水平处于 14nm 制程，CVD 设备与国际先进水平相差较大，且品种较为单一。目前 14nm 制程均处于验证阶段，良率有待提高。

4. 半导体检测设备

半导体检测设备主要用于半导体制造过程中检测芯片性能与缺陷，辅助降本、提高良率和增强客户的订单获取能力，贯穿半导体的整个生产过程，可分为晶圆制造环节的检测设备和封测环节的检测设备。根据 Gartner 数据显示，2020 年检测设备全球市场规模约为 131 亿美元，其中，中国半导体检测设备市场规模为 176 亿元。

（1）晶圆制造环节检测设备

晶圆制造环节检测设备是所有半导体检测赛道中壁垒最高的环节，目的是检查每一步制造工艺后晶圆产品的加工参数是否达到设计的要求或者存在影响良率的缺陷，是一种物理性、功能性的测试。主要包括量测类设备和缺陷检测类设备，价值量占比分别为 40% 和 50%，控制软件等其他设备占剩余 10%。

根据 Gartner 数据，2020 年科磊（KLA）占晶圆制造环节检测设备市场 58% 的销售额份额，应用材料、日立高新则分别占比 12%、5%，三家合计占比 75%，市场集中度较高且被海外公司垄断，国内主要公司有上海睿励、精测电子、赛腾等，市场份额不足 1%。

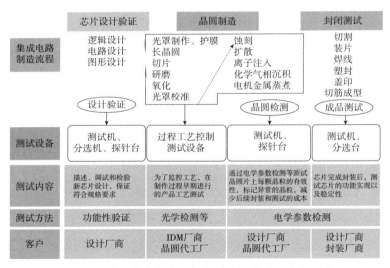

图2-21 半导体生产过程中涉及的检测设备及相关要素

资料来源：东吴证券。

分产品看，膜厚检测设备主要供应商为 KLA、Nova，光学关键尺寸（OCD）测量设备主要供应商为 KLA、Nano，套刻误差测量设备主要供应商为 KLA、ASML，形貌测量、掩模板检测、有无图形缺陷检测等环节 60% 以上市场被 KLA 占据。国产设备商主要切入点为膜厚、OCD 等环节。

（2）封测环节检测设备

封测环节检测设备主要是电性能的检测，即通过分析测试结果，进而定位问题原因，并改进生产工艺，以提高良率及产品质量，可主要分为两种情况：晶圆检测（CP）和成品测试（FT）。晶圆检测是指在晶圆完成后、进行封装前，通过探针台和测试机的配合使用，对晶圆上的裸芯片进行功能和电参数测试，该环节的目的是确保在芯片封装前，尽可能地把无效芯片筛选出来以节约封装费用。成品测试是指芯片完成封装后，通过分选机和测试机的配合使用，对封装完成后的芯片进行功能和电参数测试，该环节的目的是保证出厂的每颗集成电路的功能和性能指标能够达到设计规范要求。无论是晶圆检测或是成品检测，要测试芯片的各项功能指标均须完成两个步骤：一是将芯片的引脚与测试机的功能模块连接起来；二是通过测试机对芯片施加输入信号，并检测输出信号，判断芯片功能和性能是否达到设计要求。

晶圆检测和成品测试主要用到自动化测试系统（ATE，又称测试机）、分选机和探针台三种设备，其中 ATE 测试机是检测设备中最重要的设备类型，价值量占比约为 63%。根据 SEMI 数据，2018 年国内 ATE 测试机、分选机和探针台的市占率分别为 63.1%、17.4% 和 15.2%，其他设备占 4.3%。

（三）关键材料

半导体材料是半导体产业基石。在集成电路芯片制造过程中，每一个步骤都需要用到相应的材料，材料质量的好坏最终影响集成电路芯片质量的优劣。由于技术壁垒高，其出口政策的调整甚至能作为维护国家利益的重要手段。在全球半导体材料领域，日本占据绝对主导地位。2019年日韩贸易战中，日本限制含氟聚酰亚胺、光刻胶及高纯度氟化氢这三种材料的对韩出口，引起了整个半导体领域的震动。据韩国贸易协会报告显示，韩国半导体和显示器行业在氟聚酰亚胺、光刻胶及高纯度氟化氢方面对日本的依赖度分别为91.9%、43.9%及93.7%。

2020年半导体材料市场规模达553亿美元，国内市场占比提升至17.65%。根据SEMI数据，2006—2020年，全球半导体材料销售额从372.40亿美元增长至553亿美元，年复合增长率为2.86%。中国大陆半导体材料市场销售额从23.84亿美元增至97.63亿美元，年复合增长率达10.59%，远超世界平均复合增速。中国半导体材料市场销售额占比也从6.4%持续升至17.65%。随着中国大陆半导体产业快速扩产，国内半导体材料市场空间将一同迅速增长。

半导体材料在半导体市场中的占比基本稳定，近20年内该比例在11%—16%波动。2020年，全球晶圆制造材料销售额为349亿美元，占半导体材料销售额比重为63%；封装材料销售额为204亿美元，占比37%，晶圆制造材料和封装材料的占比也相对稳定。

第二章 技术"卡脖子"

半导体产品的制造过程主要包括晶圆制造（前道）和封装（后道）测试，不同的制造环节需要使用对应的半导体材料。国内企业目前在电子气体、硅片、湿电子化学品、CMP抛光液等领域有所突破，但在高端光刻胶、CMP抛光垫等领域进展较慢，各个子行业的竞争格局相差较大。

半导体材料属于高技术壁垒行业，我国由于起步晚，整体相对落后，目前半导体材料高端产品大多集中在美国、日本、德国等国家和地区生产商。美国、日本、韩国等跨国企业仍主导全球半导体材料产业，国内半导体材料对外依存度高。因中国大陆企业在高端半导体材料领域长期研发和投入不足，半导体材料主要集中在技术壁垒较低的封装材料，大部分高端晶圆制造材料需要依靠进口。

对材料领域的日本企业进行研究发现，半导体制造过程所包含的19种核心材料中，日本市占率超过50%的材料有14种。重点企业主要有信越化学、住友化学、JSR、大阳日酸、东丽、东京电子。

表2-7 半导体材料市场规模及日本市场份额

半导体材料	世界市场规模（百万美元）	日本市场份额（%）
硅晶圆	11 981	68
合成半导体晶圆	676	50
光罩	1 846	76
光刻胶	1 097	72
药液	1 656	50
工业气体	1 257	12

续表

半导体材料	世界市场规模（百万美元）	日本市场份额（%）
特殊气体	1 255	31
靶材	392	50
层间绝缘涂膜	99	42
保护涂膜	170	55
CMP 抛光液	553	29
前段材料总计	20 982	60
引线架	2 181	50
陶瓷板	1 329	86
塑料板	4 214	89
TAB	233	68
COF	701	53
芯片焊接材料	200	31
焊线	2 577	84
封装材料	1 085	82
后段材料总计	12 520	77
半导体材料总计	33 503	66

资料来源：申港证券。

目前总体来看，各大半导体材料品种尤其是 12 英寸晶圆用材料基本还是为外资企业所垄断，但随着国内加速布局半导体产业，各项政策、国际事件等诸多因素将加速半导体材料进口替代的进程，这个过程中有望诞生一批领先的半导体材料公司。

第二章 技术"卡脖子"

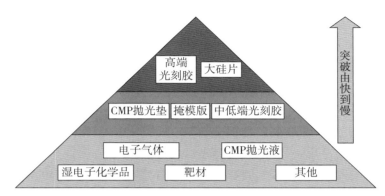

图 2-22 不同半导体材料国产化突破进程差异

资料来源：CNKI，公司公告，SEMI，IC Insights，兴业证券。

1. 光刻胶

光刻胶又称光致抗蚀剂，是一种对光敏感的混合液体，也是微电子技术中微细图形加工的关键材料。由光引发剂（光增感剂、光致产酸剂），光刻胶树脂，溶材料剂，单体（活性稀释剂）和其他助剂组成，其中树脂和光引发剂是光刻胶的核心组成部分。

光刻胶应用流程是，将其涂抹在衬底上，被光照或辐射后，其溶解度发生变化，可溶部分被溶解后，光刻胶层形成与掩模版上完全相同的图形，再通过刻蚀在衬底上完成图形转移。根据下游应用的不同，衬底可以分为印刷电路板、面板和集成电路板。根据反应方式不同，光刻胶可分为正性光刻胶和负性光刻胶，主要区别在于光刻过程中理化性质变化不同，正胶因其相对较高的分辨率而应用比例更高。

低端 PCB 光刻胶国产替代进度最快，高端半导体光刻胶几乎全部进口。光刻胶下游应用主要为 PCB、显示面板、LED 和半导体。其中，集成电路光刻对线宽、设备和材料要求最高，PCB 要求最低。我国在低端PCB光刻胶的国产替代进度最快,湿膜光刻胶和光固化阻焊油墨国产化率达到46%,LED宽谱g/i/h线光刻胶基本完成国产替代;液晶显示器(LCD)替代进度相对较快,LCD触摸屏光刻胶国产化率达到30%—40%;半导体光刻胶与国外差距较大,仅难度最低的g/i线光刻胶实现15%进口替代,高端KrF、ArF和EUV光刻胶几乎全部依赖进口。

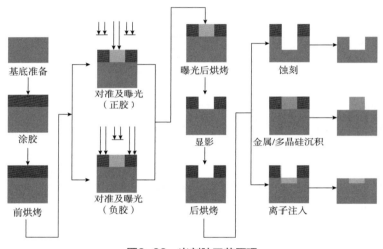

图2-23 光刻胶工艺原理

资料来源:CNKI,公司公告,公开数据,兴业证券。

光刻胶行业被日本和美国公司垄断,日本厂商占主导地位。全品类光刻胶市场中,全球前五大厂商就占据了光刻胶市场87%的份额。其中,日本东京应化、JSR、信越化学、富士胶片四家厂商占据了72%的市场份额。先进的高分辨率KrF和ArF半导体光刻胶已占全球半导体光刻胶的63%。该核心技术亦被日本和美国企业垄断,其中日本厂商占KrF光刻胶的市场份额达到了83%,

占 ArF 光刻胶的市场份额达到了 91%。在 EUV 光刻胶方面，日本公司富士胶片、信越化学、住友化学专利数排名前三位，前十大企业中七席被日本公司占据。日本光刻胶企业在全球光刻胶市场中占据绝对的支配地位。

我国光刻胶市场本土供应量增速高于全球平均水平，发展空间巨大。据智研咨询统计，2019 年全球光刻胶市场规模预计近 90 亿美元，自 2010 年至 2019 年年复合增长率约 5.4%，预计至 2022 年全球光刻胶市场规模将超过 100 亿美元。2019 年我国光刻胶市场本土供应量约 70 亿元，自 2011 年至 2019 年年复合增长率达到 11%，远高于全球平均 5% 的增速，但我国光刻胶本土产量仅占全球规模的 10% 左右，发展空间巨大。

据智研咨询数据，我国本土光刻胶产量从 2011 年的 2.25 万吨增长到 2018 年的 4.88 万吨，光刻胶需求量从 2011 年的 3.51 万吨增长到 2018 年的 8.44 万吨，近几年我国本土光刻胶产量保持高速增长，国产化率不断提升，2018 年国产化率达到 58%。

2. 硅片及硅基材料

硅晶圆（或称"硅片""硅材料的晶圆"）是应用最广的晶圆。目前晶圆材料可分为三代：第一代为硅（Si）、锗（Ge），第二代为砷化镓（GaAs）、磷化铟（InP）等，第三代为氮化镓（GaN）、碳化硅（SiC）等。硅晶圆原材料相对易得，硅提纯与结晶工艺成熟，且氧化形成的二氧化硅（SiO_2）薄膜绝缘性能好，使得器件的稳定性与可靠性大为提高。

大尺寸的晶圆意味着利用率及生产效率的提高，因此大尺寸晶圆是发展趋势，主流的硅片尺寸不断提高，从历史上的 50mm（2 英寸)、75mm（3英寸）、100mm（4英寸）、150mm（6英寸）、200mm（8英寸）、300mm（12英寸）等规格，现已发展到450mm（18英寸）。

作为半导体材料中成本占比最高的材料，晶圆全球销售额超120亿美元。据SEMI，2019年硅片的销售额在全球半导体制造材料行业当中的占比高达37%。晶圆下游应用主要为电子、计算机、工业等领域，占比分别为42%、19%、11%。受半导体市场规模不断扩大拉动，全球晶圆材料市场规模从2008年的约79亿美元增长超40%，到2018年近120亿美元。后续半导体在汽车、工业等领域的需求不断增长，晶圆材料的需求还将保持增长。

晶圆具有技术密集、资金密集等特点，大硅片门槛极高：（1）技术密集：从砂石半导体材料生产涉及切割、研磨、刻蚀、激光打码、化学机械抛光等诸多先进工艺；（2）资金密集：生产硅晶圆的设备投资较大，且需不断地更新设备；（3）下游客户认证壁垒：下游客户多为行业半导体巨头，客户对技术保密、品质要求、供货稳定等各方面要求严格，不会轻易更换供应商；（4）行业竞争激烈：五大海外企业占据全球95%以上的市场份额，新进入者很难在短时间内具备规模生产、低成本等优势；（5）技术变革快：硅晶圆尺寸有不断增长的趋势，客户对4—12英寸的产品都有需求，要求生产企业不断提高技术。

全球硅晶圆产业呈现寡头垄断的格局，市场集中度极高。日本信越（Shin-Etsu）、日本胜高（Sumco）、中国台湾环球晶圆（Global Wafers）、德国世创（Siltronic）、韩国LG Siltron[①]五大巨

[①] 2017年初被SK集团（SK Gourp）并购，更名为SK Siltron。

头占据全球95%的市场份额。硅晶圆产能目前也主要分布在台湾地区、韩国、日本、北美等行业巨头所在国家或地区。目前中国大陆硅晶圆产能占全球约13%，但主要为海外企业来中国投资所建，本土企业和海外巨头差距巨大，仅有上海新昇半导体能够实现小批量测试片供货。目前，国际上SOI晶圆仅12英寸实现批量供货，而我国仅实现8英寸量产，12英寸目前尚未突破。国内主力企业有上海新昇半导体、有研科技、上海新傲等。硅片以及硅基材料属于"卡脖子"环节。

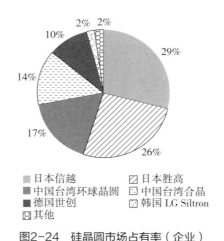

图2-24 硅晶圆市场占有率（企业）

资料来源：CLSA，IHS Markit，IC Insights，兴业证券。

3. 电子气体

电子气体是纯度、杂质含量等技术指标符合特定要求，可应用于冶金、化工和机械制造等传统行业，以及集成电路、液晶面板、太阳能电池、光纤光缆、医疗健康、高端装备制造等新兴行业的气体，分为电子特种气体和电子大宗气体。电子大宗气体是指集中供应且用量较大的气体，如 N_2、H_2、O_2、Ar、He 等；电子特种气体被应用于扩散、光刻、刻蚀、离子注入、薄膜生长、抛光和金属化 7 种关键生产工艺和每一制造环节中，如高纯 SiH_4、PH_3、AsH_3、B_2H_6 等，是半导体材料的"粮食"和"源"。电子气体一般需外购初级气体原材料后经合成、纯化、混配、气瓶处理、充装、检测等生产过程后再销售。

电子特气具有五大壁垒。（1）技术壁垒：电子气体生产涉及气体纯化、检测、充装、合成、容器处理、配送等多种技术瓶颈，尤其是深度提纯技术对芯片的成品率、性能和寿命有直接影响。芯片线宽越小，对于电子特气纯度的要求越高，一个级别的提升具有较大难度；（2）客户认证壁垒：电子气体供应商需通过客户审厂、产品认证两轮严格的审核认证（每个产品需要试样、再中试，然后才会大量使用），光伏行业认证时间需要半年到 1 年，面板行业需要 1—2 年，半导体行业需要 2—3 年，纯度要求越高，认证时间越久；（3）资质壁垒：国家对电子气体行业企业的管理和控制严格，电子特气为工业气体，且部分气体具有易燃易爆、有毒等特性，属于危险化学品，需要取得严格的资质认证如《安全生产许可证》《危险化学品经营许可证》等；（4）渠道壁垒：电子特气整体市场规模较小，且单个客户销售额较小，销售网络铺设需要较长周期；（5）产品种类繁多：半导体工业中涉及电子气体超过 100 种，常见的电子气体也超过 20 种，且不同的客户对产品杂质参数、颗粒物含量等方面有特殊的要求。

2018 年全球半导体用电子气体市场中，空气化工、普莱克斯、林德集团、液化空气和大阳日酸等五大公司控制着全球 90%

以上的市场份额,形成寡头垄断的局面。在国内市场,海外几大气体巨头控制了88%的份额,国内生产企业处于"多小散"格局,我国电子气体受制于人的局面十分严重。

作为集成电路制造的关键材料,伴随着下游产业技术的快速迭代,特种气体对纯度和精度的要求持续提高,比如在纯度方面,普通工业气体要求在99.99%左右,但是在先进制程的集成电路制造过程中,气体纯度要求通常在6N(99.9999%)以上。根据中国工业气体工业协会统计,目前集成电路生产用的特种气体,我国仅能生产约20%的品种,其余均依赖进口。目前我国国内企业所能批量生产的特种气体仍主要集中在集成电路的清洗、刻蚀、光刻等工艺环节,对掺杂、沉积等工艺的特种气体仅有少部分品种取得突破。

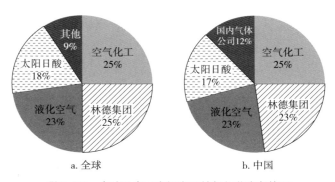

图2-25 全球及中国市场电子特气行业竞争格局

资料来源:金宏气体招股书,华创证券。

部分电子特气已经逐渐实现国产化,国产企业进入者增多,主要分为三类:一是以华特气体、金宏气体为代表的气体公司,主营业务以工业气体为主,该类公司产品种类较多,纯度较高。

二是以雅克科技、南大光电为代表的半导体材料平台型公司，多维布局，两家公司电子特气板块占比分别为16%、72%。雅克科技为国内含氟气体龙头企业，南大光电涵盖含氟、含氢两类，该类公司专注于少量电子特气品类，销售渠道广泛。三是以昊华科技、中船重工第七一八研究所为代表的综合型公司，涵盖多个领域，综合实力较强。

4. 湿电子化学品

湿电子化学品指微电子、光电子湿法工艺制程中使用的各种电子化工材料。按照组成成分和应用工艺不同可分为通用湿电子化学品（酸类、碱类、溶剂类，如硫酸、氢氟酸、过氧化氢、氨水、硝酸、异丙醇等）和功能性湿电子化学品（配方产品，如显影液、剥离液、清洗液、刻蚀液等）。

为了满足半导体集成电路的发展水平，湿电子化学品的技术实现了G1到G4级不同等级的商业化生产，并向更高技术等级的产品进步。2019年全球湿电子化学品规模约22亿美元。据TECHCET预计，全球湿电子化学品市场规模在2024年有望达到29亿美元，2019—2024年的年复合增速有望达5.7%。

全球湿电子化学品市场份额为欧美、日韩等海外企业主导，欧美、日本、韩国企业市场份额分别约为35%、28%、16%。海外主要生产企业有德国的BASF、E.Merck，美国的Ashland、Arch、Mallinckradt Baker，日本关东化学、三菱化学、京都化工、住友化学、和光纯药工业（Wako）、Stella Chemifa等，我国台湾地区主要有台湾东应化等，韩国主要有东友、东进等公司。

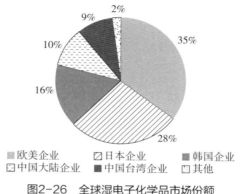

图2-26　全球湿电子化学品市场份额

资料来源：CNKI，c&en，Linx Consulting，公司公告，兴业证券。

总体来看，半导体湿电子化学品领域整体国产化率约23%，技术水平要落后于国际先进水平，但国内江化微、晶瑞股份、安集科技、巨化股份等少数部分技术领先的企业已具有技术突破的经验和能力。随着国内电子产业的快速增长，本土化配套已成为重要趋势，国内湿电子化学品企业生产技术不断提高，未来国内将会出现具有国际竞争力的湿电子化学品生产企业。

5. 高纯溅射靶材

高纯溅射靶材（以下简称"靶材"或"溅射靶材"）主要应用于超大规模集成电路芯片、液晶面板、薄膜太阳能电池制造的物理气相沉积工艺，用于制备电子薄膜材料，包括铝靶、钛靶、钽靶、钨钛靶等。芯片制造对靶材金属纯度的要求最高，通常要达到99.9995%以上。靶材市场最大的下游应用是包括半导体、液晶面板等在内的电子行业。

据估计，全球2019年全球靶材市场总体规模在163亿美元以上，主要应用于LCD、太阳能电池、半导体三大领域。全球半导体用靶材市场规模站稳 10 亿美元上方，随着世界产能向中国倾斜以及中国本土企业大量投产，目前国内半导体用高纯金属靶材市场已经在 10 亿元以上（不含贵金属）。

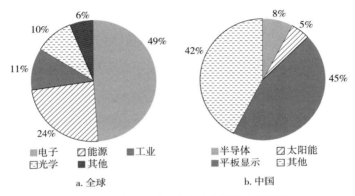

图2-27　全球及中国靶材市场下游应用结构

资料来源：IndustryARC Analysis，Expert Insights，兴业证券。

靶材行业在全球范围内呈现明显的区域集聚特征，美国和日本公司占据靶材全球市场主要份额，行业集中度高。日矿金属、霍尼韦尔、东曹、林德 – 普莱克斯四家企业占据了全球靶材市场近 80% 的市场份额，其他的主要生产商还包括住友化学、爱发科等行业巨头。全球靶材巨头产业链也较为完整，业务布局金属提纯、靶材制造、溅射镀膜和终端应用的各环节。

目前国内溅射靶材企业尚处于开拓初期，进口依存度仍然高于 90%。目前国内布局溅射靶材的企业主要有江丰电子、有研亿金（有研新材子公司）、福建阿石创、隆华科技等。受到技术、资金和人才的限制，国内专业从事高纯溅射靶材的生产厂商数量仍然偏少，但是依靠产业政策导向、产品价格等优势，少数国内企业逐渐开始占据一些市场份额。江丰电子突破 7nm 技术节点，进入国际靶材技术领先行列，已经成为中芯国际、台积电、格罗方德、意法半导体等厂商的高纯溅射靶材供应商。有研新材 30 余款 8—12 英寸靶材新产品完成送样，已有多款靶材产品顺利通过考核认证，覆盖中芯国际、北方华创、格罗方德、台积电等客户。

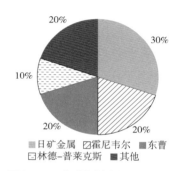

图2-28　全球靶材市场企业占有率

资料来源：SEMI，半导体观察，Wind，兴业证券。

6. CMP 材料

CMP 是目前唯一能兼顾机械表面的全局和局部平坦化的技术，主要工作原理是在一定压力及抛光液的存在下，被抛光的晶圆片与抛光垫做相对运动，借助纳米磨料的机械研磨作用与各类化学试剂的化学作用之间的有机结合，使被抛光的晶圆表面达到高度平坦化、低表面粗糙度和低缺陷的要求。根据不同工艺制程和技术节点的要求，每一片晶圆在生产过程中都会经历几道甚至几十道的 CMP 抛光工艺步骤。更先进的逻辑芯片工艺会要求抛光新的材料，为抛光材料带来了更多的增长机会。即使是同一技术节点，不同客户的技术水平和工艺特点不同，对抛光材料的需求也不同。

CMP 材料用于化学机械抛光（又称化学机械平坦化），主要涉及抛光垫和研磨浆料两种化学消耗品材料。抛光垫（CMP pad）主要有聚合物抛光垫、无纺布抛光垫以及复合型抛光垫，相对而言复合型抛光垫更具优势；抛光液（CMP slurry，或称研磨浆料）一般由超细固体粒子研磨剂、表面活性剂、氧化剂构成。其将磨粒的机械研磨作用与氧化剂的化学作用有机结合，可实现超精密无损表面加工，满足集成电路相关要求。

CMP 抛光材料主要被美、日、韩企业所垄断。抛光液的全球产业格局主要分布在国外，28nm 及以上产品市场主要被日本的 Fujimi、Hinomoto Kenmazai 公司，美国的卡博特、杜邦、Rodel、Eka，韩国的 ACE 等公司所垄断，占据全球高端市场份额 90% 以上，其中卡博特多年占据市场份额首位。根据 SEMI 数据，国内产业中卡博特占据约 64% 的市场份额。抛光垫的全球市场格局主要被陶氏、卡博特、Thomas West 等外资厂商垄断，前五大厂商占据全球市场约 90%，其中陶氏占据 79% 的全球份额。在国内，陶氏垄断中国近 90% 的 CMP 抛光垫市场供给，是国产替代的主要对象。

目前在 CMP 抛光材料行业实现突破的国内企业主要为安集科技、鼎龙股份、江丰电子等。我国目前中低端 CMP 浆料已实现国产化，但半导体集成电路领域所用的高端商品仍基本依赖进口，国内企业在该领域没有话语权。

（四）先进制程

中国集成电路产业起步早，腾飞晚，产业基础薄弱。现在投入到了阈值，并成为全球最大的投资国：近 4 年我国建成了 10 条

12英寸产线,总投资约3 200亿元;在建14条产线,总投资约5 100亿元;规划待建23条产线,总投资约5 000亿元。

根据推动半导体产业发展的摩尔定律描述,晶体管容量大约每经过24个月增加1倍,芯片性能提升1倍,芯片制造呈微细化趋势。28nm被视作先进制程与成熟制程的分水岭,而7nm、5nm甚至2nm制程作为先进制程,代表了芯片制造商的技术竞争力。

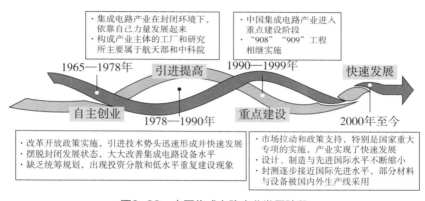

图2-29 中国集成电路产业发展阶段

资料来源:华夏幸福研究院。

由于集成电路制造属于技术和资本密集型行业,市场集中度较高。据相关数据统计,2020年上半年前十大纯晶圆代工厂商销售额达369.62亿美元,占全球市场比重约93%;前五大厂商占全球市场86%的市场份额,其中台积电营收达203.05亿美元,占据全球约50%的市场份额。

在先进制程方面,能够提供7nm及以下先进制程工艺的厂商仅有台积电和三星。28nm之后各家制程节点命名并不完全一致,考虑到英特尔的10nm性能大致相当于台积电的7nm,业界认为英特尔实际上也已经迈入 7nm 门槛。

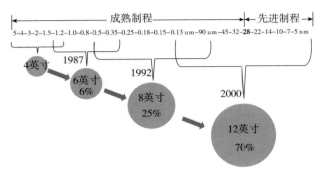

图2-30 集成电路工艺制程

资料来源：周子学，《中国集成电路产业投融资研究》。

厂商	项目	2014	2015	2016	2017	2018	2019	2020	2021
台积电	20nm Planar	2Q14							
	16nm FinFET		4Q15						
	10nm FinFET				1Q17				
	7nm FinFET					2Q18			
	5nm FinFET							2Q20	
	3nm FinFET								1Q22
三星	20nm Planar	2Q14							
	14nm FinFET		1Q15						
	10nm FinFET				1Q17				
	7nm EUV						4Q19		
	3nm GAA								1Q22
联电	28nm HKMG		2Q15						
	14nm FinFET					2Q18			
	7nm FinFET							放弃研发	
格罗方德	22nm FD-SOI	1Q14							
	20nm Planar	4Q14							
	14nm FinFET		1Q15						
	7nm FinFET							放弃研发	
英特尔	14nm FinFET	2Q14							
	10nm FinFET							3Q20	
	7/5/3nm FinFET							未出规划	
中芯国际	28nm PolySiON		2Q15						
	28nm HKMG				4Q17				
	14nm FinFET	2019年28nm及14nm营收占比4%					3Q19		
	10nm FinFET							未出规划	
	8nm FinFET								

图2-31 全球主要厂商先进制程发展规划

资料来源：Wind数据，华夏幸福研究院。

与全球集成电路制造商龙头相比，中国本土代工厂商在技术节点、产能、规模等方面存在一定差距。以中芯国际为例，在技术节点方面，2019年第三季度才成功量产14nm FinFET，成为继台积电、三星、格罗方德、联华电子后的第五家代工厂商，跻身先进制程第一梯队；而相比之下，台积电2020年下半年已开始量产5nm，预计今年7nm营收占比超30%，5nm营收占比约8%。

华为事件中，由于国内厂商不能代为生产7nm以下先进制程的高端芯片，导致华为一度陷入困境。在先进制程芯片的生产环节，我国面临"卡脖子"风险。我国的晶圆制造企业和本土设计公司在产值方面出现不匹配的现象，即为"两头在外"的怪圈：一方面本土晶圆制造代工厂给国外设计商做代工，同时国内设计公司也在依靠海外代工厂去生产。

（五）第三代化合物半导体

第三代化合物半导体主要是基于氮化镓（GaN）、碳化硅（SiC）、氧化锌（ZnO）等新型化合物研发而成的芯片，可应用在超高压功率器件以及高频道通信领域。相比于以硅（Si）和锗（Ge）等材料为代表的第一代半导体，以砷化镓（GaAs）、磷化铟（InP）等材料为代表的第二代半导体，第三代化合物半导体的禁带宽度更大、击穿电场强度更高、饱和电子迁移率更高、热导电率更大、介电常数更小、抗辐射能力更强。总体而言，第三代化合物半导体的性能优势在于其耐高压、耐高温、大功率、抗辐射、导电性能强、工作速度快、工作损耗低。

图2-32 第一、二、三代半导体对比

资料来源：华夏幸福研究院。

从应用领域来看，第三代半导体材料主要用于光电子器件、电力电子器件和微波射频器件。其中，光电子占比最大但增长较慢，电力电子（即功率半导体）与微波射频是两大主要增长领域。光电子器件主要应用于激光显示、环境监测、紫外光源、半导体照明、可见光通信、医疗健康等领域。当前氮化镓和碳化硅器件在电子电力领域的渗透率约为2.4%，仍处于早期的产品导入阶段，主要驱动分别为新能源汽车和快充市场的增长。综合Yole、IHS、Gartner等多家分析机构数据及调研反馈，2020年全球功率半导体器件市场规模约为180亿—200亿美元，氮化镓和碳化硅电力电子器件渗透率约为4.2%—4.5%。根据数据显示，到2020年底，全球碳化硅和氮化镓功率半导体的销售收入预计将从2018年的5.71亿美元增至8.54亿美元。

后摩尔时代的到来，第三代化合物半导体迎来其发展周期。受益于5G、新能源变革及数字化浪潮等新需求，下游各应用领域对高频高速、大功率电力电子器件以及新能源功率器件等需求大幅提升，化合物半导体迎来创新升级机遇，氮化镓、碳化硅等第三代半导体加速成长。预计2023年第三代化合物半导体市场规模可超600

亿美元，整体复合增速超过6.3%。

当今世界，全球第三代化合物半导体产业由美日欧企业主导，中国仍处于跟跑状态。Yole数据显示，住友电工、科锐（Cree|Wolfspeed）和威讯联合半导体（Qorvo）三家企业合计占有氮化镓84%的市场份额。Rohm数据显示，Cree|Wolfspeed、罗姆（ROHM）、高意（II-VI）、昭和电工四家企业合计占有碳化硅衬底80%的市场份额。而且，巨头们正在不断通过扩大产能、合作结盟或兼收并购等方式在第三代半导体市场跑马圈地、加速布局。

其中，美国保持全球领先水平，拥有Cree|Wolfspeed、道康宁（Dow Corning）、II-VI等世界顶尖企业，占全球碳化硅70%—80%的产量。2018年3月，Cree|Wolfspeed收购英飞凌（Infineon）射频（RF）功率业务，强化了其在RF GaN on-SiC技术领域的领导地位，并出售其LED照明业务，专注第三代半导体。2019年5月，Cree|Wolfspeed宣布将投资10亿美元用于扩大碳化硅产能，将带来碳化硅晶圆制造产能的30倍增长和碳化硅材料生产的30倍增长。2020年8月，II-VI收购Ascatron AB和INNOViON Corporation建立碳化硅垂直集成平台，同时计划建立射频GaN-on-SiC技术平台，预计II-VI在2024年前产能将扩充5—10倍。

据不完全统计，2002—2019年，美国共计出台23项第三代半导体相关的规划政策，总投入经费超过22亿美元。2020年，虽然美国并未正式出台相关政策，但对外持续阻断华为、中兴等企业的供应链，通过贸易禁令逼迫欧洲第三代半导体企业停止向中国供货，对内不断提升半导体和微电子领域的优先级，并提案以空前力度进行技术研发和产业化扶持，本年度相关提案涉及的经费超过480亿美元。

欧洲则拥有完整的碳化硅衬底、外延、器件、应用产业链，独有高端光刻机制造技术，拥有Infineon、ST、Siltronic、IQE等优势制造商。2018年11月，Infineon收购了拥有碳化硅晶圆冷切割技术的初创公司Siltectra。2019年2月，ST收购Norstel，上游延伸至碳化硅衬底。除了提前锁定上游材料货源，Infineon等IDM厂商或器件厂商还采取了收购、合作等方式，整合上下游产业链资源以加速布局。

据统计，2020年，欧盟24个国家中有17个国家联合发布了《欧洲处理器和半导体科技计划联合声明》，宣布了未来2—3年内对半导体领域的投入将达到1450亿欧元。英国学术界和工业界共同发布了《低损耗电子材料路线图》，为英国氮化镓和碳化硅等宽禁带半导体材料以及氧化镓（Ga_2O_3）、金刚石（C）、氮化铝（AlN）等超宽禁带半导体材料的发展路径指明方向。

日本技术力量雄厚，产业链完整，是设备和模块开发的领先者，拥有松下、ROHM、住友电工、三菱化工、瑞萨、富士电机等知名厂商。2009年，ROHM收购SiCrystal，上游延伸至碳化硅衬底，预计ROHM将在2024年前将产能扩充16倍。据日刊工业新闻2019年11月报道，为了抢攻5G服务相关商机，住友电工旗下子公司SCIOCS将使用于基地台用高频元件的氮化镓外延晶圆产能提高至2017年的3倍水平。

同时，日本也在大力巩固第三代半导体领域技术优势，日本经产省准备资助日企和大学围绕氮化镓材料部署研发项目，预计2021年将拨款2030万美元，未来5年斥资8560万美元。

我国第三代化合物半导体市场发展较快，逐步进入快速产业化阶段，已具备弯道超车的基础条件。2020年，由于5G基站大规模部署、新能源汽车市场开启、PD快充市场爆发等原因拉动，我国第三代半导体氮化镓和碳化硅电力电子和氮化镓微波射频市场总规模达到113亿元，较2019年增长85%。然而，不断增长的市场规模并未对国内产业形成有效拉动，国内企业规模仍然较小，在新能源汽车、5G基站等关键市场不具备话语权和影响力，超过八成的国内市场份额主要被国际大厂占有。

但在后摩尔时代，我国在第三代化合物半导体领域仍有弯道超车的机会。第一，相比第一代、第二代半导体，第三代半导体仍处于发展初期，没有国家能完全主导刚刚起步的第三代技术，我国和国际巨头之间虽有差距，但基本处于同一起跑线，如果我国企业加快对该领域的研究，就可以参与竞争。第二，从行业发展和市场需求来看，虽然第三代化合物半导体目前渗透率较低，还处于客户认证阶段，但根据其性能和用途可以推断这是即将出现爆发式增长的行业，加之我国不断增长的市场需求和投资，有机会将其打造为"世界级中国芯片巨头"领域。第三，我国拥有广泛的第三代半导体应用市场，可以根据市场定义产品，而不是像以前跟着国际巨头做国产化替代。并且随着终端需求逐步释放，规模效应和产能利用率提升将进一步降低第三代半导体成本，而成本下降则将带来渗透率的提升。第四，因为第三代半导体工艺产线对工艺尺寸要求不高，从而对设备要求低，投资额小，第三代半导体工厂的投资额度大约只有第一代硅基半导体的五分之一。其发展的重点在于工艺的推进，而工艺开发具有偶然性，在资本的推动下,我国可加入更多玩家,以提升第三代半导体工艺进程。

当前国内外形势复杂,第三代半导体产业发展仍处于重要攻坚阶段,加快发展半导体产业都离不开人才,特别是高层次领军人才。我国若想弯道超车,就要及时优化微电子学科人才培养体系,构建优化的结构体系和学科布局,形成第三代半导体面向科技前沿、面向产业的人才培养体系;以国家"十四五"为契机,制订人才教育培养计划并加快实施。

三、IC "卡脖子"的深层次原因分析

(一)集成电路行业竞争门槛高,后进入者难以突破已经形成的产业格局,技术出口管制加剧巨头垄断局面

集成电路行业属于资金和技术双密集型行业,领先企业已形成垄断格局。以长江存储武汉 3D NAND Flash 产线为例,其资金投资额为 240 亿美元;而 12 寸的通用逻辑 Fab 厂,单产线投资额在 30 亿—50 亿美元量级;此外,台积电每年的资本开支(CAPEX)稳定在 100 亿美元上下;这都说明集成电路行业属于资本密集型行业。在金融危机之前,我国在集成电路行业主要采取政策激励,资金投资强度及投资阈值没有达到,这是集成电路产业长期徘徊不前的重要原因。同时,集成电路龙头企业的研发(R&D)占比较高,平均占比超过 15%。三星电子每年技术研发支出超过 1 000 亿元人民币,英特尔每年研发支出 900 亿元人民币,构筑极强的技术壁垒。通过资本和技术构筑行业壁垒,从而形成巨头垄断的格局,在集成电路核心关键领域占有绝对的市场

份额。集成电路设计业中，美国企业占据 80% 以上市场份额；集成电路制造业中，台湾地区的台积电一家占据市场 50% 以上市场份额；集成电路设备和材料业基本都属于巨头垄断，中国大陆企业市占率都没有超过 10%，有些细分的设备和材料领域中国市占率基本为零。

我国作为集成电路产业的"后进入者"，处于不利竞争地位，面临高门槛、强竞争的格局。集成电路产业历经三次产业转移，每次转移出去的都是价值链较低的部门。第一次转移，美国将集成电路制造业转移至日本，自己在价值链最高的设计业继续深耕；第二次转移，日本保留了集成电路材料和设备业中价值链较高的部分，将制造和封装部门转移至韩国和我国台湾地区；第三次产业转移，韩国保持了自己在存储和显示行业的优势，台湾地区保持自己在制造业的优势，转移到我国大陆的首先是价值链较低的封测业和部分制造业。因此，每次产业转移带来的不仅是产业重构，也是价值链的重构，转移输出国会占据价值链最高点，在某个产业链环节形成较强的话语权，形成新的产业格局。而这种产业格局的形成则需要制定一系列的产业规则，譬如，美国在产业转移中一直牢牢抓住设计业，通过控制 IP 和 EDA 等方式来制定产业标准和产业规则，牢牢控制下游的制造和封装环节的玩家，除了收取高昂的专利费和授权费用，他们还企图采用各种"规则"对顶层形成垄断，从而"扼"住后来者的"命门"。

"赢者通吃，越来越大"的现象明显，对于后进入者不利。由于资本和技术门槛高，从而形成了在某些领域的准入壁垒。另外，资金的持续投入和技术的迭代使得各国在某些领域的差距越来越大，马太效应显著。以台积电为例，其通过不断的资金投入建厂，扩充产能，提高自己的制程水平，形成良性循环，从而在制程上始终处于最高水平，同时迫使其他后进入的竞争对手在最先进制程上选择战略性放弃。美国集成电路行业的研发投入为销售额的15%—20%，而在大基金成立之前，我国每年用于集成电路研发的总投入约为45亿美元，仅占全行业销售额的6.7%。全社会在集成电路行业的投资强度严重不足。大基金出台以后，一期投资额1 387亿元仅与三星电子一年的资本支出相当。

表2-8　全球集成电路企业2018年营收及研发投入

企业名称	2018年营收（亿元）	2018年R&D（亿元）	R&D占比（%）
三星电子	14 931	1 041	7.0
英特尔	4 862	929	19.1
台积电	2 085	174	8.3
高通	1 563	387	24.8
博通	1 446	261	18.0
应用材料	1 119	140	12.5
英伟达	796	161	20.2
中芯国际	232	38.3	16.5

资料来源：Bloomberg，华夏幸福研究院整理。

此外，西方国家实施技术禁运和出口管理，《瓦森纳协定》明确禁止向中国出售顶级芯片和高端半导体制造设备，优势国家和地区通过产业联盟对后来者形成技术壁垒也不利于我国企业的技术进步和突围。中美贸易战中美国制定了更为苛刻的技术出口管制措施，只要美国在某项集成电路技术拥有10%以上的控制权，企业向我国出口该项技术就必须得到美国政府的批准。

（二）集成电路细分领域间未能形成良好的产业互动，应用链条不完整，陷入"产业难以迭代的怪圈"

我国集成电路设计业企业与制造业企业未能形成良好的互动，晶圆制造企业和本土设计公司在产值方面出现严重的不匹配。一方面本土晶圆制造代工厂给国外设计商做代工，另一方面国内设计公司也在依靠海外代工厂去生产。2017年，我国IC设计公司对晶圆产值需求约671亿元，我国本土晶圆代工厂提供给本土IC设计公司的产能按照产值仅满足28.3%，还存在481亿元的晶圆代工缺口，比2013年增加了130%，因此，"两头在外"现象更加显著。从晶圆代工工艺角度来看，目前国内晶圆代工厂在特色工艺领域（BCD BiCMOS/CMOS等模拟工艺、射频、e-NVM、功率器件等）同国外晶圆代工厂差别不大，基本能满足国内设计公司要求，同时也承接了大规模海外设计公司的需求。国内晶圆代工厂难以满足的是国内设计公司对主流工艺（16nm及以下）和高性能模拟工艺的需求。2017年国内设计公司到外资晶圆代工厂代工规模达481亿元，这样就会将通用的主流工艺和模拟工艺带入"产业难以迭代的怪圈"：这些国内代工企业拿不到国内设计企业的订单就难以取得收入，继而更加难以增加研发提高制程技术的水平。

我国集成电路制造业企业与集成电路材料企业以及装备企业未能形成良好协作。我国建立的先进工艺的代工厂对于本土设备的采购依旧较少，虽然目前本土企业采购额度在增加，但是比例依旧较低。另外，半导体材料企业能够打入先进代工厂采购名录的企业较少，先进的代工厂处于很难在尝试国产材料与维持现有的经济利益之间取得平衡的处境。因此，形成了如果无法打入先进代工厂供应链，则进入技术更新迭代就会受阻的怪圈。

我国软硬件产业之间未能建立良好的生态。集成电路设计业中的 EDA 软件厂商、IP 供应商与用户以及后端的制造业厂商未能建立良好生态，EDA 软件商与用户之间没有建立良好的生态。首先，海外 EDA 软件版本众多，可供各类设计用户选择，有些用户可以使用免费版或破解版，这极大地促进了良性生态的形成。其次，国内的 EDA 软件报价较高，版本单一，运营机制和管理机制和国外成熟 EDA 企业比较有差距。此外，国产 EDA 软件厂商和制造业企业尚未形成良好的互动，目前生态圈无法形成闭环。国内 IP 企业基础薄弱，和代工厂之间尚未形成良好生态，可能的原因是目前 IP 厂商长期处于亏损状态，因此给予建立生态的资本力度较小，另外厂商也很难获得商业化资本的长期支持，从而更加难以建立生态。

国产系统提供商与硬件制造或者终端厂商未能形成良好的生态。目前，我国自主可控国产化终端设备的市场空间仅局限在小范围。由于成本高，难以针对其他用户做出定制化或者大众化的配置，缺乏有力的市场化推广，产业生态中难以形成和 Wintel 一样牢固的产业联盟体系。OS 操作系统方面企业和整机集成厂商未能形成良好的利益共同体，商业化进程较为缓慢。系统集成厂商掌握客户资源，直接对接应用，提供完整的软硬件，最终实现整体客户需求，因此在产业发展初期处于产业链核心地位。集成厂商一直是自主可控产业链的主导核心力量，但目前尚未形成良好的生态以及利益分配机制。

（三）人才供给和支撑不够，尤其是在细分技术领域领军人才缺失

我国人才总量缺口过大。2015 年集成电路技术从业人员 14.1 万人（其中博士 1.24 万人，硕士 3.67 万人），人才缺口 15 万人；2019 年集成电路技术从业人员 32.4 万人（其中博士 4.53 万人，硕士 8.82 万人），人才缺口 30 万人。高技术人才（博士等专业人才）、应用型人才、一线管理人员严重缺失。

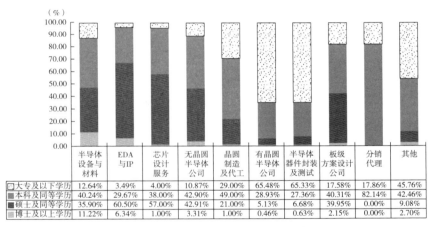

图2-33 集成电路企业人才学历分布

资料来源：《中国集成电路产业人才白皮书》，华夏幸福研究院整理。

应届生薪酬普遍偏低，专业人才流失严重。应届毕业生的薪酬待遇是行业吸引年轻人才的重要指标，2018 年中国集成电路行业人均薪酬前 100 企业中年人均薪酬中位数为 15.8 万元，而互联网行业人均薪酬前 100 企业中年人均薪酬中位数为 32.3 万元。因此，从行业薪酬吸引度来看，集成电路相比互联网小很多。这导

致微电子专业的毕业生大多转向从事软件等其他工作，原本数量就不足的高水平人才还面临流失的风险。

产业激励机制不完善，其根源是文化和制度。股票期权作为一种有效激励，在发达国家的高科技企业中被广泛采用。根据《中国集成电路产业人才白皮书》数据，中国所有集成电路企业支付员工基本工资，96%以上的企业有年度调薪，这两部分构成了企业的基本薪资。89%的企业都有年终奖，86%的企业有绩效奖金，这构成了主要的奖金类福利。与国外大部分集成电路企业不同，国企没有股票期权类奖励，民营企业也仅有30%多有股票期权类奖励。相对来说，外资独资企业股票期权类奖金体系比较完善；部分合资和私营企业也有股票期权类奖金，但采用受限股票单位（RSU）和员工股票购买计划（ESPP）的比例并不高。中国集成电路产业落后，表面是技术落后和人才短缺，背后是高等教育、产业文化和政策制度的问题。

四、"卡脖子"突围路径与对策

集成电路卡脖子突围是一项长期任务，不能一蹴而就，唯有久久为功。

（一）充分发挥资本市场的积极作用，支持企业通过资本市场提升市场竞争力

持续变革财政税收支持方式。研究制定进一步加大对集成电路产业支持的政策，继续保持对项目资本金投入政府财政贴息的

政策，免除企业利润转增资本所缴纳的企业所得税，鼓励企业以税后利润再投资新项目，从而提升集成电路产业的竞争力。战略性资金长期投资与商业化投资相结合，支持初创型企业发展。建立对于知识产权资产以及人力资产的评估体系，解决集成电路中小企业融资难的问题。

构建更适应科创发展的多层次资本市场，提高国内资本市场吸引力和竞争力。各国资本市场竞争将是争夺优质上市公司的竞争，科创板补齐面向科技创新型企业的资本市场结构空白，支持境内外集成电路企业在中国资本市场上市融资。进一步加快实施注册制，允许非营利企业上市，实现 IPO 常态化。实施更严格的信息披露制度和退市制度，构建更规范透明的资本市场。增加创业板、科创板、新三板公司数量，形成金字塔形市场结构。

成立专项基金专攻"卡脖子"和短板领域。针对"卡脖子"和短板的战略性项目（如先进制造工艺、CPU、存储芯片、EDA 工具、光刻机等）和商业性项目（特色制造工艺等），差别化投资标准，兼顾产业发展和基金收益。针对产业链不同环节（设计、制造、封测、装备、材料），考虑企业类型、行业特点、发展阶段与发展规划，设置不同的投资目标。中央基金吸引地方、企业基金，在投资力量、阶段和细分领域上优势互补，在产业链上协同投资。针对产业环节特点、企业股权状况、发展规划等因素，通过跨境并购、定增、协议转让，设立项目公司、基金等灵活的投资工具。

投资更前置，引导流向数字经济前沿基础领域。我国数字经济与集成电路发展已经进入硬核创新驱动时代，研发投入成为驱动经济增长的核心力量，与之相对应的资本市场投资关口应前移，更多关注基础研究、早期创新研究和成果转化。

（二）围绕产业链部署创新链，围绕创新链发展产业链，加快完善集成电路产业生态

以集成电路基础能力为重点部署创新链。中美贸易摩擦大背景下，产业基础能力与产业链水平成为热点话题。党的十九届四中全会提出要"提升产业基础能力和产业链现代化水平"；中央财经委员会第五次会议提出，要"打好产业基础高级化、产业链现代化的攻坚战"；2019年7月的中共中央政治局会议提出，要紧紧围绕"巩固、增强、提升、畅通"八字方针，深化供给侧结构性改革，提升产业基础能力和产业链水平。当前美国的产业基础和产业发展都处在高水平阶段，对于产业基础能力与产业链整体构建是非常重视的。我国也应该提升行业水平，通过科技创新形成新的竞争实力，打造高端产业集群。专攻产业基础薄弱的"卡脖子"和"短板"细分领域，加大力度聚焦对产业研发的持续精准支持。

提升集成电路知识产权创造、应用与保护水平。支持新型研发机构的建设和运营，政府财政资金主要用于设立新型研发机构发展的专项基金，并建立起合理收益共享机制，促成相关方面形成利益共享、合作共赢的产业共同体。成立相应的专利运营公司，参考国际商业化专利运营公司模式，共同抵御外国专利诉讼。推动建立大产业专利分享联盟，探索大型企业面向中小型企业的资源开放、能力共享的协同机制，促进大中小企业融通发展，承担与国际接轨的大科学项目和国家重大科研项目。充分利用我国在

全球分工中的产业链及市场优势,针对海外诉讼采取一系列行之有效的司法手段。

推动集成电路全链条系统创新。一是完善芯片产品、装备等国产化推广应用的政策:分阶段推进国家政府部门及通信、电力、交通、金融等关键基础设施国产芯片、软件和整机系统国产化替代计划。二是研究制定国产芯片终端产品采购激励政策:集成电路新上生产线采购国产装备的奖励政策,对给予国产装备实验验证的制造企业特殊的奖励措施。三是以虚拟IDM模式促进产业链上下游协同联动发展:在国家科技重大专项组织实施过程中,以虚拟IDM联盟实体为核心开展联合开发和技术攻关,以此突破一批核心技术,完善产业链关键环节配套能力。四是鼓励和支持集成电路设计、制造企业和整机厂商合作投资集成电路项目:通过项目共建共享共创模式,促进芯片设计与制造联动、芯片与整机联动,促进国产企业联合发展。五是积极构建新兴领域自主可控的产业新生态,鼓励生态开放性:依托人工智能、物联网、工业互联网、可穿戴设备、智能家居、智慧城市等综合应用,加快推出一批自主芯片和开放平台,形成芯片、智能软硬件、应用和服务一体化的产业开放生态系统,积极为新技术、新产品提供应用场景,支持应用示范推广。六是以创新尖峰为依托,通过发挥各创新尖峰的辐射带动作用,培育创新创业生态,打通创新链、产业链和价值链,使中心城市与周边城市联动发展,形成"创新尖峰+产业高地"耦合发展新范式,提升我国科技创新竞争力。

（三）实施特殊的集成电路人才政策，引进和培养高端人才

深化集成电路人才培养的改革。制定以学科理论为基础、产业技术为主线、联合实践为特色的人才培养方案，满足学科发展与企业用人对专业适应性和针对性的双重要求；学校与企业结合，与国际 IC 公司建立联合实验室，实时引入先进技术，更新教学内容；与地方 IC 企业建立校企联合研究中心和学生实习基地，为行业企业深度参与培养过程创造条件；完善产学研联合培养人才机制，全方位提高从业人员专业能力、实践能力和创新素养，形成合理的人才梯队。

实施更具竞争力的集成电路科技人才所得税优惠政策，改善人才成长环境。建议借鉴韩国的做法，对在我国集成电路等国家重点支持战略性领域从事研发、技术支持或符合条件的外国人员，在我国境内工作之日起的 5 年内，免征个人所得税；对国内集成电路企业的高科技人才实施所得税减免优惠，具体结合从业年限确定优惠幅度。对引进人才生活环境提供更多便利，提高政治和文化包容性，让引进人才引得进，留得住。

支持集成电路创新企业实施员工股权期权激励计划。开展国有集成电路创新企业员工持股试点，支持对企业业绩和创新影响较大的科研人员、经营管理人员和业务骨干等持股，建立激励约束长效机制。

第四节　片式多层陶瓷电容器

信息技术产业是关系国民经济安全和发展的战略性、基础性、先导性产业,也是世界主要国家高度重视、全力布局的竞争高地。电子元器件是支撑信息技术产业发展的基石,也是保障产业链供应链安全稳定的关键。当前,我国电子元器件产业整体存在大而不强、龙头企业匮乏、创新能力不足的问题,部分核心零部件及关键基础材料依赖进口,先进基础工艺研究少、产业技术基础薄弱、推广应用程度受限、服务体系不完善等问题依然突出,已成为制约我国工业转型升级、提升工业发展质量和效益的瓶颈。面对百年未有之大变局和产业大升级、行业大融合的态势,加速破解电子元器件及配套材料、设备仪器及先进基础工艺等电子基础产业"卡脖子"技术,推进工业强基,对信息技术产业基础高级化、产业链现代化以及经济高质量发展具有重要意义。

一、电子元器件包括主动元件及被动元件

电子元器件按电信号特征可分为主动元件与被动元件：主动

元件是一种具有增益,或是依靠电流方向的电子零件;被动元件无法对电信号进行放大、振荡、运算等处理和执行,仅具备响应功能且无须外加激励单元。被动元件应用范围极广。一般来说,除电阻、电容、电感以外的电子零件被称为主动元件,如晶体管、可控硅整流器、真空管等;被动元件则可进一步细分为电路类器件及连接类器件。被动元件具备两个基本特点:自身不消耗电能或把电能转变为不同形式的其他能量;无须外加电源,只需输入信号即可正常工作。常见的被动元件包括RCL元件、被动射频元件以及晶振、变压器等。几乎所有涉及电子产品的领域都能看到被动元件,下游应用领域涵盖消费电子、汽车电子、LED照明、智能家居等。RCL元件,即电容、电阻、电感等。电容的主要功能是旁路、去耦、滤波和储能,产值占到被动元器件总体的66%,其中片式多层陶瓷电容器(MLCC)占比93%;电阻普遍用于分压、分流、滤波和阻抗匹配,产值占比约9%;电感的主要用途是滤波、稳流和抗电磁干扰,产值占比约14%。

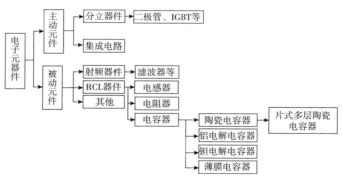

图2-34 电子元器件分类

资料来源:莫尼塔研究,中信建投证券研究发展部。

电容器主要作用为电荷储存、交流滤波或旁路、切断或阻止直流、提供调谐及振荡等，通过静电形式储存和释放电能，在两极导电物质间以介质隔离，根据介质不同，电容器产品可分为陶瓷电容器、铝电解电容器、钽电解电容器和薄膜电容器等。陶瓷电容器根据结构不同又可分为单层陶瓷电容器（SLCC）、引线式多层陶瓷电容器（SLCC）和片式多层陶瓷电容器（MLCC），其中MLCC占绝对主导地位，市场规模占整个陶瓷电容器的90%以上。

表2-9 主流电容器种类及特点对比

电容器种类	优势	劣势	主要应用范围
陶瓷电容器	体积小、价格低、高频性好、工作温度及电量范围宽等	电容量相对较小	噪声旁路、电源滤波、储能振荡电路、微分、积分等
铝电解电容器	成本低、电容量大、电压范围广等	温度及高频特性差，等效串联电阻大，漏电及介质损耗较大	低频旁路、电源滤波
钽电解电容器	寿命长、适宜贮存、受温度影响小、漏电损失低、电容量稳定	钽为资源性材料，产量小，市场规模相对较小，单价昂贵	低频旁路、储能、中源滤波
薄膜电容器	损耗低、阻抗低、耐压能力强、频率特性好	体积大、难以小型化	滤波器、积分、振荡、定时、储能电路

二、MLCC性能优异，被称为"电子工业大米"

MLCC由内电极、陶瓷层和端电极三部分组成，其介质材料与内电极以错位的方式堆叠，经过高温烧结成型，再在芯片的两端封上金属层，得到了一个类似于独石的结构体，故MLCC也常被称为"独石电容器"。

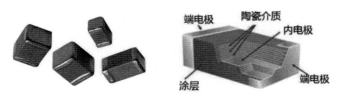

图2-35　MLCC产品外观及内部结构

MLCC是最常用的被动元器件之一,被称为"电子工业的大米"。根据Paumanok数据,全球MLCC出货量从2011年的2.3万亿只增长至2019年接近4.5万亿只。中国是全球被动元器件行业最大的市场,2019年占全球市场比重约为43%,合计611亿元人民币。MLCC因材料、工艺、性能的不同,可分为高端规格和普通规格。高端规格的堆叠层数一般大于500,与普通规格相比具有高容值、高耐压、高温稳定及体积更小等特质,主要应用于手机等超小型领域(常见尺寸有0201、01005和008004)或者对材料要求较高的汽车、航空航天等高压高容领域;普通规格常见尺寸有0402、0603等,主要应用在消费类电子及一般工业领域中。

表2-10　MLCC高低端规格对比

项目	高端规格	普通规格
材料	X8R(最高温度150°C)	X5R/X7R(最高温度85/125°C)
工艺	堆叠≥500层	堆叠<500层
性能	高温(最高150°C) 耐中/高压(100—600V/>1 000V) 大/高容量(1—10μF/>10μF) 高频(>500Hz) 寿命长(>10年)	最高温度<125°C 耐压<100V 最高容量<1μF
应用领域	手机/PC、汽车、部分工业	消费类电子、一般工业

资料来源:Horizon Insights,国盛证券研究所。

三、国际及国内 MLCC 市场格局

（一）国际格局：MLCC 行业集中度高，日系厂商独占鳌头

全球 MLCC 市场增速不减，2019 年全球市场规模为 158 亿美元，预计 2023 年市场规模将超过 180 亿美元，年复合增长率 3.5%。我国作为全球最大的消费电子制造国，MLCC 需求有望在 5G 时代稳步增长，据我国电子元件行业协会预测，到 2023 年我国 MLCC 市场规模约为 534 亿元人民币，年复合增长率将达到 5%，增速高于全球平均水平，但供需缺口巨大，严重依赖进口。2019 年中国 MLCC 总需求 611 亿元人民币，其中进口数量 2.18 亿只，进口金额 466 亿元人民币，占比 76%，单价为 214 元/万只，进口产品基本为高阶产品，进口单价大幅高于国内产品约 100 元/万只的均价。

目前，全球有 20 余家主要的 MLCC 生产商，根据工艺水平和产能规模可以分成三个梯队。日企大多具有较强竞争优势，在全球范围内处于第一梯队；美国、韩国、我国台湾地区企业总体处于第二梯队；我国大陆企业风华高科、宇阳科技、三环集团、火炬电子与鸿远电子则处于第三梯队。根据半导体行业观察网，位于第一梯队的日本村田 2019 年的 MLCC 销售额为 343 亿元人民币，风华高科 2019 年收入是 10 亿元人民币，与国际龙头差距较大。

在寡头垄断格局下，2019 年 MLCC 收入规模前三的日本村田、三星电机和太阳诱电全球市占率高达 70.9%，前十位企业市场份额占比高达九成以上，主要原因系日韩厂商在高端产品制作工艺、陶瓷粉体制备和产能规模上具有全球领先优势。2019 年村

田的MLCC月产能已达1 500亿只/月；而我国MLCC起步较晚，风华高科作为国内MLCC龙头企业，当前月产能130亿只/月，全球市场占有率1.1%，与国际龙头企业仍有差距，基本无力起到价格压舱石的作用。

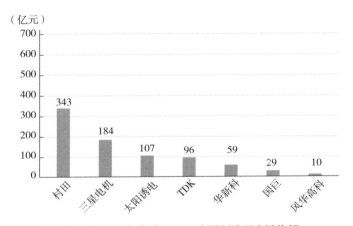

图2-36　2019年全球MLCC主要制造厂商销售额

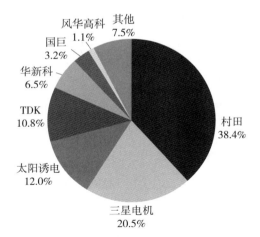

图2-37　2019年全球MLCC主要制造厂商市场份额

（二）国内格局：民用市场竞争充分，军用领域门槛较高

民用MLCC竞争较为充分，规模和成本是关键。民用MLCC市场整体需求规模大，MLCC厂商一般依靠规模优势取胜，多数为中低端产品，体现出"数量大、单价低"的特点。各民用厂商毛利率水平分化较大，大多在20%—65%区间内浮动，主要系陶瓷粉体在成本中占比较大影响。目前，以民用产品为主的宇阳科技、风华高科和三环集团规模较大，MLCC相关业务营收较高，在国内民品市场掌控较强话语权。

军工MLCC资质壁垒高，毛利显著高于民品。在军用领域，MLCC主要采用定制供应商目录的管理模式，需要更高的可靠性、供货稳定性及更特殊的产品性能，资质审批较严，具有较高的市场壁垒。军用MLCC毛利率水平一般可以达到70%以上，代表厂商有鸿远电子、火炬电子等，其毛利率显著高于民用MLCC厂商，但规模相对较小。

四、MLCC产业链包括上游材料、中游器件及下游应用领域

MLCC产业链涵盖上游陶瓷粉体、电极金属，中游电容器及下游消费电子、工业等诸多领域，成本主要包括原材料成本、包装材料、设备折旧及人工成本。

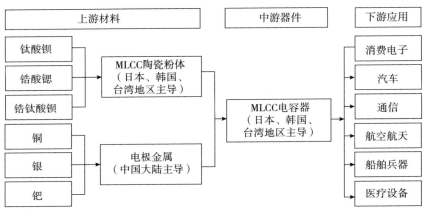

图2-38 MLCC产业链

（一）陶瓷粉体

陶瓷粉体是MLCC的核心原材料，在低容MLCC中，成本占比20%—25%；在高容MLCC上，占比35%—45%，粉体的自制直接影响MLCC的盈利。目前，普通型陶瓷粉体基本实现国产化，供给较充分，但带有特殊功能的陶瓷粉体仍然依赖日韩供应商，容易受到上游价格及供给波动的影响。

（二）电极金属

银、镍等电极金属主要由国内厂商供应，MLCC的革命性改变就是用镍等更稳定的贱金属代替钯等贵金属，这样不仅降低了材料成本及电阻率，同时提高了工艺稳定性。

（三）下游应用

MLCC凭借其体积小、寿命长、稳定性高、工作温度范围广以及容值不断突破的优势，被越来越多地应用在电路设计中。目前 MLCC 的下游应用场景包括通信、消费电子、汽车电子、军工等电子工业全领域。

1. 通信

2020 年 5G 建设加速，基站作为 5G 产业链的上游率先放量，与 4G 基站相比，5G 基站的建设量更大，单基站 MLCC 用量更多，双重因素叠加带来基站端需求持续走高。根据太阳诱电官网预测，2023 年全球通信基站 MLCC 需求规模将为 2019 年的 2.1 倍。

2. 消费电子

根据中国电子元器件行业协会数据，2020 年我国消费电子 MLCC 市场规模达到 552 亿元，其中增长点主要来自 5G 手机。5G 智能机相比传统机型，单机对 MLCC 的需求更高，且随着 5G 网络建设逐步完善，5G 手机的渗透率将逐步提升，这也带动了超小型 MLCC 需求的大幅增长。除手机外，5G 网络的完善将迅速带动其他物联网产业的发展，智能终端产品出货量有望迅速提升，成为消费电子端 MLCC 市场空间的新增长点。

3. 汽车电子

汽车智能化程度提高带来对控制模块需求的增多，直接提升单车 MLCC 用量。与此同时，新能源汽车相较于传统内燃机汽车而言，有着更多的电力控制系统，使得单车 MLCC 用量有所增加，且新能源汽车出货量逐年提高，有望进一步扩大车规 MLCC 市场规模。根据太阳诱电预测，2023 年全球汽车 MLCC 需求规模将为 2019 年 1.9 倍。根据中国产业信息网预测，2020 年到 2023 年，汽车 MLCC 合计新增需求量将保持增长趋势，2023 年有望达到343亿只。

4. 军工

受国防信息化推进和装备现代化升级影响，军用MLCC作为军工电子行业不可或缺的基础电子元器件，市场规模将受益于国防投入不断增加，保持增长趋势。根据中国电子元件行业协会数据，2020年军用MLCC市场规模达到32.5亿元，同比增速为12%。

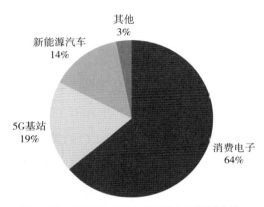

图2-39　2020年MLCC下游应用领域占比

五、MLCC制作工艺与"卡脖子"技术

（一）制作工艺多样，流程复杂

MLCC的研发和生产，是材料学、陶瓷工艺、微电子、精密机械、射频微波、电子测试、环境模拟实验等多个学科综合作用的结果，具备较高的技术门槛。MLCC的生产制造全部基于精密陶瓷工艺，属于高精密电子制造，虽然产品体积小，但内部却堆叠数十层至数百层，甚至千层以上的陶瓷介质层和金属电极层。

从原材料、电极设计到产品制程以及产品测试、试验等各个环节，都需要根据不同产品的外形尺寸、温度特性、电容量、额定电压、可靠性要求、频率特性等参数的要求进行设计优化，获得最佳参数，并保证整个制造过程得以有效监测并稳定控制，满足各项参数和指标的一致性要求，最终使产品质量满足用户要求。目前国内MLCC行业通过持续引进吸收国外生产技术，已经积累了一定的研究和生产能力，常规产品的生产工艺及技术指标基本能够满足国内大部分的市场需要，但是受基础材料、生产设备的限制，高端产品的性能以及可靠性水平与国际先进水平相比，还存在一定的差距。目前MLCC主流生产工艺包括瓷胶移膜、湿式印刷、干式流延三类。随着市场对产品的要求越来越高以及高端多层陶瓷电容器的需求不断增长，湿式印刷工艺和瓷胶转移膜工艺因其制造工艺的先进性而备受关注，已逐步成为多层陶瓷电容器制造技术的发展趋势。

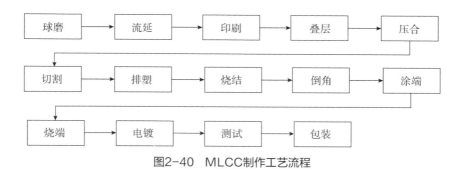

图2-40　MLCC制作工艺流程

（二）三大"卡脖子"技术：陶瓷粉体、介质薄层及共烧

电介质陶瓷粉体等材料技术、介质薄层化技术、陶瓷粉料和

金属电极的共烧技术被誉为 MLCC 行业最核心的三大技术,也是制约我国电子元器件产业发展的主要瓶颈。

1. 电介质陶瓷粉体等材料技术

MLCC 使用的陶瓷粉体,是在钛酸钡等基础粉上添加改性添加剂形成的配方粉,改性添加剂主要包括稀土类元素,如钇、钬、镝等,以保证配方粉的绝缘性;另一部分添加剂,如镁、锰、钒、铬、钼、钨等,主要用以保证配方粉的温度稳定性和可靠性。这些添加剂必须与基础粉形成均匀的分布,以控制电介质陶瓷材料在烧结过程中的微观结构及电气特征,改性添加物一般占到 MLCC 配方粉重量的 5%。

陶瓷粉体对公司的生产工艺和品质管理体系有非常高的要求,MLCC 所用陶瓷粉体的纯度、精细度、均匀度、一致性、添加剂配比、火候、设备等直接决定了下游 MLCC 产品的尺寸、电容量和性能的稳定,需要经过长期的工艺探索,研发周期一般为 5—15 年不等,制备难度较大,且业内厂家在研发成功后均采用申请专利的方式加以保护,行业门槛进一步提高。目前能够实现高纯度、精细度和均匀度的陶瓷粉体制备的厂商较为集中,以日本和美国为主的头部企业已占据 80% 左右的市场份额,而国内能批量生产且对外供销陶瓷粉体的厂家仅有山东国瓷材料,市占率在 10% 左右。目前我国普通型及 300nm 以上的中低端瓷料基本实现国产化,供给较充分,山东国瓷等企业生产的瓷料综合性能已经基本能够满足一般性产品需求,但 300nm 以下高端及带有特殊功能的瓷料仍然依赖国外美日韩供应商体系。

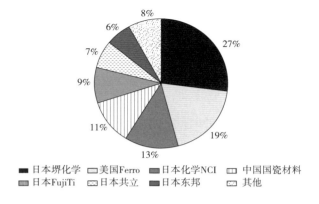

图2-41　2017年全球主要电子陶瓷粉体生产企业市场份额

资料来源：Chlue Research，光大证券研究所。

2. 介质薄层化技术

由于电容量与堆叠层数成正比，与单层介质厚度成反比，因此高比容的MLCC要求更多的堆叠层数及相应的叠层印刷技术，如何使0201、01005等小尺寸MLCC提升电容量是工业界的一大难题。近年来随着基础材料、制备工艺及设备水平的不断改进，日本厂商制作的MLCC普遍可以在1—2μm的薄膜介质上堆叠1000层以上，且ESR值更低，工作温度范围（-55℃—125℃）更宽。而国内目前的最高水平为在2μm介质上堆叠600层，技术水平相比日韩厂商还有一定差距。国内其他MLCC厂商目前技术做到200—300层，容量仍处于1μF水平，差距明显。除此之外，设备的自动化程度及加工精度也有待提高。在MLCC生产中，设备环节投资最大、技术难度最高的流延机，国内厂商同样依赖进口，但进口的标准化设备不足以满足企业的生产需求，各厂商还需根据自身对材料特性和工艺的理解对标准化设备进行改造。这与材料和工艺环节息息相关，需要长期经验积累和技术改进才可达到良好效果。国内 MLCC 厂商主要生产中低端产品，面向小家电等消费电子品种，目前无论是进入高端市场、掌握关键性高端技术，还是面临市场价格波动，都毫无话语权，中国的 MLCC 技术距离日本还有 3—4 年的时间差。

3. 陶瓷粉料和金属电极共烧技术

MLCC 元件由多层陶瓷介质与印刷内电极浆料叠合共烧而成，但因为二者的热收缩率不同，所以不可避免地需要解决其在高温烧制环节中容易分层、开裂的工艺难点，而共烧技术就是解决这一难题的关键。掌握好的共烧技术可以生产出更高层数（1 000 层以上）、更薄介质（2 μm 以下）的 MLCC。除此之外，设备的加成也同样重要，目前，日企拥有领先其他各国的 MLCC 烧结专用设备技术，不仅有各式氮气氛窑炉（钟罩炉和隧道炉），而且在设备精度及自动化方面优势明显。

六、MLCC "五高一小"发展趋势

由于电子产品、整机装备及系统的升级换代，近年来 MLCC 行业呈现微型化、高容量化、高频化、高温化、高电压化、高可靠性等"五高一小"特点。

微型化。电子产品朝着小型化的方向发展，促使处于产业链上游的 MLCC 向微型化方向发展。2008 年消费类智能手机使用的 MLCC 基本以 0402 尺寸系列产品为主导，2016 年发展为以 0201 尺寸系列产品为主导。

高容量化。高容量化即提高介电常数，MLCC由于具备稳定的电性能、无极性、可靠性高等优点，在替代钽电解电容器趋势的推动下，促使电容器新材料和加工技术朝着高容量化发展。

高频化、高温化。随着通信技术的更新换代，为了提高通信品质和传输容量，无线使用频率越来越高，MLCC的工作频率已进入毫米波频段范围。常用MLCC的最高工作温度是125℃，为满足特种电子设备的极限工作环境，MLCC的工作温度也逐步提高，最高达到260℃。

高电压化、高可靠性。在军用及民用电源系统，包括地面电源、电力系统等供电系统，卫星及雷达等系统，以及新型功率半导体的发展，都需要高可靠的高电压大电流的多层瓷介电容器。

七、新形势下，多维度突破MLCC"卡脖子"困境

MLCC是全球需求量最大、发展最快的片式电子元器件，为持续提升信息技术产业链保障能力及产业化水平，支持电子元器件领域关键短板产品及技术攻关，特提出以下建议。

（一）基础研究领域

突破关键材料技术。支持MLCC上游陶瓷粉体材料、电子浆料等工艺与辅助材料、高端印制电路板材料等封装与装联材料的研发和生产。提升配套能力，推动关键环节电子专用材料的研发与产业化。

提升设备仪器配套能力。支持技术难度大、应用价值高、通

用性强、对电子元器件行业带动大的配套电子专用设备与仪器，如烧结、流延等工艺设备、显微CT等检测分析仪器的研发及产业化，提升设备仪器质量和可靠性水平。

健全产业配套体系。鼓励和引导化工、有色金属、轻工机械、设备仪器等企业进入电子元器件领域，开展关键材料、设备的研发和生产，推进产学研用协同创新，实现全产业链协同发展，增强试验验证能力，提升关键环节配套水平。

加大人才培养力度。深化产教融合，促进教育链、人才链与产业链、创新链有机衔接。加强人才引进培育，多渠道引进高端人才和青年人才，加快形成具有国际领先水平的专家队伍。发挥行业组织及职业院校、高等院校作用，鼓励企业培育和引进掌握关键技术的科技领军人才和团队，为产业发展提供智力支持。

（二）应用研究领域

推动知识产权保护。鼓励企业、高等院校及科研院所提升知识产权保护意识，围绕电子元器件产业加强知识产权高质量创造、高标准保护、高权益运用、高水平合作及高品质服务。

攻克关键核心技术。实施重点产品高端提升行动，面向电路类元器件等重点产品，突破制约行业发展的专利、技术壁垒，补足电子元器件发展短板，保障产业链供应链安全稳定。

构建多层次联合创新体系。支持企业、高等院校及科研院所加强合作，在电子元器件领域探索成立制造业创新中心，加大关键共性技术、前沿引领技术、现代工程技术、颠覆性技术研发力度，搭建产学研用紧密结合的协同创新和成果转化平台。鼓励各地围绕特色或细分领域，开展关键技术研发与产业化，形成差异化发展。

（三）产业化创新领域

培育优质企业。鼓励龙头企业通过兼并重组、资本运作等方式整合资源、扩大生产规模、增强核心竞争力、提高合规履责和抗风险能力。培育一批具有自主知识产权、产品附加值高、有核心竞争力的专精特新"小巨人"和制造业单项冠军企业。

强化产业链深层次合作。推动电子元器件及其配套材料和设备仪器企业、整机企业加强联动，共同开展产品研制，加快新型电子元器件的产业化应用。引导上下游企业通过战略联盟、资本合作、技术联动等方式，形成稳定合作关系

提升智能化水平。引导企业搭建数字化设计平台、全环境仿真平台和材料、工艺、失效分析数据库，基于机器学习与人工智能技术，推进关键工序数字化、网络化改造，优化生产工艺及质量管控系统，开展智能工厂建设，提升智能制造水平。

（四）应用场景创新

支持重点行业市场应用。紧抓国产替代机遇，实施重点市场应用推广行动，在智能终端、5G、工业互联网和数据中心、智能网联汽车等重点行业推动电子元器件差异化应用，加速产品的迭代升级。

提升质量品牌效益。优化产品设计、改造技术设备、完善检验检测，推广先进质量文化与技术。引导企业建立以质量为基础的品牌发展战略，丰富品牌内涵，提升品牌形象和影响力。开展

质量兴业、品牌培育等活动，定期发布质量品牌报告。

加速创新型产品应用推广。面向人工智能、先进计算、物联网、新能源、新基建等新兴需求，开发重点应用领域急需的小型化、高性能、高效率、高可靠电子元器件，推动整机企业积极应用创新型产品，加速元器件产品迭代升级。

（五）政策创新

加强标准化工作。加强关键核心技术和基础共性技术的标准研制，持续提升标准的供给质量和水平。引导社会团体加快制定发布具有创新性和国际性的团体标准。鼓励企事业单位和专家积极参与国际标准化活动，开展国际标准制定。

优化市场环境。引导终端企业优化电子元器件产品采购模式，倡导优质廉价，避免低价恶性竞争、哄抬价格、肆意炒作等非理性市场行为，推动构建公平、公正、开放、有序的市场竞争环境。

加强公共平台建设。建设分析评价公共平台，支持有能力、有资质的企事业单位建设国家级电子元器件分析评价公共服务平台，围绕电子元器件各领域开展产品检测分析、评级、可靠性、应用验证等服务；建设科技服务平台，支持地方、园区、企事业单位建设一批公共服务平台，开展知识产权培训与交易、科技成果评价、市场战略研究等服务；建设创新创业孵化平台，支持电子元器件领域众创、众包、众扶、众筹等创业支撑平台建设，推动建立一批基础电子元器件产业生态孵化器、加速器，鼓励为初创企业提供资金、技术、市场应用及推广等扶持。

（六）机制保障

　　加强产业统筹协调。建立健全电子元器件产业发展协调机制，加强协同配合和统筹推进，积极推进产业发展中重大事项和重点工作。加强央地合作，指导各地统筹规划基础电子元器件重点项目布局，适时推进主体集中和区域集聚。做好重点领域监测分析和跟踪研究，加强与现行相关政策衔接，有序推进各项行动。

　　加大政策支持力度。围绕电子元器件产业，推动生产、应用、融资等合作衔接，加快市场化推广应用。充分利用产业基础再造等渠道支持创新突破。鼓励制造业转型升级基金等加大投资力度，引导地方投资基金协同支持。发挥市场机制作用，鼓励社会资本参与，吸引风险投资、融资租赁等多元化资金支持产业发展。

　　优化产业发展环境。加强对电子元器件行业垄断、倾销、价格保护、侵犯知识产权等不正当竞争行为的预警和防范，维护公平竞争、健康有序的市场发展环境。促进行业诚信经营、依法纳税、节能环保、和谐用工。引导电子元器件行业信用体系建设。

　　深化国际交流合作。落实"一带一路"倡议，拓宽电子元器件产业国际交流渠道，推动与国际先进技术及产业链对接。推动电子元器件产业国内国际相互促进，鼓励全球领先企业来华设立生产基地和研发机构，支持骨干企业开拓海外市场，与境外机构开展多种形式的技术、人才、资本等合作，构建开放发展、合作共赢的产业格局。

第五节　微球

　　近年来，我国科技事业快速发展，科技创新能力显著提高，重大创新成果不断涌现，部分前沿领域进入并跑、领跑阶段。然而，在部分事关我国经济社会高质量发展、战略性领域国际话语权、国家安全的关键核心技术领域，却依然存在显著短板，导致战略性领域受制于人的被动局面。这些关键核心技术通常具有高投入、长周期、复杂性等特征，突破技术封锁绝非一朝一夕之功。那么问题的根源到底出在哪里？是否存在共性问题需要解决？以《科技日报》详细报道的35项"亟待攻克的核心技术"为例，其中近50%提到材料材质，约60%涉及工艺和精度问题，这一定程度上反映了材料加工、精密制造、系统集成能力欠缺的共性问题。这说明"卡脖子"问题的卡点，一方面是基础理论研究跟不上、源头和底层的东西没有完全搞清楚，另一方面则是关键材料和器件生产过程中科学数据不够翔实、工艺流程不够精准、制造精度不够严格导致的，而这些往往就扼住了高新技术产业发展的喉咙。换句话说，有一部分"卡脖子"的产品，我们不是不能造，而是造得不够好，达不到能够与发达国家在第三国市场上公平竞争的量产要求。

一、微球的制备，何以被列为关键核心技术

微球，一般指尺寸在纳米到微米级的球形粒子，由于具有独特的小尺寸效应、表面效应、生物相容性等特性，被广泛应用到工业生产中，是诸多新兴产业、战新产业发展的共性基础材料，具有重要战略性意义。其制备与应用涉及化学、物理、生物、材料等多学科，技术门槛与壁垒相对较高，研发周期较长，而我国的总体工艺水平较为有限，因此《科技日报》将其列为35项"卡脖子"技术之一。

作为极为重要的缓释载体，微球可包载一种或多种药物，实现持续数周到数月的缓慢释放。与传统注射剂相比，微球制剂具有治疗周期给药剂量少、药物释放速度可控、体内药物浓度波动小、药物暴露导致的副作用少、患者顺应性好等诸多优点，为当下制剂创新的焦点赛道。微球与磁性材料聚合可制备磁性微球，作为靶向释药系统载体，在外加磁场的作用下将药物定向至靶区，提高治疗精准度。进一步与抗体结合，可制备免疫磁性微球，用于神经母细胞、淋巴瘤、白血病、骨髓瘤等疾病的治疗。

国内市场应用于医学治疗的微球产品主要由外资主导。以微球制剂为例，全球市场共批准了约20个品种上市，国产仅有绿叶集团注射用利培酮微球、丽珠及博思特的亮丙瑞林微球三种。

作为色谱填料/层析介质，微球在单克隆抗体、融合蛋白、

疫苗、胰岛素、多肽等生物大分子，以及抗生素、有机合成药物、手性药物、天然药物等小分子药物的分离纯化上至关重要，直接决定了药品的纯度和质量。此外，也是药物质量检测及实验室分离分析最主要的耗材。然而长期以来，我国市场一直被海外大型科技公司垄断。如在生物大分子分离纯化领域，2018年GE医疗集团（GE Healthcare）、东曹（TOSOH）、伯乐（Bio-Rad）三家公司占据了全球市场的50%，其他市占率略小的供应商也均为默克（Merck）、丹纳赫（Danaher）、安捷伦（Agilent）等海外公司，关键技术掌握在发达国家手中，难以见到内资企业的身影。直到2019年，苏州纳微科技实现了对相关技术的突破，能够量产符合药物生产要求的高性能纳米微球，并推向市场与恒瑞医药、复星医药等知名药企形成了合作关系，推动了关键材料的进口替代之路。

在光电领域微球也有不可替代的作用。液晶显示器主要由偏光片、玻璃基板、ITO电极、PI膜、液晶、间隔子等部件构成。间隔子通常使用的是微球，用于LCD面板及PDLC智能调光膜的盒厚控制。因性能要求极高，如高度的粒径精确性、极窄的粒径分布、优异的机械强度、光滑的表面性能、极高的洁净度和极低的金属杂质，长期以来从日本进口。从全球市场看，间隔物硅球几乎被Ubo Nitto、Sekisui和Hayakawa几家日本公司垄断。基于此技术发展起来的用于连接芯片和面板的导电金球也受限于人。但值得欣喜的是，以苏州纳微生物科技为代表的国内企业已经开始走上了工业化生产的道路，实现了"跟跑"和"并跑"，但距离"领跑"全球微球产业发展，还有较长的路要走。

此外，微球在酶催化、食品、农业等领域也有应用。作为固定载体，微球有利于提高酶的稳定性及寿命，降低对产品的污染，并实现生产的连续化。将特异性吸附高分子键合在微球表面，可以富集食品中极微量的有害物质，并定量检测。在农业领域，微球作为缓控释载体可以有效控制杀虫剂的释放，提高利用率的同时降低对环境的污染。

二、微球如何制备

载药用微球通常由聚合物制备，以 PLGA/PLA 为例，制备方法有相分离法、溶剂挥发法、喷雾干燥法、热熔挤出法、微流控法、膜乳化法等。目前上市微球产品大部分是通过溶剂挥发法制备的。对于脂溶性药物采用水包油的方法，将药物和高分子等溶解于油相，将乳化剂溶解于水相，高速剪切下得到乳滴，油相溶剂挥发乳滴固化得到微球产品。对于水溶性药物，可以采用水包油包水的复乳法制备。该方法的优点是原理简单，通过调整处方和工艺可以得到目标尺寸粒径的微球产品，对水溶性和脂溶性药物都适用。缺点是生产工艺复杂，放大效应明显，根据小试工艺参数确定生产参数需要复杂的调整。其他方法在产业化生产中也都有待解决的问题，因此新技术开发仍然会是未来微球制备的攻关重点。

分离分析、显示用微球原材料通常为二氧化硅或聚合物。制备二氧化硅微球的方法有溶凝胶法、Stöber 法、微乳液法、模板法等。其中，溶胶凝胶法制备出的微球材料化学均匀性好、纯度高、颗粒细,最为常用。微乳液法则适用于制备尺寸更小的纳米颗粒,制备出的微球均一性、分散性较好。相较于二氧化硅,聚合物微球粒径均一性、单分散性、微米尺度上尺寸可控性、弹性、黏结性更好。以聚苯乙烯为例,合成方法主要的有乳液聚合、悬浮聚合、分散聚合、种子聚合等。其中,乳液聚合法最常用,制备出的微球粒径可达数十至数百纳米。乳液聚合法合成聚苯乙烯微球时聚合速率很快,且得到的微球粒径均匀。悬浮聚合法则更适用于微米至数百微米的大尺寸微球,尺寸通过搅拌速率控制。种子聚合法则更适用于制备功能性微球,其聚合过程主要是种子微球不断吸收分散相中的单体液滴从而达到溶胀平衡。

三、微球产业化难在哪

基础原料和生产设备的瓶颈。以最常见的原材料苯乙烯为例,2019年我国苯乙烯生产能力941.6t/a,虽高居世界首位,但高纯产品供给能力不足,杂质含量过高导致生产出来的间隔物微球机械强度低、易变形,不能满足控制液晶显示的要求。在医药领域,国内也缺少不同规格符合药用质量标准的生物可降解聚合物。另外,微球生产过程中需要用到不锈钢反应釜,国产反应釜铁释放量超标,进而导致微球铁含量过高,而金属恰恰是影响后续键合修饰的重要杂质类别。因此在上游基础材料和加工器件方面,仍然没有突破被海外上游厂商"卡脖子"的现状。

工艺放大的困难。从1—2L实验室反应设备逐级放大到1 000—2 000L工业化生产的过程通常面临重现性差、放大效率低、均一

第二章 技术"卡脖子"

性差等诸多挑战。理论上讲,放大反应器容积并不影响化学反应的微观动力学规律;但实际上,热量传递、流体流动等物理过程的变化会导致温度分布、浓度分布等的差异,进而影响反应结果。此外,微球精密筛分同样也是巨大挑战。通常来说,每 0.2 微米就是一种规格,筛分是极其困难的,基本原理为利用大小球的浮力不同,根据下沉速度在液体中分离,技术主要掌握在日本企业手中。

技术快速更迭,后入局者面临的用户黏性与信任挑战。以色谱填料应用于生物医药为例,需要供需双方在分离纯化工艺优化方面展开深入合作,需要下游制药客户对产品质量和应用方案充分信任。GE Healthcare 等跨国成熟企业经过多年经营,已形成良好的品牌影响力和市场声誉,技术标准规范,售后服务完善,一旦投入使用药企通常不会轻易更换。即便是应用于实验室分离分析,更换品牌通常也代表着繁杂的参数再调节,想要打破使用惯性极为困难,后入局者始终处于劣势。自 1995 年不定型填料被球形硅胶颗粒填料取代,微球填料在化学组成、粒径、结构等方面经历了快速发展:化学组成上,B 型全合成硅胶逐渐取代 A 型高金属含量硅胶,回收率大幅提高;随后有机改性的硅胶微球走上舞台,稳定性得以提高;在无机材料的基础上,又逐步发展出聚合物型有机基质填料,具有较强的色谱容量,不易产生不可逆的非特异性吸附。粒径方面,在 5 μm 常规色谱柱的基础上,发展出亚 2 μm 填料色谱柱,此外还有大粒径色谱柱等。结构方面,传统无孔型填料使用场景越来越少,全多孔型填料颗粒应用最广,表面多孔型填料成为研发热点。一代又一代产品推向市场,而我国始终难以分得一杯羹。因此，想要破局就要抓住先发机遇，抢占技术制高点。

四、如何突破关键核心技术被"卡"的局面

持续加大基础研究投入力度。当今美国在科技领域的领先地位，绝不是仅仅依靠市场就能实现的。回顾过去数十年，美国在重要领域的技术突破都少不了政府的支持，如曼哈顿计划、阿波罗计划、星球大战计划、先进技术计划、国家竞争力计划、国家纳米计划、国家人工智能研究和发展战略计划、国家量子信息科学战略计划等。在最近数十年里，美国政府持续投入了巨额资金和人力、物力。仅针对2011年的国家纳米计划，就安排了400多亿美元的持续性国家投入。对于我国来讲，真正意义上较为系统的顶层设计始于2015年，而从产业发展的基本逻辑出发，想要培育先发优势一般需要提前20年布局。从经费投入上看，近年来，我国高度重视基础研究，"十三五"期间，我国基础研究经费投入增长了1倍，2019年达到1 336亿元，占全社会研发支出的比例突破6%。但与部分发达国家相比，尚有较大差距。

推动应用研究与基础研究融合贯通。近些年，我国对科学探索的重视已经卓有成效，大量成果走在了世界科技前沿领域。未来继续加强"从0到1"的原始创新能力依然至关重要。因此，在强调自由探索之外，对于面向经济主战场、面向国家重大战略需求、面向人民生命健康的行业领域，也要坚持问题导向、目标导向，解决当下困境，防范未来风险。在微球研究中，不应只强

调论文与获奖,而是在半导体显示、生物医药等关键环节,建立联合攻关机制,把基础研究、应用研究及产业化规模化有机结合起来。

提高精细化率和制造装备水准。从基础研究到规模化生产,小试、中试到放大几步跨越中,有两个非常关键的因素——原材料和生产设备,而我国在高端化工新材料产品、化工高端装备方面严重依赖国外。据工信部2018年统计,在130多种关键基础化工材料中,32%的品种我国不能生产,52%的品种依赖进口,如高端电子化学品、高端功能材料、高端聚烯烃等,难以满足经济与民生需求。此外,高纯度化工材料的生产、存储、运输和进一步反应需要与之匹配的容器,物理化学性质稳定、不能有杂质,而这样的容器仍然是我们的短板和弱项。因此,不仅仅是技术原理,原材料加工和装备制造水平的突破同样是解决"卡脖子"困境的主要因素。

完善核心技术商用生态和应用场景。想要完成从实验室到商业化的突破,就需要构建上、中、下游协同合作的产业生态,面向商用的实际目的来推动技术和产品持续市场化。由于关键核心技术具有高度复杂性,只有在产业实践中不断试错和测试,积累大量经验数据,才能持续提高性能并通过产品转化和大规模应用来实现其产业价值。在此轮科技抗疫中,检测产品和疫苗研发就实现了从科研机构到企业的大协作,是极为成功的产学研结合实践。缺乏产业生态支持的实验室样品,性能再好也难以形成规模商用,无法形成产业链、供应链的有效支撑,这也是我国科技成果转化常常发生梗阻的原因之一。对于面向市场、外资已形成先发优势的领域，本土企业必然面临着消费者需求偏好尚未形成、供给—需求的互动循环不良的局面，需要国家加以引导和支持。对于事关国家重大战略需求的领域，则应依托重大工程，解决材料、工艺首次使用和重大技术装备首台（套）问题。以微球制剂为例，在国家及地方科研计划的支持、校企多方的密切合作下，注射用利培酮微球在长效和靶向制剂国家重点实验室/绿叶制药成功转化上市，成为我国首个自主创新微球制剂。

持续优化高端人才培育和激励体制。习近平总书记在《努力成为世界主要科学中心和创新高地》的文章中强调，"全部科技史都证明，谁拥有了一流创新人才、拥有了一流科学家，谁就能在科技创新中占据优势"。当下，我国正瞄准关键核心技术，推行"揭榜挂帅""赛马"等制度，让想干事、能干事、干成事的科技领军人才挂帅出征，充分调动和激发创新活力，提升创新效率。此外，可适度将某些高端人才计划向创新型领军企业倾斜，激发产业界的创新热情。同时，不断优化面向特定战略场景的人才考评、配套服务，构建开放的人才引培和流动机制，集聚区位和产业势能，打造全球创新人才流动网络的核心节点和"人才高地"。

第六节　种源

技术"卡脖子"的风险不仅来自工业,也包括农业。

农作物种子和猪、牛、羊等家畜种畜是农业产业的基石,更是具有国家基础及战略意义的产业。农业农村部数据显示,目前,我国农作物良种覆盖率在96%以上,自主选育品种面积占比超过95%。总体上,我国农业生产用种安全有保障,风险可控。但玉米、大豆等作物的种子对外依赖明显,种猪、种牛方面也不容乐观。

2020年12月召开的中央经济工作会议提出开展种源"卡脖子"技术攻关。会议确定,要加强种质资源保护和利用,加强种子库建设,要尊重科学、严格监管,有序推进生物育种产业化应用。要开展种源"卡脖子"技术攻关,立志打一场种业翻身仗。

一、种子

据报道[1],我国每年通过的种子审定品种很多,但很多过审的

---

[1] 每日经济新闻,2020-12-22,https://baijiahao.baidu.com/s?id=1686790949603545360&wfr=spider&for=pc,上网时间2021-03-01。

种存在低端、重复的情况，无论是资金成本，还是时间成本。对于中小种企而言，要产出突破性的品种很难。种子，尤其是优良种子的研发需要长期积累，无法短期突击。

除水稻外，其他种子多少都存在"卡脖子"的情况，各国对种质资源保护相当严格，想从国外引进新种源很难。优良的种质难得，好比"杂交马易找，纯种马难求"。

以玉米种子为例，以先玉335为代表的"洋种子"不断占领我国种子市场，一度占有吉林省玉米种子市场的七成份额。根据安信证券2020年12月的行业研究，我国常年为种子净进口国。中国种子贸易协会数据显示，2019年我国种子进口量6.60万吨，出口量2.51万吨，进口额4.35亿美元，出口额2.11亿美元，进出口赤字约为2.24亿美元。不过，2019年我国种子进口量同比减少9.2%，进口额同比减少8.4%，种子进出口赤字同比减少12.5%。

数据统计显示，2019年玉米种植面积占全国粮食作物种植面积的35.57%，稻谷种植面积占25.58%，小麦种植面积占20.45%。《中国农业产业发展报告2020》显示，2019年我国稻谷、小麦和玉米三大主粮的自给率达到98.75%。

三大主粮中，我国稻谷目前处于世界领先水平，而小麦主要还是常规种子，种植户可以自行留种。与国际水平差距较大的主要是玉米种子。

我国种业面临"卡脖子"的难题，但与之形成鲜明对比的是，我国目前的种子审定称得上是"井喷"状态。

第二章 技术"卡脖子"

根据农业农村部 11 月 26 日发布的公告,我国当期一共审定通过了 574 个稻品种、802 个玉米品种、48 个大豆品种、26 个棉花品种;2021 年 5 月,农业农村部第 295 号公告显示,106 个小麦品种、43 个玉米品种审定通过。除以上国家农业农村部审定外,还有省级审定。近 10 年,我国已审定、登记农作物品种 3.9 万个。

不过,审定的品种同质化现象严重。有关报道称,"80% 以上审定品种没有推广价值"。而且,并非通过审定就能广泛应用,有部分品种由研究机构研发申报,往往停留在实验结果阶段,实际播种推广还有相当大的不确定性。

分析国内的育种出现低水平重复的原因,主要是真正的研发需要长时间的积累及大量资金的投入,而且高额成本投入后,产出还存在不确定性,从种子研发到种子的商业化总体需要经历研发育种、田间制种到种子加工三个阶段,这个周期一般在 10 年左右。通过审定推向市场后,还需要经过 1—3 年的推出期、3—5 年的成长期,经过前面近 10 年的精心运作,才能发展至成熟期,产生较大收益,但成熟期往往只有 5—8 年。而如果种子推广不利,或者推向市场以后发现比不上同品种竞争对手,那就意味着前期长时间的研发和经费投入无法收回。对于中小企业来说,无论是研发周期还是研发投入都很难承担。

在种子方面的"卡脖子"并非品种上的"卡脖子",更多的是技术上的"卡脖子"。比如,玉米方面的自主知识产权的转基因性状,目前大部分转基因性状都是欧美企业的,如果要使用这些转基因性状,就要支付高昂的知识产权费用。

进口占比高的还有"菜种"。在"蔬菜之都"山东寿光,菠菜、绿菜花、胡萝卜等"洋种子"市场占有率达到6成以上；彩椒、大红果番茄在8成以上；绿萼长茄达9成以上。此外，花卉种子的对外依赖性也须注意。

据第三次全国农作物种质资源普查（2015年1月1日至2020年12月31日）初步调查，在湖北、湖南、广西等地的375个县，71.8%的粮食作物地方品种消失，其中不乏优质、抗病、耐瘠薄的特性品种，种质资源保护面临新挑战。

2018年我国进口农作物种子7 200余万公斤，进口额4.75亿美元，其中蔬菜种子进口额2.28亿美元，来自近50个国家和地区。

总体上看，我国的种业技术仍需要较长时间的积累。

二、种畜

在种畜方面，"卡脖子"风险形势更加严峻。

在过去的2020年，中国种猪[①]进口总量超过2万头，创下历史新高。目前，中国猪肉超过八成来自国外引种，并正在陷入一个"国外引种—退化—再引种—再退化"的循环。1994—2007年，我国本土猪种市场占有率从90%暴跌到只有2%，来自国外的猪种几乎完全占领了中国市场，大量本土猪种已经灭绝或濒临灭绝。

2019年，全球猪肉消耗量达1.009亿吨，中国消耗4 486.6万

---

① 种猪部分引自21世纪经济报道，2021-01-12，https://baijiahao.baidu.com/s?id=1688674909898832573&wfr=spider&for=pc，上网时间2021-03-01。

吨。2016—2018年，我国猪肉产量占全世界产量的比例也基本稳定在48%左右。

然而，我国用于繁衍食用商品猪的种猪却长期依赖进口。数据显示，2000—2007年，我国种猪年平均进口量为2 100头，近两年来进口洋种猪数量大幅增加，2020年种猪进口总量超过2万头，创下历史新高。我国从国外引进种猪可以追溯到20世纪80年代，当时引进的美国杜洛克猪、丹麦长白猪、英国大约克猪等国外白猪，长得快、饲养成本低，平均6个月就能出栏，每增重1公斤仅需消耗2—3公斤饲料，价格相对土猪便宜不少，而传统的中华土猪长得慢、数量少，平均1年才能出栏，每增重1公斤需要消耗5公斤饲料。加上国产土猪的瘦肉占比仅为35%，明显低于洋猪75%的瘦肉占比，来自国外的洋白猪逐渐占据生猪养殖业的主流，也占据了老百姓的餐桌。

事实上，我国本土的黑猪也具备很多优点，除了肉质好外，其抗病性能和繁殖力更强。不过，随着抗生素大剂量使用之后，洋猪的抗病性能几乎和本土猪站到了同一起跑线上。进口的洋猪也有其劣势，即繁殖几代后容易退化。但对于外国猪企来说，这反倒算是一个优势，因为种猪不断退化，国内养殖行业就需要不断从国外引种。当前一头原种猪，价格常常高达2万元，我国每年从外国进口种猪和猪的精液的费用高达数亿元。

目前，本土已有4个猪种灭绝。1994年前，本土猪还占据着我国90%以上的市场份额，而到了2007年，这一数字已下滑到2%。根据第二次全国畜禽遗传资源调查的结果，我国的88种地方猪有85%的品种数量在急速下滑，在这一为期5年的走访调研中，横泾猪等记录在册的 8 个地方猪种没有被发现，项城猪、定县猪、龙游乌猪和窄勒黑猪 4 个猪种已经确认灭绝，另有 30 余种濒临灭绝。而曾经被誉为"四川回锅肉标配"的成华猪在 2013 年的存栏量也仅为 100 头左右。

发展生猪育种技术并非易事，国内由于现代养殖业起步较晚，除了育种专业技术人员缺乏外，原始数据的积累量和准确性都不够。在我国，只有大规模的企业有生猪育种的技术能力，广大中小企业和养殖户没有技术能力，但大企业之间因竞争并不愿进行遗传交流，联合育种进展缓慢。因此，本土的育种体系不完善，进口的优质品种也无法得到很好的保种、繁育、改良，国内生猪产业陷入"国外引种—退化—再引种—再退化"的恶性循环，这进一步加剧了对进口的依赖。

不过，我国的养殖研究者已经建立了国内生猪种源数据中心和生猪育种基因库。如今，种猪和种猪精液等实验室产品正走出实验室，最大限度地触达和普惠全社会的中小企业和养殖户，生猪育种技术瓶颈有望取得突破。我国要打通农业的"最先一公里"，关键在于让农业科技走出实验室，让农业科技商品化。

在我国，鸡肉是仅次于猪肉的第二大肉类生产和消费品。我国肉鸡年出栏量超过 100 亿只，居世界第一位。其中，约占我国肉鸡产量一半的白羽肉鸡，种源一直从国外进口，核心种源明显存在"卡脖子"技术瓶颈。[①]

---

① 种鸡部分引自中国新闻网，2021-01-31，https://baijiahao.baidu.com/s?id=1690370236491254002&wfr=spider&for=pc，上网时间 2021-03-01。

第二章 技术"卡脖子"

2020年全国鸡肉产量比2019年增长5%以上，达1 485万吨，约占全国肉类总量的19%，远超牛羊肉1 164万吨的总产量。我国肉鸡产业已经建立起相对完善的产业链，产业集中度和产业化程度在整个畜牧业中是最高的，对全国肉类总产量的贡献度稳定在15%左右。2019年非洲猪瘟暴发，我国肉鸡出栏量扩大到104.8亿只，产量提高了10%，在猪肉替代供应中作出了突出贡献。与发达国家相比，我国鸡肉年人均消费量仍偏低。肉鸡具有生产周期短、效率高、宜加工的产业优势，在保障我国肉类产品有效供应中，应当发挥更重要的作用。

然而，长期以来，我国白羽肉鸡种源一直依赖进口。全球每年生产白羽肉鸡祖代种鸡约1 160万套、父母代种鸡约6亿套，生产商品雏鸡约800亿只。目前，全球白羽肉鸡种源主要由国际家禽业巨头德国EW集团下属安伟捷公司（Aviagen）和美国全球最大肉品加工企业泰森（Tyson）集团拥有的科宝公司（Cobb-Vantress）垄断。进入21世纪以来，由于我国白羽肉鸡育种中断，生产中使用的良种开始全部从国外引进。目前，引进品种主要为AA+、哈伯德、科宝以及罗斯308，年引进祖代种鸡80万至120万套，年引种金额约4 000万美元。

长期引种对我国种源安全、产业安全和生物安全构成威胁。比如白羽肉鸡品种100%依赖进口，每年需引进祖代肉种鸡100万套左右用于生产，进口渠道多变，种源供应问题突出。2014年以前，我国白羽肉鸡祖代种鸡进口量的95%以上来自美国。2014年美国暴发禽流感后，随着世界各地禽流感疫情的发展和我国海关进口政策的调整，国内养鸡企业只得转而从英国、法国、西班牙、波兰、新西兰引进白羽肉鸡祖代种鸡。

依赖进口的隐患是明显的，种源是畜牧业价值链的高端，种源过度依赖进口将导致产品价格波动加剧。国外育种公司一旦停止供应种鸡，可能直接威胁我国肉类食品供给安全。另外，引种还存在疫病传入风险，比如禽白血病就是因引进品种而传入我国的。

我国白羽肉鸡育种工作35年前就已起步。1986年，原农业部确定在兰州建设甘肃省种鸡场，引进法国伊莎公司的5系配套明星（ISA Vedette）原种鸡。1987年，中外合资成立的北京家禽育种公司引进艾维茵（Avian）原种鸡。经过科技人员的共同努力，我国本土育种获得巨大成功，到2002年，艾维茵肉种鸡在国内种鸡市场占有率达55%。令人惋惜的是，受2004年禽流感疫情和其他种鸡疾病净化问题的影响，我国自主培育的艾维茵肉鸡退出了市场。

2010年以来，国内部分单位启动了白羽肉鸡育种工作，特别是2019年农业农村部启动了国家畜禽联合攻关计划。目前，一些龙头企业已开展白羽肉鸡新品种培育，部分品种已基本定型并完成性能测定，初步具备了替代引进品种的能力。

到2018年，全国已建种鸡场1 195个，存栏祖代种鸡869.9万套，父母代肉种鸡7 860.8万套。在全国肉鸡遗传改良计划的推动下，已遴选出18家肉鸡核心育种场和17个扩繁基地。

虽然我国白羽肉鸡育种取得了较好进展，但与国际白羽肉鸡育种先进水平相比，我国白羽肉鸡自主育种时间短，高生产性能遗传素材积累基础薄弱，分子育种等新技术应用不够，种源性疫病净化技术和检测产品研发也存在较大差距。

目前，由于市场的激烈竞争，育种素材也走向集中。现代白羽肉鸡始于20世纪30年代的欧洲、北美地区，育种素材父系无一例外地采用科什尼，母系主要为白洛克，通过系统配种产生杂种优势。虽然我国家禽遗传资源丰富，但是可用于白羽肉鸡育种的素材有限，也缺乏系统的测定和评估。国外的家禽育种公司在长期发展过程中已建立了育种、扩繁和销售一体化体系。而我国目前的白羽肉鸡祖代和父母代扩繁体系长期依赖国外品种，形成了密切的利益复合体。国产品种能否成功很大程度上取决于品种技术性能，更取决于其是否能顺利融入现有的肉种鸡扩繁体系。

我国白羽肉鸡育种首先应当瞄准生长速度和饲料转换率，同时提高抗病能力，不宜简单照搬国外育种套路，应当在引进的白羽肉鸡、蛋鸡和中国特色地方品种基础上，创制抗病、高产蛋等特色品系，为高产优质白羽肉鸡配套系提供育种素材。可采用基因芯片等基因分型技术，建立白羽肉鸡全基因组选择技术平台，重点攻克商品肉鸡高生长速度与种鸡繁殖性能的平衡育种技术。对育种实际中的"卡脖子"技术难题，集各方科技力量，开展协作攻关。

第三章

资源"卡脖子"与交通"卡脖子"

第一节　资源：对国家的眷顾

一、资源是"卡脖子"的天然之选

国家之间竞争主要的"卡脖子"手段涵盖产业的各个环节，既包括技术环节，也包括战略资源、交通要道和国际规则等环节。仔细回顾过往跨越不同时代和区域的五花八门的"卡脖子"案例，可以看到一个共同点：能够通过上述方式游刃有余地进行"卡脖子"操作的，基本都是不同时代全球的主要霸权国家。而它们在磨炼出这些"卡脖子"的"技能"前，通常要先经历几十年甚至近百年工业和经济的发展，取得全球霸权的地位，然后才能通过自身的霸权地位对全球贸易、规则以及价值观和理念等"软实力"进行垄断和重塑。以当今社会流行的一句俗话总结，这些霸权国家是靠实力上位，凭本事"卡脖子"的。而与这些霸权国家相对应地，世界上有一些国家和地区则是"含着金钥匙"出生的。这些国家凭借自身得天独厚的资源储备或地理位置优势，通过对优越条件的合理运用和操纵，在帮助自己国民致富的同时，也可以对敌对方或竞争对手"卡脖子"，以此来获取更多的利益并实现自身的战略意图。我们可以将利用先天资源限制对手的方式统称为"资源卡脖子"。

二、何为战略资源

到底什么是一个国家的战略资源呢？事实上，人们对于这个耳熟能详的词条所涵盖的具体内容并不一定完全了解。从广义上来看，一个国家的战略资源指的是关系该国国计民生、在国民经济的主要生产和分配中占重要地位的要素。一般意义上，战略资源包括看得见摸得着的能源、矿产、农作物、水或是得天独厚的地理位置等资源。但随着时代的发展与变迁，一些看不见摸不着的东西，诸如数据、技术、商业品牌等也逐渐发展成为当今世界主要国家的战略资源。此外，战略资源的组成要素也不是一成不变的，随着科技的进步以及科技引导人类生活方式的转变，某一时代占据重要地位的战略资源可能在之后的时代就变得不那么重要了。例如，在 100 多年前，铝是比黄金更珍贵的金属。相传 19 世纪中期的法国皇帝拿破仑三世曾命令手下官员为他打造了一顶铝皇冠，以彰显其地位的尊贵与卓越。而随着冶金技术的发展，到了现代，几乎任何普通家庭都可以为自家打造一顶"铝皇冠"，而铝制器具的价格也早已远低于不锈钢或其他金属制品的价格，沦为廉价产品。铝的例子生动地阐述了全球战略资源要素的时效性和可变性，而在不远的将来，一些当今世界各国视为至宝的战略资源很可能也会像今天的铝一样，在历史与科技进步的大潮中被逐渐边缘化甚至淘汰。

第三章　资源"卡脖子"与交通"卡脖子"

在当今世界,被广泛认同的"有形"战略资源主要包含能源与矿产资源。而判断一种资源是否为战略资源则主要根据它们在全球范围内的应用广泛性、重要性以及短时间内的难以替代性等。此外,战略资源的分布集中度也是一个重要的考量因素。那些拥有大量在全球被广泛使用的、短期内难以被取代的战略资源的国家,无疑就成了我们故事的主角。

第二节　主要战略资源：世界分布并不均衡

根据前文对战略资源的定义以及筛选标准，我们选取了在全球范围内被广泛使用的能源和矿产资源作为本章介绍的主要战略资源，包括石油、天然气、煤炭、铁、铜，以及锂、钴、稀土等稀有金属。其中，人们对于已经在世界上应用了数百年乃至更久的石油、煤炭、铁、铜等战略资源的重要性已经有较多了解，但对于在 20 世纪末到 21 世纪初才开始广泛应用于民用设备生产的稀土等金属资源则知之甚少。稀土是元素周期表中 17 种金属元素的总称，主要应用于军工、冶金、石化、陶瓷和新材料领域。稀土有"工业维生素"的美称，尤其是其在制作半导体的核心超导材料中的应用以及难以替代性，使得稀土资源在当下不断走向"数字化"的时代显得尤为重要。与之相对的是，锂和钴均为制造锂电池的核心原材料。随着当下新能源汽车的"旋风"在全球主要国家和地区相继刮起，未来世界对锂和钴的需求将不断扩大。虽然一些新能源汽车和电池厂商正在研究"无钴"锂电池，但就目前的技术发展来看，短期内世界对钴的需求量还是相当可观的。

和世上的很多事物一样，重要的能源和矿产资源在全球的分

第三章 资源"卡脖子"与交通"卡脖子"

布也遵循着"二八法则",即少数国家或地区垄断了一种或几种重要能源矿产资源的全球储备。而正是这种不均衡分布,使得这些国家或地区可以通过操控利用其对某些战略资源的垄断优势,获得对他国"卡脖子"的能力,成为全球地缘政治博弈大戏中的重要"演员"。图 3-1 至图 3-9 直观地展示了一些重要的能源矿产战略资源在全球的储备和产量分布情况。

从储备的角度来看,石油主要分布在中东、俄罗斯、北美以及南美的委内瑞拉;天然气主要分布在俄罗斯、中东和美国;煤炭主要分布在俄罗斯、美国和中国;铁矿主要分布在澳大利亚、巴西和俄罗斯;铜主要分布在智利、秘鲁和澳大利亚;稀土主要分布在中国、俄罗斯和巴西;锂主要分布在智利、阿根廷和澳大利亚;钴主要分布在刚果民主共和国和澳大利亚。通过这些图表我们可以较为清晰地看出:俄罗斯、中东和美国是全球能源的主要聚集地,而澳大利亚、巴西和一些南美国家则是矿产的主要聚集地。

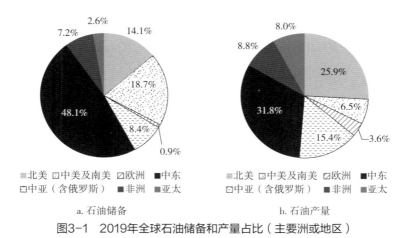

图3-1 2019年全球石油储备和产量占比(主要洲或地区)

资料来源:BP全球能源统计年鉴,2020。

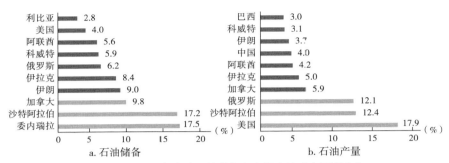

图3-2 2019年全球石油储备和产量占比（主要国家）

资料来源：BP全球能源统计年鉴，2020。

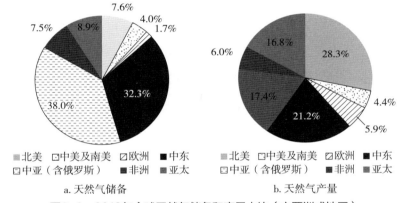

图3-3 2019年全球天然气储备和产量占比（主要洲或地区）

资料来源：BP全球能源统计年鉴，2020。

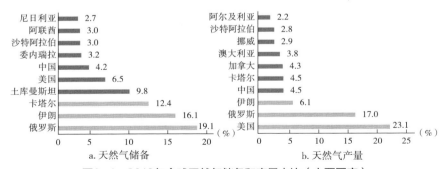

图3-4 2019年全球天然气储备和产量占比（主要国家）

资料来源：BP全球能源统计年鉴，2020。

第三章 资源"卡脖子"与交通"卡脖子"

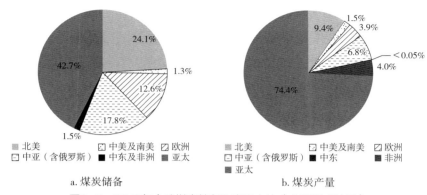

图3-5 2019年全球煤炭储备和产量占比（主要洲或地区）
资料来源：BP全球能源统计年鉴，2020。

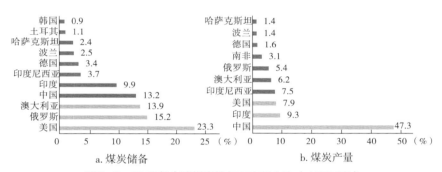

图3-6 2019年全球煤炭储备和产量占比（主要国家）
资料来源：BP全球能源统计年鉴，2020。

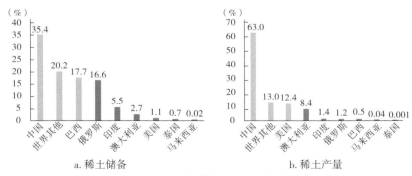

图3-7 2019年全球稀土储备和产量占比（主要国家）
资料来源：BP全球能源统计年鉴，2020。

215

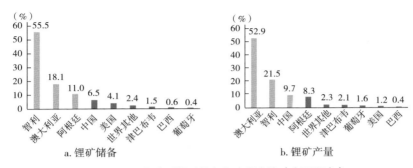

图3-8 2019年全球锂矿储备和产量占比（主要国家）

资料来源：BP全球能源统计年鉴，2020。

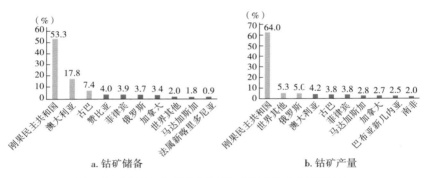

图3-9 2019年全球钴矿储备和产量占比（主要国家）

资料来源：BP全球能源统计年鉴，2020。

值得注意的一点是，拥有丰富的能源或矿产储备并不意味着某一国家或地区已经对这些战略资源形成完全的控制或垄断，充其量代表其在这些资源上具有"先天优势"。一些与储备互补的因素，如政治、政局的稳定性，勘探技术、开采技术、产业链以及物流的发达与完整程度等则决定这一国家或地区是否具备有效控制这些资源的"后天实力"，而这种"后天实力"也会放大或缩小"先天优势"。例如，我国2019年底稀土储量居全球第一，占世界总储量的35.4%，而同年我国稀土产量超全球总量的60%。因此，可以说，我国在稀土领域的"后天实力"强于"先天优势"，能够进一步夯实我国在稀土领域的全球主导地位。然而，委内瑞拉在2019年底石油储量占全球的17.5%，甚至高于沙特阿拉伯王国。但由于美国的长期制裁与限制，该国在这一年的石油产量仅占全球的1%，使其在全球石油领域的话语权微乎其微，"后天实力"远小于"先天优势"。

结合储备的"先天优势"和产能产量的"后天实力"综合来看，可以发现当今在全球能源矿产战略资源领域话语权较大的国家或地区包括：俄罗斯（石油、天然气），中东（石油），中国（煤炭、稀土），美国（石油、煤炭、天然气），巴西（铁），澳大利亚（铁、锂），智利（铜）等。这些国家因此也拥有对他国实施资源"卡脖子"的实力。

第三节　能源之痛：石油！石油！石油！

得天独厚的战略资源优势赋予了一些国家和地区能够影响全球竞争格局的实力，通过合理运用和操控这些资源实力，它们既可以优雅地徘徊于世界大国博弈的舞台之间，又可以为自己争取最大的经济和政治利益。这些国家和地区包含诸如俄罗斯这样已经拥有大国特征的国家，也包含中东诸国这种极度依赖手中掌握的战略资源的国家。而作为全球"工业之母"的石油及其"近亲"天然气，则顺其自然地被大量拥有它们的国家用作地缘政治博弈中对竞争对手"卡脖子"的利器。

一、中东危机与石油美元

20 世纪 70 年代第四次中东战争后，中东地区的阿拉伯半岛产油诸国通过联合控制石油产量、价格和出口的手段，完美地演绎了这些在传统意义下军事和科技上的弱国，如何利用和操控它们在石油资源上的垄断优势，逼迫当时的世界霸主——美国作出妥协让步，并最终通过绑定美元与石油结算的方式，使美国与中

第三章 资源"卡脖子"与交通"卡脖子"

东国家形成共同利益联盟,换取中东国家对美石油出口的放松,迎来双向繁荣。

整个故事的开端还是要从延续至今的巴以纠纷开始。二战前的中东大多区域,包括现在的以色列和巴勒斯坦,均为英国的殖民地,由英国人管理。在二战后的1947年11月29日,第二届联合国大会通过了关于巴勒斯坦分治的协议,要求英国在1948年8月1日前撤出巴勒斯坦地区,并在该地区建立两个国家:阿拉伯国和犹太国[①],犹太国日后更名为以色列,并获得了以美国为首的大多数国家的承认。但阿拉伯人认为巴勒斯坦区域是他们的领土,而以色列的建国意味着犹太人对他们领土的侵占,因此对以色列的建国心存芥蒂。自此,巴以冲突以及中东战争的大幕被拉开,从1948—1967年,在这片土地上发生了三次中东战争。以色列在第三次中东战争中获胜,占领了埃及和叙利亚的土地,并赶走了成百上千万巴勒斯坦人。阿拉伯国家为了收复失地,在1973年10月,以伊拉克、沙特阿拉伯、科威特等国为代表的阿拉伯国家向以色列复仇开战,发起了第四次中东战争。在战争开端,阿拉伯国家占据优势,大有获胜之势,但之后随着美国介入并对以色列施以支持,战事发生了反转并最终由以色列取得了战争的胜利,这也使以沙特阿拉伯为代表的阿拉伯国家与美国站到了对立面。

事实上,在第四次中东战争中美国刚开始支持以色列不久,由海湾国家占主导地位的石油输出国组织(OPEC)便通过对美国及其西方国家盟友进行石油禁运、暂停石油出口等方式进行制裁,

---

① 阿拉伯国包括加利利地区、约旦河以西和加沙地区,巴勒斯坦其余地区为犹太国。

并造成全球范围内大规模石油价格通胀,石油价格在1973年一年内上涨了近4倍。[①]短时间内石油价格的暴涨对广泛使用和消耗石油的美国及其盟友在经济上造成了严重冲击。据统计,在1973年10月开始并延续到1974年的第一次石油危机中,美国的GDP增长下降了4.7%,欧洲整体的GDP增长下降了2.5%,而日本的GDP增长下降了7%,这彰显出海湾国家石油"卡脖子"战略的威力。石油危机对实体经济的严重冲击也逐渐分化了美国及其欧洲盟友间的政治关系。由于石油危机因美国支持以色列而起,而欧洲国家作为美国的盟友受到牵连,因此,许多欧洲国家慢慢开始将自己与美国和以色列划清界限,希望借此换取更多的中东石油出口,减缓国内经济压力。例如,英国禁止了美国利用其领地的运输设施为以色列转运补给,联邦德国也禁止了美国经联邦德国港口向以色列运输军火,希腊、土耳其、西班牙和意大利等国家也公开表示不向美国军火船提供停靠的港口,等等。

面对来自国内经济和欧洲盟友的双重压力,美国选择通过让步妥协的方式来处理并结束第一次石油危机。1974年,美国主动与OPEC中阿拉伯国家的领导国沙特阿拉伯接触,并最终与沙特阿拉伯达成协议。在协议中双方约定,美国将对沙特阿拉伯出售武器,保障沙特不受以色列侵犯;与此同时,沙特所有的石油出口均需要用美元计价,同时将石油出口盈余用于购买美国债券。通过沙特阿拉伯的影响力,美国最终在1975年使OPEC国家的石

[①] 浙江省社科院课题组.走在前列谋新篇:新常态下若干重大问题的思考[M].北京:社会科学文献出版社,2015.

油出口均以美元计价，奠定了石油美元的基础，也解除了困扰美国许久的石油危机。而中东国家在获得美国先进武器的同时，也将自己的财富与美元深度绑定，并借着美国的经济繁荣开启了自身延续至今的繁荣。

二、俄欧博弈下的乌克兰：小国的悲哀

如果说中东国家利用其掌控的石油资源对欧美"卡脖子"是孤注一掷的话，那么资源"卡脖子"则仅是俄罗斯在国际博弈中所能够使用的主要战略工具之一。相对于中东诸国，俄罗斯对于手中资源工具的运用显得更加游刃有余。俄罗斯的战略竞争对手主要是美国和欧盟，但出于对经济影响和其他因素的考量，俄罗斯更倾向于在和欧盟与美国博弈时，通过"杀鸡儆猴"的方式为自己获得优势。这场大国博弈中最大的牺牲者无疑是紧邻俄罗斯的乌克兰。

作为世界头号天然气出口国，手握欧洲能源命脉的俄罗斯，自2006年以来频繁对供应乌克兰的天然气进行"断气"，以达到对欧盟战略警示和威胁的目的。首先，2004年底，在美欧非政府组织（NGO）的煽动下，"橙色革命"在乌克兰爆发，导致当地亲西方政府上台，并180°扭转此前亲俄的外交方向，完全倒向美欧。[①]乌克兰的"叛变"不但伤害了俄罗斯人的感情，而且切实侵犯了俄罗斯的战略利益。因此，在2005年末，俄罗斯决定对乌

---

① 余建华，孙霞.俄乌天然气争端反思[J].俄罗斯中亚东欧研究，2010（3）.

克兰实施报复,要求将供乌天然气价格从 50 美元/千立方米提高到 230 美元/千立方米。虽然乌方曾寻求通过谈判途径使俄方恢复原价,但谈判最终破裂,俄罗斯在 2006 年元旦直接切断了对乌的天然气供应,开始实施著名的"断气"行动。[①] 寒冬腊月的"断气"对乌克兰人无疑是致命打击,很快,在同年 1 月 4 日,乌克兰无奈与俄罗斯签订了协议,接受了俄罗斯的涨价要求,在经济上承受了巨大损失。此后,从 2006 年到 2014 年,俄罗斯又先后对乌克兰进行了三次主要的"断气"操作,并在 2014 年 3 月合并了原属于乌克兰的克里米亚地区。回溯俄罗斯对乌克兰若干次的"断气"操作,其主要目的是通过这些操作对欧盟进行战略威胁,并在与欧盟和美国的博弈中取得更多的筹码。乌克兰作为夹在中间的小国,则迫不得已蒙受了巨大的损失。

---

① 王能全. 石油的时代 [M]. 北京:中信出版社,2018.

第四节　资源"卡脖子"不可规避吗

重要战略资源的分布、储备和产能的不均衡，使掌握这些资源的国家或地区可以通过控制关键资源的供应对竞争对手"卡脖子"。但这是否意味着资源"卡脖子"不可规避，而被"卡脖子"的一方只能"坐以待毙"呢？

事实并非如此。通过前文的分析可以看出，一个国家或地区能够运用资源"卡脖子"的前提条件是：（1）该国（地区）对某些被广泛使用的资源具有相对垄断性；（2）这些资源具有难以被替代的特性。这两个条件或许在短时间内难以被撼动，但从大国博弈和长期发展的视角来看，仍然存在可以规避和成功突破资源"卡脖子"的可能性，原因有三。

第一，世界上能够同时成为资源储备大国和资源生产大国的国家并不多，而很多国家因为自身社会政局不稳定、技术落后、经济和工业实力不强以及被欧美制裁等原因无法充分挖掘其资源储备的"先天优势"。这也正好为像我国这样的资源需求大国提供了拓宽资源渠道、规避上游风险的机会。我国通过对"一带一路"倡议、"人民币国际化"战略的推进，可以与这些资源型国家进行深度利益绑定，从而降低被对手国及其盟友资源"卡脖子"的风险。例如，在2019年和2021年，我国分别与委内瑞拉和伊朗达成石油人民币结算协议，从而拓宽了我国石油能源的供应渠道，并一定程度上缓解了美国通过金融制裁等方式对我国上游能源来源的限制。

第二，随着科技水平的快速发展，短期内看上去不可替代的某些战略资源在长期视角下很可能会变成新时代的"恐龙"。诸如太阳能、风能等新能源技术，以及以电动汽车为代表的新能源汽车领域的快速发展，在中长期将使人类减少对石油或其他化石燃料的依赖。而依赖的减少则会相应降低某些国家通过对这些资源的供应限制而对他国进行资源"卡脖子"的能力。例如：我国在石油储量上虽然在世界范围内不占优势，但在风能、水能等领域却有巨大的潜力。在特变高压等电力传输设备上取得的技术突破，使我国能够长期更好地利用这些清洁能源，从而减少对进口石油的依赖。

第三，通过对过往案例的分析，我们可以看出资源"卡脖子"在很多情况下是以提高资源价格的方式进行的，而鲜有完全切断资源供应的情况发生。其本质原因是很多资源型国家经济模式相对单一，经济增长过度依赖资源出口，因此切断资源供应对其自身经济并没有好处。基于这种判断，我国可以通过在国际金融市场中提高对重要战略资源定价的影响力，间接降低资源供应国依靠提升价格对我国"卡脖子"的风险。目前正在推进的"人民币国际化"便是一个可行的手段。

因此，可以看出资源"卡脖子"并非"铜墙铁壁"般难以突破，而我国通过对外援建、持续发展创新科技，以及推进自身在国际金融市场中的影响力等方式，是可能降低甚至抵消他国对我国采取资源"卡脖子"策略的威力的。

第五节 交通"卡脖子":不是新招

与资源类似,交通要道依赖于地理位置,具有天然的运气成分。当然,如前所述,资源可以通过科技进步取得一定的突破。比如,如果在核聚变能源等高效能源方面取得重大突破,可以实现对石油、天然气的革命性替代,而目前的太阳能、风能、水电等,对石油、天然气的替代主要在电力生产领域,一次能源仍然有许多二次能源无法替代的战略用途。交通与此类似,科技重大突破可以解决一定的问题,但天然的地理优势仍然是成本最低、最方便的选择。

一、交通要道是最早的"卡脖子"

战略通道、战略要地应该算是"卡脖子"的最早起源,"一夫当关,万夫莫开",是"卡脖子"比喻最恰当的源头。无论对于战争还是非战争博弈,交通"卡脖子"都是不容忽视的重要方面。

张骞出使西域,开辟了东西方交流的丝绸之路,而河西走廊就是其中的"脖子",谁能控制河西走廊,谁就能控制东西方贸易。之后的两千年，中原王朝和北方游牧部落一直在河西走廊进行拉锯争夺，每当中原王朝控制了河西走廊，中国历史就进入相对兴盛繁荣的时期。

特别值得一提的是俄国历史。俄国认为，只有拥有了自己的出海口，才不会被别人"卡脖子"。

如果说，出使西域而开辟"丝绸之路"是推动人类文明交流的第一次反"卡脖子"，那么，从中世纪逐渐苏醒的欧洲为再次打通与中国和印度的贸易通道，绕开因各种战乱与障碍而逐渐衰落的丝绸之路，则是又一次反"卡脖子"的历史性成功案例。这次，开启了大航海时代，发现了新大陆，也激发了后来的工业革命，从此人类文明进入了一个崭新的阶段。

二、国际贸易路线里的"脖子"

在当今的国际贸易路线中，相比陆路和航空，海路航运仍然是运力最大、成本最低的方式，海路方式运输的商品占全球贸易的80%以上。

世界上主要的海运航线有八条：

- 北大西洋航线：西欧（鹿特丹、汉堡、伦敦、哥本哈根、圣彼得堡，北欧的斯德哥尔摩、奥斯陆等）—北大西洋—北美洲东岸（纽约、魁北克等）、南岸（新奥尔良港，途经佛罗里达海峡）。
- 亚欧航线（即苏伊士运河航线）：东亚（横滨、上海、香港等港口，途经台湾海峡、巴士海峡等）、东南亚（新加坡、马尼拉等）—马六甲海峡—印度洋（科伦坡、孟买、加尔各答、卡拉奇等）—曼德海峡（亚丁）—红海—苏伊士运河（亚历山大）—地中海（突尼斯、热那亚）—直布罗陀海峡—英吉利（多佛尔）海峡—西欧各国。

- 好望角航线：西亚（阿巴丹等，途经霍尔木兹海峡）、东亚、东南亚、南亚—印度洋—东非（达累斯萨拉姆）—莫桑比克海峡—好望角（开普敦）—大西洋—西非（达喀尔）—西欧。载重量在25万吨以上的巨轮无法通过苏伊士运河，需绕过非洲南端的好望角。

- 北太平洋航线：亚洲东部、东南部—太平洋—北美西海岸（旧金山、洛杉矶、温哥华、西雅图等）。这是亚洲同北美洲各国间的国际贸易航线，随着中国经济的发展，这条航线上的贸易量不断增加。

- 巴拿马运河航线：北美洲东海岸—巴拿马运河（巴拿马城）—北美洲西海岸各港口。这是沟通大西洋和太平洋的捷径，对美国东西海岸的联络具有重要意义。

- 南太平洋航线：亚太地区国家（悉尼、惠灵顿）—太平洋（火奴鲁鲁）—南美洲西海岸（利马、瓦尔帕莱索等）。

- 南大西洋航线：西欧—大西洋—南美洲东海岸（里约热内卢、布宜诺斯艾利斯等）。

- 北冰洋航线：东亚（符拉迪沃斯托克，原名海参崴）—太平洋—白令海峡—北冰洋—北欧（摩尔曼斯克）—大西洋—西欧。

其中北大西洋航线、亚欧航线、好望角航线和北太平洋航线这4条航线是世界上最主要的航线。北大西洋航线是世界最繁忙的海上运输路线，好望角航线是石油运量最大的航线，被称为西方国家的"海上生命线"。

而这8条航线中，具有"卡脖子"地位的要道有英吉利海峡、马六甲海峡、巴拿马运河、苏伊士运河、博斯普鲁斯海峡、霍尔木兹海峡、丹麦海峡、圣劳伦斯海道、直布罗陀海峡和曼德海峡等10处。

（一）英吉利海峡

英吉利海峡被称为世界上最繁忙的航道，位于大不列颠岛和欧洲大陆（法国）之间，连接着北海和大西洋，长560千米（350英里），深150—400英尺，最窄处多佛海峡（Strait of Dover）仅宽34千米，每天约有500艘船舶通行，运输谷物、矿物、钢铁等商品，是欧洲航运网络的关键路线。

（二）马六甲海峡

马六甲海峡长1080千米，最窄处仅37千米，西段属缅甸海，东南端连接中国南海，是太平洋和印度洋之间的最短路线，连接印度、印度尼西亚、马来西亚、新加坡、中国大陆和台湾地区以及日本、韩国等主要亚洲经济体，每年约有10万艘船只（大多数为油轮）通过，是世界上第二繁忙的水道。2016年，平均每天有1600万桶石油运过海峡，也使其成为主要的石油阻塞点。通过这条海峡运输的还有煤炭、棕榈油、印度尼西亚咖啡和液化天然气等货物。

经马六甲海峡进入南中国海（从新加坡到台湾地区附近）的油轮是经过苏伊士运河的3倍、巴拿马运河的5倍。马六甲海峡对于日本、中国、韩国都是最主要的能源运输通道，日本从中东购买的石油，绝大部分都通过这里运往国内，中国85%的进口石油主要靠水路运送，大多也需要经过这里。马六甲海峡是东方的"海上生命线"，也是亚洲、非洲、大洋洲、欧洲沿岸国家往来的重要海上通道，许多发达国家从外国进口的石油和战略物资，都要经过这里。由于海运繁忙以及地理位置独特，马六甲海峡被誉为"海上十字路口"。

（三）巴拿马运河

巴拿马运河是人工运河，长约65千米，最窄处仅152米，通过时间大约为10个小时。运河在1914年完工，缩短了太平洋和大西洋之间14 800千米的航程，大大节省了运输时间。

2016年，巴拿马运河扩建开放，允许载运14 000标准箱的货船通过，每年有超过15 000艘船在巴拿马运河航行，运载植物油和脂肪、罐装和冷藏食品、化学品和石油化学品、木材、机械零件和谷物。

（四）苏伊士运河

1869年11月17日，连接地中海和红海的苏伊士运河开通，大大缩短了大西洋和印度洋之间的海上航线。如果没有这条路线，船只将不得不绕非洲的好望角航行，航行时间通常为24天，而走运河路线的时间仅为16小时。如今，苏伊士运河是世界上使用最频繁的航道之一，每天有超过100艘来自世界100多个国家和地区的船只通过运河。中东地区出口到西欧的石油 70% 经由苏伊士运河运送，每年经苏伊士运河运输的货物占世界海运贸易的 14%，其中 35% 的份额通往红海和波斯湾沿岸港口，20% 通往印度和东南亚港口，39% 通往远东地区。经苏伊士运河运输的主要商品是石油、煤炭、金属、木材、油籽、水泥和化肥。

（五）博斯普鲁斯海峡

土耳其的博斯普鲁斯海峡（Bosporus Strait）又称伊斯坦布尔海峡，是连接黑海和马尔马拉海的一条狭窄水道，与达达尼尔海峡和马尔马拉海一起组成土耳其海峡（又称黑海海峡），最终连接大西洋，是欧洲和亚洲之间的边界，在石油、商业和军事贸易方面具有国际重要性。海峡全长 30 千米，最宽处 3.6 千米，最窄处仅 708 米，最深处 120 米，最浅处仅 27.5 米。每年有超过 48 000 艘船只在博斯普鲁斯海峡航行，包括军舰和货船、化学品船、集装箱船、牲畜运输船及液化石油气运输船。

（六）霍尔木兹海峡

霍尔木兹海峡（Strait of Hormuz）是连接中东地区的重要石油产地——波斯湾和阿曼湾的狭窄海峡，东西长约 150 千米，最宽处达 97 千米，最狭处只有 38.9 千米，南北宽 56 千米—125 千米，平均水深 70 米，是阿拉伯海进入波斯湾的唯一水道。霍尔木兹海峡由出入两个通道组成，是石油运输的关键通道，伊朗和沙特阿拉伯、伊拉克、卡塔尔、阿拉伯联合酋长国等其他海湾产油国 90% 以上的原油都要经此出口。霍尔木兹海峡是波斯湾石油通往西欧、美国、日本等世界各地的唯一海上通道，是东西方国家间文化、经济、贸易的枢纽。全球大约 1/3 的海运原油贸易都依赖这一海峡，它负担着西方石油消费国 60% 的供应量。2016 年，霍尔木兹海峡每日的石油流量约 1 850 万桶，被西方国家誉为"海上生命线"。

（七）丹麦海峡

丹麦海峡指格陵兰岛与冰岛之间的海峡，部分延伸至北极圈，北通北冰洋，南连北大西洋，长约 483 千米，最狭处宽 290 千米，是欧洲和北美洲的分界线。丹麦海峡对于在俄罗斯和欧洲之间运输石油至关重要，2016 年，每天约有 320 万桶原油和石油运输途经丹麦海峡。

（八）圣劳伦斯海道

圣劳伦斯海道是北美最重要的航道，它连接大西洋和五大湖，与五大湖一起构成了世界上最长的深水导航系统，延伸到北美 3 700 千米，直接服务安大略省、魁北克省、伊利诺伊州、密歇根州、俄亥俄州、印第安纳州、威斯康星州、纽约州和宾夕法尼亚州。每年，超过 35 万磅的原材料、农产品和制成品通过此航道，流通的产品数量使其成为美国、加拿大和超过 59 个海外市场之间商业的重要网络。

（九）直布罗陀海峡

直布罗陀海峡位于西班牙最南部和非洲西北部之间，是连接地中海和大西洋的重要门户。该峡最窄处仅 13 千米，其西面入峡处最宽，达 43 千米，最浅处水深 301 米，最深处水深 1 181 米，平均深度约 375 米。

直布罗陀海峡在大航海时代就被大西洋航海家们利用，地中海沿岸国家的探险船队曾频繁地通过这里到达大西洋，今日的直布罗陀海峡仍是大西洋通往南欧、北非和西亚的重要航道。

1869 年苏伊士运河通航后，尤其是波斯湾的油田得到开发之后，它的战略地位变得更加重要，成为西欧能源运输的"生命线"，是大西洋与地中海及印度洋、太平洋间海上交通的重要航线。每年通过这里的船只多达 10 万艘，这里是国际航运中最繁忙的通道之一，具有重要的经济和战略地位。

21 世纪初，直布罗陀海峡已成为世界上最繁忙的海上通道之一。从西、北欧各国到印度洋、太平洋沿岸国家的船只，一般均经由直布罗陀海峡—地中海—苏伊士运河—曼德海峡这条航路。而从波斯湾运载石油的船只也需通过直布罗陀海峡运往西欧和北欧各国。

从军事角度看，直布罗陀是军事重镇，直布罗陀海峡是美国海军第六舰队和北约各国海军进出地中海的要道。西班牙罗塔海军基地是美国地中海舰队的根据地，美军可借此随时控制和封锁直布罗陀海峡。另外，直布罗陀海峡也是俄罗斯黑海舰队出入大西洋的必经之路。

（十）曼德海峡

曼德海峡，也称"曼达布海峡"（the Mandab Strait），位于亚洲阿拉伯半岛西南端和非洲大陆之间，处于红海南端也门和吉布提之间，是连接红海和亚丁湾、印度洋的海峡。海峡宽 26 千米—32 千米，平均深 150 米，其间分散着一些火山岛，丕林岛将曼德海峡分成小峡和大峡，小峡在亚洲一侧，宽约 3.2 千米，水深 30 米，是曼德海峡中的主要航道；大峡在非洲一侧，宽约 25.95 千米，水深 333 米，多暗礁和一些小火山岛。

曼德海峡是红海的南大门，自古以来就是连通印度洋、亚丁湾和红海的一条繁忙的商路。1869 年苏伊士运河通航后，曼德海峡成为从大西洋进入地中海，穿过苏伊士运河、红海通往印度洋的海上交通必经之地，是世界上最重要和最繁忙的海峡之一，每年都有两万多艘船只通过。曼德海峡与苏伊士运河一南一北，具有同样重要的战略地位，是连接太平洋、印度洋和大西洋的海上交通要道，西方称其为世界的"战略心脏"。

三、世界大国大多建立了全球交通要道的控制体系

除中国外，联合国其他 4 个常任理事国都有海外领土，遍布各大陆、大洋的咽喉要道。美国遍布全球要塞的军事存在或联盟及各种控制手段是路人皆知的；英国至今仍控制着西班牙南端的直布罗陀海峡；俄罗斯横跨亚欧两洲，控制着诸多的入海口；法国也有许多殖民时代遗留下来的海外属地。

海峡、运河、入海口、重要港口、岛屿、基地，以及陆地上的山口、河流、公路、铁路和运输管道等各种交通通道和关键点，不但具有巨大的经济价值，更具有巨大的军事价值和战略价值。

要避免被"卡脖子",这些交通要道和关键点是必须考虑的方面。

　　国际贸易在我国经济中具有重要的地位,尤其是我国的原油等能源和一些重要矿藏等战略资源具有很高的对外依存度,这些自然资源在短期内很难实现自给自足。另外,大豆等一些农产品也在很大程度上依赖进口。这些要求我们必须充分考虑进口运输通道被"卡脖子"的风险,要考虑风险的应对方案。

第四章

规则"卡脖子"

随着时代的发展和进步，霸权国对崛起国"卡脖子"的方式和手段也日趋多样化和复杂化，从早期单一维度上的贸易禁运与热战逐渐发展演绎到当代在经贸、金融、舆论、文化以及军备竞赛等多个维度上的复合博弈与"卡脖子"。此外，伴随着"卡脖子"方式的多元化，国家间"卡脖子"的参与者也越来越多，从早期的"一对一卡脖子"，逐渐演变到现在的"多对一"甚至"多对多卡脖子"，而这也显示出当今世界国家间的竞争关系越发复杂化。

如果说，战略资源和交通要道的多少属于国家的自然禀赋，国际规则则完全看国家的自身实力和引导国际共识的能力。

作为二战以来全球唯一的超级大国，美国毫无疑问是这方面的主角。不同于以往的全球霸权，美国更倾向于通过主导设立全球经济和金融领域的规则与秩序，并结合自身在国际货币支付和清算体系中的垄断优势，通过金融制裁的方式对挑战国进行"卡脖子"。此外，除了运用传统的"硬实力"对竞争对手的发展加以限制，美国及其盟友还发展出了庞大的、覆盖多个领域的跨国非政府组织（NGO）网络，并通过这些组织发展、传播美欧的"软实力"。通过对跨国NGO网络的构建、影响和操控，美国得以在"软实力"层面进一步对竞争对手"卡脖子"。

一方面，通过垄断全球金融领域规则的制定权、国际政府间组织的控制权以及对跨国NGO网络的影响力，美国能够以相对低成本、对自身低破坏的方式维持其全球霸权。但另一方面，美国所采取的这种基于规则体系和NGO网络"卡脖子"的策略，对于经济实力和社会组织能力相对强大的竞争对手，目前尚不能完全遏制它们的发展。在更多情况下，美国与对手国及它们各自的盟友间会进行持续时间较长的双方或多方博弈，而这可能也为我国与美国的竞争提供了些许经验。

第一节　美国特色：金融控制与长臂管辖

美国在一战前利用英德争霸的契机大力发展工业，并通过避免直接参与一战和二战的主要阶段，迅速成长为世界头号经济强国。二战结束后，美国顺理成章地和平取代了英国成为新的世界霸主。一战和二战对欧亚大陆国家所造成的物理和心理层面上的撕裂，以及大英帝国在战争后的迅速衰落，使美国看到了通过战争方式遏制竞争对手崛起的巨大成本和风险。因此，在登上全球霸主的宝座后，美国极力避免重蹈前人的覆辙，并致力于设计一种低成本、低风险、高效率的方式来维持它对世界的影响力。这个将宪法视为"神权"的国家自然而然地想到了通过构建法律框架和规则体系的方式来达到其目的。在这种思维的引导下，美国

第四章 规则"卡脖子"

在二战结束后通过创建并控制布雷顿森林体系、世界银行、国际货币基金组织以及世界贸易组织等核心国际政府间组织实现了自身对世界金融经济的低成本控制。1971—1972年布雷顿森林体系崩溃后,美国再次通过绑定美元作为石油等大宗商品的结算货币,继续维持对世界金融体系的控制。而这一次,没有了之前货币体系中对美元绑定黄金的限制,美国可以愈发牢固和自由地对全球金融施加控制,也使其能够通过设立法规对任何威胁美国霸权地位和利益的主体或国家进行金融制裁。正如美国前副财长约翰·泰勒(John B. Taylor)所指出的:金融事务一直是美国对外政策中除政治和军事之外的第三大支柱。[①]可见金融制裁的"大棒"对美国维持其全球霸权何等重要。

通常来说,在金融制裁中,国家或国际间权威组织可以通过设立法规的形式对另一国家、组织或个人在全球金融系统内的交易或资金流动进行限制,从而限制其融资并加速现金流枯竭。由于金融制裁有强大的威力和破坏力,它已经成为美欧等主要西方国家实现对外政策的主要工具之一。对于非专业人士而言,"金融制裁"这个词虽耳熟能详,但大多数人仅知道这是一种制裁方式,而不清楚其具体原理和内容。尤其是,人们常常会有这样一种疑问:为什么美国经常能够对其他国家采取金融制裁,而没有国家对美国采取金融制裁呢?事实上,这种看似简单的制裁方式是建立在美国多年来在《联合国宪章》条款的基础上所构建的一系列国内法律和规则的框架上的,而在背后支撑美国能够使用这

---

① 马鑫,许钊颖. 美国对俄罗斯的金融制裁[J]. 美国研究,2015(5).

些法律规则在全球范围进行金融制裁的基石，则是美国对国际储备货币（美元）以及国际交易清算系统的垄断。在跨国交易日渐频繁的今天，美国这种垄断优势已经成为其捍卫全球霸权的重要支柱。

具体来看，美国实施金融制裁的合理性和法律依据来自《联合国宪章》（下称《宪章》）第41条中的"允许安理会采取武力之外的其他措施来实施其决议"，这些办法包括局部或全部断绝包括经济关系、交通及外交关系等，而安理会可促请联合国会员国执行此项办法。美国依据《宪章》中的该条款在1945年颁布了《联合国参与法》，并在其中进一步明确规定了美国为执行联合国安理会决议可以实施金融制裁，而该法案也成了美国对其他国家或主体实施金融制裁的国内法律依据。此后，通过对《宪章》第41条规定解释的不断拓展和延伸，美国通过不断颁布国内法律和规则，逐步构建出一套完善的金融制裁法律体系，囊括了法律、行政命令、执行机构和执行方式等。其中，这套法律体系的核心是1976年通过的《国家紧急状态法》（下称《紧急状态法》）以及1977年通过的《国际紧急经济权力法》（下称《紧急经济权力法》）。《紧急状态法》更偏向于一个程序法律，它赋予了美国总统宣布国家进入紧急状态的权力并规定了总统要向国会解释宣布紧急状态的法律依据、程序和条件等。《紧急经济权力法》则赋予了美国总统更大的权力，它允许总统在美国国家安全、对外政策或经济利益受到威胁的情况下，有权命令国内金融机构停止与被制裁对象间的金融交易、款项划拨、货币转移等业务，而总统在实施该命令时无须事先获得国会的批准。①除上述两部 20 世纪 70 年代末颁布的法律之外，在 2001 年"9·11"事件发生之后，时任美国总统小布什在当年 10 月签署了《爱国者法案》，并在该法案中以防止恐怖主义为名，赋予美国总统在不宣布国家进入紧急状态的情况下进行金融制裁的权力。同时，此法案也赋予美国财政部控制境外国家、组织或个人金融交易的权力，并为美国财政部的"长臂管辖权"提供了法律依据。②至此，《紧急状态法》《紧急经济权力法》《爱国者法案》以及美国每年末颁发的《国防授权法》成了当代美国对他国或该国内部组织机构实施金融制裁的核心法律依据。而在这些核心法律的基础上，美国还会在具体的金融制裁实施过程中颁布其他特定的制裁法律、总统行政命令以及财政部的专门条例等进行辅助。这些法令也形成了美国在全球范围内实施金融制裁的依据和框架，并勾勒出了实施制裁的范围。可以看出，《紧急经济权力法》和《爱国者法案》赋予了美国总统在金融制裁中至高无上的决策权力，其有单方面以"国家安全"的名义发布行政命令对被制裁方实施金融制裁的权力；而《紧急状态法》也赋予美国国会审议并通过美国的制裁法案的权力。

在执行层面，财政部是美国对外实施金融制裁的核心职能部门，其下属的海外资产控制办公室（Office of Foreign Assets Control，OFAC）负责制裁的具体执行。OFAC 需要根据总统决策内容设立及调整被制裁方名单，并对被制裁主体实施资产冻结、禁止或限

---

① 徐以升，马鑫.金融制裁：美国新型全球不对称权力［M］.北京：中国经济出版社，2015.
② 冯聪.美国金融制裁机制研究与启示［J］.银行家，2020（5）.

制金融交易等金融制裁措施。除 OFAC 之外，美国国务院下属的经济制裁政策和执行办公室（Office of Economic Sanctions Policy and Implementation，SPI）也是实施美国金融制裁的执行机构。与 OFAC 不同的是，SPI 的工作职责几乎囊括了所有经济制裁方面，其与美国财政部、商务部、国防部等行政机构具有密切的合作关系。

  除了构建法律框架和设立相应的执行部门外，美国还需要掌握核心的资源和工具来实施金融制裁，否则这些法律法令就只会变成"空中楼阁"。帮助这些"空中楼阁"落地的则是美国自二战以来苦心经营实现的美元霸权，及其对国际跨境支付清算基础设施的垄断。首先，美国在战后先后通过绑定美元黄金和美元石油发展出来的美元霸权使得其在全球货币体系中占有绝对优势。根据统计，美元目前在全球外汇储备中占比超 60%，而该货币在全球资金交易中占比则高达 90%。此外，很多国家的货币和利率政策均与美元挂钩，美元在国际交易中也被许多国家用作报价、支付和清算工具。[①] 这一系列广泛的应用场景使美元无论从交易支付还是从资产储备的角度上均在全球货币中傲视群雄，无出其右。其次，除美元的统治地位外，美国还垄断了全球的支付清算系统。在这些支付清算系统中，至关重要的有两个：环球银行金融电信协会（SWIFT）和纽约清算所银行同业支付系统（CHIPS）。其中，SWIFT 是全球最大的安全报文交换服务机构，总部设立在比利时的布鲁塞尔，在其网络中连接了 1.1 万家金融机构客户，覆

---

① 冯聪. 美国金融制裁机制研究与启示［J］. 银行家，2020（5）.

盖了几乎所有的全球货币的电子报文交换,是跨境货币能够顺利支付清算的核心前提。CHIPS 是总部设立在纽约的美元跨境支付清算系统,它已成为全球最大的国际美元清算支付网络,承担了全球逾 95% 的银行间同业美元清算和全球超 90% 的外汇交易清算。虽然 SWIFT 和 CHIPS 在经营模式上为私营的跨境支付清算相关系统,但事实上美国在这两个系统中有着巨大的影响力。美国对总部设立在美国境内负责美元跨境支付清算的 CHIPS 的影响力不言自明,而它对 SWIFT 的影响力主要来自 SWIFT 的董事会——其董事会成员全部是美国银行机构的高管,而他们直接或间接受到美国法规和监管的限制。因此,通过对 SWIFT 董事会成员的影响,美国事实上对 SWIFT 的运营和决策拥有相当大的影响力。尤其是在 2001 年"9·11"事件后,美国通过法案使其可以通过 SWIFT 强化,把控涉及恐怖组织金融交易和融资等方面的信息,使 SWIFT 进一步成为美国实施金融制裁的主要工具。如果一个国家或机构/个人主体被列为 SWIFT 和 CHIPS 的制裁对象,无论开设任何代理行或代理账户,这些主体所发出的跨境支付结算指令都将被中止,使该主体被排除在国际金融支付交易的体系之外。

截至目前,美国对其他国家或主体实施金融制裁的方式主要包括四种:冻结或没收被制裁方在美金融资产、取消或大幅限制被制裁方在国际市场中的债权和股权融资、切断被制裁方的美元清算渠道、禁止其他非美金融机构与被制裁方进行交易。[①] 其中

---

① 贾辉,鞠光. 识别美初级制裁和次级制裁[J]. 中国外汇,2019(18).

2001年颁布的《爱国者法案》能够确保上述最后一种制裁方式得以实施，该法案赋予了美国司法部门对海外非美机构进行金融制裁的"长臂管辖权"。根据该管辖权依据的"效果原则"，外国实体或个人只要有意图影响美国公民就要被美国管辖，不管这些意图是否已实施，也不管其行动是否产生了对美国公民的实际影响。因此，美国可以堂而皇之地以"反恐""反洗钱"等各种理由对非美金融机构进行制裁，确保其不能与任何被美国金融制裁的主体进行交易。除这四种依据美国构建的金融制裁法律框架所衍生出的制裁方式外，美国还可以通过认定其他国家或地区为"汇率操纵国"的方式，对该国货币汇率进行施压并迫使其对美元升值，降低该国对美贸易顺差，并同时降低该国在国际贸易出口市场中的竞争力，直到美国认为该国对美的经济威胁消除为止。

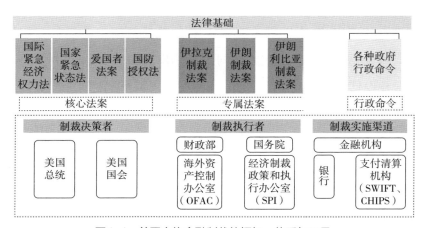

图4-1　美国实施金融制裁的框架、体系与工具

资料来源：公开信息整理。

第四章 规则"卡脖子"

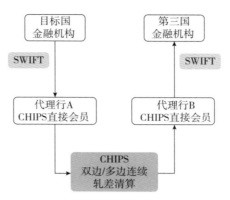

图4-2 SWIFT与CHIPS支付清算系统

资料来源：任泽平等，《中美金融战：工具、情景推演、影响及应对》，泽平宏观微信公众号，https://mp.weixin.qq.com/s/q4Kl_I3MmmUbzNT57kanbA。

第二节　金融"卡脖子"经典案例

一、美伊金融战

美伊金融战始于1979年的伊朗伊斯兰革命。革命成功后,伊朗的亲美国家领袖国王巴列维以看病为由逃亡美国,宗教领袖霍梅尼回国成立了新的政教合一的伊朗伊斯兰共和国。在共和国成立后,伊朗激进派学生冲进了美国驻伊大使馆并将美使馆人员扣为人质,寄希望以此为要挟让美国交出巴列维。这次人质事件也成了美国和伊朗关系迅速恶化的导火索,此后,美国开始了对伊朗长达40多年的经济和贸易制裁,其中尤以金融制裁为甚。

事实上,1979年伊朗伊斯兰革命成功后,美国政府迅速开启了对伊朗的金融制裁,停止了对伊石油进口,并冻结了伊朗政府和央行在美的120亿美元存款,迈出了美国对伊金融制裁的第一步。随后,在1980年,卡特政府进一步颁布命令全面禁止美伊贸易,并禁止美国公民赴伊进行金融交易。20世纪80年代,里根和老布什政府维持了此前卡特政府对伊朗采取的金融制裁方案。到了20世纪90年代克林顿政府执政时期,美国国会扩大了对伊

第四章 规则"卡脖子"

朗的金融制裁，并在 1996 年 12 月通过了《伊朗—利比亚制裁法案》，将对伊制裁实施对象进一步扩大至美国公司以外的主体，成为美国对伊制裁的基础性法律之一。①

进入 21 世纪，在 2001 年发生"9·11"事件后，"反恐"成了美国小布什政府国家安全战略的核心任务。由于伊朗被认为是恐怖主义的资助方，美国开始了对伊朗新一轮更加严厉的打击与制裁。尤其在 2003 年伊朗核危机后，美国开始拉拢其西方盟友对伊朗实施了分三阶段的多轮集中在能源和金融领域的制裁。2003—2006 年是第一阶段，美国及其盟友对伊朗采取了"打拉结合"的策略：一方面美国保持对伊朗的单边制裁；另一方面，英、法、德等美国盟友则积极同伊朗开展谈判，寄希望于同伊朗达成其放弃发展核武器的协议。伊朗并没有在第一轮制裁后放弃拥核的目标，因此，从 2006 年起，美国又进一步推动联合国对伊朗实施了为期三年的四轮经济制裁。至此，美国成功地将此前自己对伊朗的单边金融制裁转化为联合国参与的国际社会对伊朗的多边金融制裁，提升了制裁的范围和强度，进一步挤压了伊朗在金融领域进行正常交易的空间。此后的 2010—2015 年，美国联合其盟友对伊朗实施了新一轮的经济金融制裁，而制裁力度和广度则进一步扩大。2010 年，美国国会通过了《全面制裁伊朗、问责和撤资法案》和《降低伊朗核威胁和保障叙利亚人权法案》，并在这些法案中严厉禁止美国本国以及外国的个人和企业帮助伊朗开发石油、出口石油制品，并禁止外国银行与伊朗开展业务等。这两个

---

① 黄磊. 美国新旧"伊朗制裁法案"的比较及其影响［J］. 国际经济合作，2011（4）.

法案也和1996年颁布的《伊朗—利比亚制裁法案》一起成为美国政府出台针对伊朗的行政命令和监管条例的基础性法律。2012年，美国利用其在SWIFT组织中的影响力，成功要求该组织切断同伊朗之间的联系，并使伊朗政府和金融机构在美国和欧盟的资产相继被冻结。美国及其盟友在这一阶段对伊朗的升级制裁实际上相当于将伊朗彻底排除在国际金融和贸易体系之外，这对伊朗的国内经济造成了极为严重的打击。最终，在2013年11月，经济上不堪重负的伊朗与美、俄、中、法、德、英等六国达成了《日内瓦协议》，并在2015年7月经过多方多轮谈判达成了历史性的全面解决伊朗核问题的协议——《联合全面行动计划》。在协议达成后，美国及其盟友也放松了对伊朗的制裁。

但好景不长，2016年民粹主义者特朗普当选美国总统。其上台后不久，在2018年5月，美国单方面宣布退出关于伊核问题的全面协议，并恢复了对伊朗的全面的"最严厉制裁"，开始对伊朗进行"极限施压"。然而，美国单方面退出伊核协议的行为并没有获得其盟友的支持。在2019年1月，英国、法国和德国宣布建立"贸易往来支持工具"（INSTEX），作为一个以迂回方式来和伊朗或其他国家进行交易的与SWIFT平行的系统。而INSTEX以及由中国主导的CIPS跨境支付系统的建立，也标志着世界主要国家希望打破美国对国际支付清算基础设施的垄断来降低美国对他国实施单边制裁对自身利益的影响。2021年美国拜登政府上台后宣称要同伊朗谈判重返伊核协议，但目前谈判尚未进行，结果未知。

美伊金融战是美国通过其在全球金融领域的规则主导权对敌对国"卡脖子"的经典案例。在长达40多年的金融战中，美国对伊朗先后实施了封锁伊朗相关人员财产、禁止美国主体与伊朗进行贸易或投资、对伊朗能源部门制裁、对伊朗非能源部门制裁以及对伊朗金融业制裁等全面经济制裁战略，而这些金融制裁也使伊朗国内的经济发展遭受重创。究其根本原因，伊朗的国内经济过于依赖石油，而国际石油的定价和交易恰恰要通过美元，因此，美国对伊朗的一系列金融制裁将其排除在以美元为基础的国际金融交易和支付体系之外能够正中其要害，达到美国"卡脖子"的目的。

二、美俄金融战

如果说美国在美伊金融战中占尽上风的话，那么从 2014 年延续至今的美俄金融战则算得上是一场当代大国之间博弈的拉锯战。诱发美俄金融战的原因是，在 2013 年底，时任乌克兰亲俄派总统亚努科维奇拒绝与欧盟签署联系国协定，引发乌克兰危机。随着危机的恶化，2014 年 3 月俄罗斯族人口占绝大多数的乌克兰克里米亚地区举行公投，宣布独立，并在随后并入俄罗斯，扩张了俄罗斯的领土和势力范围。以美国和欧盟成员国为主的西方国家认定俄罗斯吞并克里米亚的行为违反国际法，并迅速对俄罗斯开启了金融和经济制裁。首先，在克里米亚公投独立后不久，在 2014 年 3 月 17 日，美国总统奥巴马签署了行政命令，针对俄罗斯总统普京圈子内的核心成员进行金融制裁，冻结了这些人员在美国的资产，并禁止美国个人和实体同这些人员进行交易往来，以及禁止他们入境美国；而随后欧盟也决定对 21 名来自俄罗斯和乌克兰的官员采取类似的制裁措施，从而拉开了欧美对俄罗斯金融制裁的序幕。

2014年7月，以马航MH317客机坠毁事件作为导火索，美欧将此前针对俄罗斯主要个人的制裁升级到针对俄罗斯金融机构商业实体的"最严厉"金融制裁。本轮制裁的主要对象是以俄罗斯国有银行和开发银行为代表的多家俄罗斯商业银行机构，而制裁的目的旨在切断这些金融机构在美国或欧洲金融市场中的融资渠道。其中，欧盟在制裁中禁止欧洲银行或个人投资者购入或交易被制裁的俄罗斯银行发行的超90天的新债券和证券，而美国在制裁中则禁止美国公司或个人对这些机构提供融资服务。在2014年7月到12月之间，美欧进一步扩充被制裁的俄罗斯金融机构商业实体的名单，将其他俄罗斯商业银行、俄罗斯石油和天然气领域大型公司以及俄罗斯国防领域大型公司纳入该名单，禁止它们在欧美金融市场中进行融资。

进入2015年，美国希望进一步升级对俄罗斯的金融制裁，并企图运用其在金融制裁领域的"核武器"：将俄罗斯从SWIFT系统中切断，来对俄罗斯进行"极限施压"。俄罗斯出口严重依赖欧美金融体系，有90%的结算以欧元或美元计价，因此，如果俄罗斯被"踢出"SWIFT体系，将会对其对外贸易以及国内经济造成极端的打击。美国在2015年3月正式提出了对俄罗斯关闭SWIFT的动议，但SWIFT的会员为了维护他们的中立地位，并避免卷入美俄政治纠纷，认为美国提出的切断与俄罗斯金融机构联系的建议"侵犯会员权利并损害相关方利益"，最终没有采取行动，而美欧在之后也决定取消对俄罗斯关闭SWIFT的制裁。在2015年后，美欧继续维持了此前对俄罗斯个人和实体的制裁框架，并分别将它们对俄罗斯实体的金融制裁延长至今。在这期间，美欧曾以"国家安全"或"干扰选举"为理由将一些新的俄罗斯个人和商业实体放到此前的制裁名单中，但其对俄罗斯制裁的基本框架和手段没有发生根本变化。①

和对伊朗的金融战类似，美国及其盟友在同俄罗斯的金融战中也运用了包括冻结或没收被制裁对象在美资产、限制被制裁国及其被制裁商业主体在欧美金融市场融资、限制被制裁国获取美元的能力并切断其使用美元渠道（部分实施）等金融制裁方式。而这些制裁的确也对俄罗斯国内经济发展造成了重大的影响。同伊朗类似，作为典型的资源型国家，俄罗斯的经济发展过度依赖石油、天然气等能源行业，石油和天然气出口占俄罗斯总出口额的70%以上。而石油天然气开采作为重资产行业，融资对于该行业的主要企业十分重要。美欧对于俄罗斯石油天然气领域的主要企业在国际融资方面的制裁精准地"卡"住了俄罗斯的"脖子"，制约了其在国际能源行业发展扩张的能力，并使其失去了对国际石油天然气价格定价的主导权。与此同时，为配合对俄罗斯能源行业的打压，美国在制裁期间极力发展本国的页岩油/页岩气产业，使其能够进一步影响国际能源价格。通过图4-3和图4-4可以直观地看出，在2014年3月美欧开始对俄罗斯实施金融制裁后，国际原油价格和俄罗斯卢布兑美元汇率均大幅下跌，而这两个指数的下跌表示俄罗斯主要出口产品价格的降低及购买进口商品价格的上升，也显示出美欧金融制裁对俄罗斯经济的直接冲击。

---

① 马鑫，许钊颖. 美国对俄罗斯的金融制裁［J］. 美国研究，2015（5）.

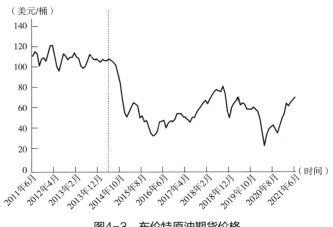

图4-3 布伦特原油期货价格

资料来源：雅虎财经。

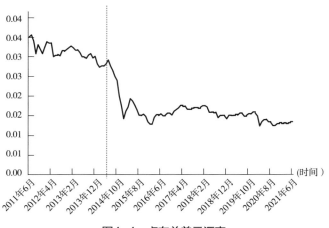

图4-4 卢布兑美元汇率

资料来源：雅虎财经。

然而，与伊朗不同的是，在面对美欧金融制裁"大棒"时，俄罗斯结合自身特点和优势对美欧采取了更有效率的反制措施与它们周旋。这些反制措施包括对美国、欧盟、加拿大等国的食品进口进行禁止，在冬季减少向欧盟国家供应天然气，用国内资金扶持被制裁公司，不断加强与我国等新兴国家的经贸合作来替代欧美市场。例如，2015年俄罗斯成功与我国签订了一揽子油气资源合同和人民币/卢布互换协议，从而直接避开欧美金融制裁的影响。由于俄罗斯同欧盟之间经济依存度较高，俄罗斯所采取的一系列反制裁手段也对美国在欧洲的盟友造成了严重的影响。根据研究估算，在俄罗斯2014年下半年开始对欧盟采取反制措施的一年多时间内，欧盟减少了约200万个就业机会，产值减少了1 000亿欧元，而欧盟的"领头羊"德国在这其中受到的波及最为惨重。俄罗斯的反制措施成功地在美国及其欧洲盟友间造成了利益上的隔阂，并以此逐渐引导欧盟主要国家对俄金融制裁的态度发生变化。近年来，欧盟与俄罗斯的关系在"北溪2号"天然气管道建设的合作中逐渐升温，也显示出欧盟对俄罗斯经济制裁事实上放松的态势，而俄罗斯借此也可以减弱美国通过金融制裁对其"卡脖子"的威力。

对比美伊金融战和美俄金融战可以看出，美国对这两个国家的金融制裁策略和方式几乎如出一辙，但俄罗斯通过利用自身经济体量，以及美国与其欧洲盟友间的利益隔阂，成功地将美俄金融战拖入拉锯战，并伺机突破。俄罗斯的应对方式也为我国如何应对与美国潜在的金融战提供了些许启示。

第三节　美国的"长臂管辖"：
跨国金融机构头上的"达摩克利斯之剑"

前文曾提到，美国除了援引《紧急经济权力法》等法案直接向对手国或其国内主体发起金融制裁之外，它还可以通过其特有的"长臂管辖权"迫使第三国金融机构同美国一道对被制裁对象展开金融制裁，从而大大增强了其制裁的破坏力。"长臂管辖权"本来是美国民事诉讼中的一个概念，指"当被告人的住所不在法院地州，但和该州有某种最低联系，而且所提权利要求的产生和这种联系有关时，就该项权利要求而言，该州对于该被告人具有属人管辖权，可以在州外对被告人发出传票"。因为国际法中与之对应的概念尚处于缺位状态，美国便利用此空隙将本属于其国内法范畴的"长臂管辖权"概念应用于国际金融制裁，并大大增强了其实施制裁的震慑力。

美国在2001年"9·11"事件后推出的《爱国者法案》正式确立了其在以"反恐"名义实施的金融制裁中拥有"长臂管辖权"，从而将美国对国外实体和个人的制裁从"一级制裁"进一步拓展到"二级制裁"。在《爱国者法案》颁布后，美国可以通过援引该法案进一步限制非美国金融机构与被制裁对象进行金融交易或对其提供金融服务。否则，美国可以对违反规定的非美金融机构实施"二级制裁"，将违规金融机构列入黑名单并对其罚款，或是直接禁止违规的外国金融机构通过美国银行或它们的海外分支机构办理业务、开设或维护美国账户以及进行清算等。本质上，美国的"二级制裁"是迫使第三国金融机构在与被美制裁国和美国的业务往来中作出被动选择，并通过其自身巨大的经济体量以及对国际储备、支付和清算货币的控制迫使这些金融机构放弃与被制裁国的金融业务，进一步在金融层面孤立被制裁国及其国内实体。

自"9·11"事件发生后至今，美国通过援引《爱国者法案》以"反恐"和"反洗钱"名义对多家非美银行或金融机构实施"二级制裁"，其中不乏法国巴黎银行、汇丰银行、荷兰国际集团、瑞士信贷银行等多家世界知名跨国金融机构。表4-1梳理了美国通过"长臂管辖"对跨国金融机构实施"二级制裁"的经典案例，可以看出，在大多数案例中，被制裁的跨国金融机构最终通过缴纳巨额罚款与美国财政部达成和解，从而能够继续正常运转自身的业务。

表4-1 美国通过"长臂管辖"对跨国金融机构实施"二次制裁"的情况

制裁时间	机构名称	机构国家	处罚/罚款内容	制裁背景
2009/1	劳埃德银行	英国	3.5亿美元	美国指控该银行通过伪造客户记录，使伊朗、利比亚等国被制裁客户保持与美国贸易往来
2009/12	瑞士信贷银行	瑞士	5.4亿美元	美国指控该银行在非法向被制裁地区进行美元转账活动

续表

制裁时间	机构名称	机构国家	处罚/罚款内容	制裁背景
2010/8	巴克莱银行	英国	2.9亿美元	美国政府指控该银行违反美国对伊朗、利比亚、苏丹等国制裁规定
2012/6	荷兰国际集团	荷兰	6.2亿美元	美国指控该银行隐瞒向古巴、伊朗等被制裁国家提供金融服务的事实
2012/8	渣打银行	英国	6.7亿美元承诺全面整改、加强监管	美国司法部指控该银行协助伊朗洗钱长达10年
2012/12	汇丰银行	英国	19.2亿美元 5年期内全面整改反洗钱合规体系	美国指控该银行为伊朗、缅甸、古巴、利比亚等被制裁国家转移资金,并帮助贩毒团伙及恐怖组织洗钱
2013/6	三菱日联银行	日本	2.5亿美元	美国指控该银行帮助伊朗和苏丹等国转移巨额资金
2014/6	巴黎银行	法国	89.7亿美元 暂停美元清算业务1年	美国指控该银行在2004—2012年利用美国金融系统为苏丹、伊朗、古巴转移巨额资金
2015/3	德国商业银行	德国	17亿美元	美国指控该银行帮助古巴、伊朗、苏丹等被美制裁国家转移资金并进行洗钱活动
2015/10	法国农业信贷银行	法国	7.9亿美元	美国指控该银行为苏丹、伊朗、缅甸、古巴等国家提供美元清算服务,并涉嫌欺骗美国监管机构
2018/11	法国兴业银行	法国	13亿美元	美国指控该银行违反美国对伊朗、古巴及其他国家的制裁规定,长期隐瞒事实并导致数十亿美元违法资金在美国金融系统内流转
2019/4	渣打银行	英国	11亿美元	美国及英国监管机构指控该银行与伊朗等被制裁国家进行非法金融交易

续表

制裁时间	机构名称	机构国家	处罚/罚款内容	制裁背景
2019/4	裕信银行	意大利	13亿美元	美国指控该银行违反美国对伊朗等国的制裁规定，通过美国金融系统非法为被制裁实体转移美元资金

资料来源：公开信息整理，公众号：一丰看金融。

除《爱国者法案》外，美国还通过其颁布的《反海外腐败法》等法案对非美商业实体或个人进行"长臂管辖"以达到帮助美国企业在与这些企业或个人的竞争或纠纷中占据优势，维持美国在全球商业经济领域的霸权。其中一个经典案例是美国在2013年利用《反海外腐败法》等法案对法国企业阿尔斯通及其高管进行制裁，并以此帮助美国企业通用电气收购阿尔斯通。

究其本质，美国能够运用"长臂管辖权"对非美金融机构或其他主体进行"二级制裁"的根本原因是基于美国在世界经济和金融领域中所建立的霸权，而通过使用"长臂管辖权"，美国在打压竞争对手的同时，也可以帮助本国企业在国际竞争中取得优势，进一步维持其对世界的经济霸权。

第四节　国际规则与国际组织

一、二战以来的国际规则体系

美国得以通过金融控制和"长臂管辖"对全球其他国家乃至个人实施威力无比的制裁的基础，是其在二战以来精心设计的以联合国为核心的全球政治体系、以美元为基础的全球货币体系和以世界银行、IMF、WTO为核心的全球多边经贸体系。通过对这些体系中规则的设立、裁判以及执行施加影响，美国可以在全球政治和经贸等多个领域施加控制，将其霸权的势力范围提升到了前所未有的程度。

1945年10月24日在美国旧金山成立的联合国是维持当今世界多边主义的国际秩序、地区间安全协定、贸易协议、移民政策以及文化交流框架的权威机构。联合国总部设立在美国纽约，到目前为止，其会员国已经达到193个，几乎囊括世界所有的国家。虽然在联合国决议的投票表决中采取的是一国一票制，但该组织中还设有由美国、俄罗斯、中国、英国、法国任常任理事国的安理会，拥有远超其他成员国能够触及的实施军事行动以及经济制裁的决定权。而作为安理会核心成员的美国，则可以频繁以安理会或联合国的名义通过发动制裁或战争的方式对其竞争对手"卡脖子"。美国在2003年联合英国，以联合国的名义发动伊拉克战争并对伊拉克实施侵略便是一个很好的例子。

如果说美国通过联合国对他国进行政治和军事上的"卡脖子"还会面对来自中俄两个安理会常任理事国的阻力的话，那么其在金融和贸易领域中实施"卡脖子"可以说几乎是畅通无阻了。毕竟联合国是基于《联合国宪章》的多边主义框架成立的，而金融和经贸领域的国际体系则完全是在美国的主导下形成的。首先，当代国际经济秩序的基石是二战以来由美国主导设立的、以美元为中心的布雷顿森林体系。二战后期的1943年，胜利的天平已明显朝盟军倾斜，而当时的美国和英国都已意识到设立战后由其自身主导的国际货币体系的重要性，并在暗中角力。1943年4月，美英两国分别公布了自己的方案：美国的"怀特方案"和英国的"凯恩斯方案"。其中，"凯恩斯方案"主张建立一个国际清算联盟体系，由联盟发行统一的世界货币，分配份额按照二战前三年各国的进出口贸易平均值计算；"怀特方案"主张建立一种国际货币稳定基金，通过该基金所发行的货币直接与黄金挂钩，可与黄金相互兑换。由于在二战中美国已发展成为全球最大的黄金储备国，因此"怀特方案"明显有利于美国，而"凯恩斯方案"则由于注重二战前的贸易数据更有利于英国。在颁布各自的方案之后，英美两国针锋相对，展开了有利于各自方案的辩论。虽然大经济学家凯恩斯在辩论中占据上风，但决定最终方案的要素是两国的经济军事实力而非口才。在1944年7月，来自全球44个国家的代表们在美国新罕布什尔州的布雷顿森林举行了国际货币基金会议,并最终决定了倾向于"怀特方案"的战后全球货币体系,俗称"布雷顿森林体系"。布雷顿森林体系建立了一个以美元为中心的金本位全球货币体系,其核心内容是:美元汇率与黄金挂钩,全球其他国家汇率与美元挂钩,保持与美元的固定汇率。

布雷顿森林体系下形成的第一个全球金融治理机构就是1945年12月份成立的IMF。总部设在美国首都华盛顿的IMF的主要职责是监察货币汇率和各国贸易情况,提供技术和资金协助,确保全球金融制度正常运作。此外,IMF还会对陷入严重经济困境的国家提供资金援助,甚至可以协调管理该国家的财政并进行改革。美国当仁不让地在IMF组织中占据领导地位:自设立以来,美国在IMF组织中的投票权达到17.1%,其在该组织中享有的实际权力达20.4%,并在执行董事会中的权力高达21.5%,垄断IMF副手的职位。通过在IMF的影响力,美国实际上也可以对全球各国宏观经济政策的制定输出自己的影响。

在1945年12月建立的世界银行是布雷顿森林体系下形成的第二个全球金融治理机构。总部同样设立在华盛顿的世界银行本质上是一个贷款机构,其核心使命是通过向成员国,尤其是发展中国家成员国进行贷款和投资,推进这些国家的可持续发展并促进国际贸易的均衡发展。类似于IMF,美国在世界银行的设立和运行中也占有相当大的主导权。事实上,在开办初期,世界银行的贷款被要求用于购买美国的商品和服务,因此世界银行当时也成了美国资本输出以及扩大外贸的政治工具。至今,美国仍然在世界银行中拥有否决权并垄断世界银行行长的职位。

第四章 规则"卡脖子"

在 1949 年成立的关税及贸易总协定（GATT，WTO 前身），则是美国在全球贸易领域实施霸权影响的治理机构。GATT 早期是在美国、欧盟、加拿大和日本组成的国家联盟中形成的排他性的、不规则的贸易规则。随着 GATT 成员国不断扩张，它在 1995 年被新成立的 WTO 所取代，后者成为全球贸易治理的关键机构。美国作为 WTO 的原始签字国，依然掌控了在该组织制度规则制定上的话语权，GATT 早期的成员国仍在 WTO 拥有强大的、排他的影响力。通过这个形式，美国及其盟国可以进行私下谈判，对 WTO 进行议程设定和规则制定，向其他成员国公布结果并通过投票达成共识，而大多数成员国则是被排除在这个会议之外。此外，美国也在 WTO 贸易争端解决机制中享有不容忽视的影响力：在 WTO 的传统中，通常是会选取一名美籍人士作为上诉机构的成员，而另一名美籍人士则是要作为 WTO 的副干事。

自此，在二战结束后的短短 5 年内，美国便主导完成了对当代乃至未来全球政治和经济秩序有着深远影响的国际规则体系的建立，以主要创建者的身份对这些体系拥有事实上的领导权，并可以通过对这些体系内规则的操控，低成本地维持自身的霸权。

二、规则"卡脖子"：背后的组织源头

除了通过操控全球政治、货币、金融、贸易体系中的权威性国际组织（如 IMF 等）来"卡"竞争对手的"脖子"之外，自 20 世纪 70 年代以来，美国及其盟友还越发频繁地通过 NGO 向世界其他国家系统性地输出西方价值观，并通过这些组织带动当地社

会舆论议题、非暴力游行等方式对他国施加影响。在必要的时候，这些NGO会充当"马前卒"或是"先遣部队"的角色，来配合美国及其盟友对竞争对手发动制裁或实施其他方式的"卡脖子"行为。

哈佛大学教授约瑟夫·奈（Joseph S. Nye）曾创造出关于"软实力"的理论。他认为，一个国家的"软实力"主要包括文化软实力、政治体制和价值观的软实力、塑造国际规则以及引领世界政治议题的软实力，而这些"软实力"将与传统概念中的"硬实力"一起决定一个国家的国际地位和影响力。这些遍布全球的跨国NGO无疑已经成为美国"软实力"的重要布道者和实践者，并已发展成为它在该领域对竞争对手"卡脖子"的重要武器。[1]

三、非政府组织：当代跨国社会组织和团体的主要载体

目前世界各国中的社会组织多以NGO的形式存在。根据定义，NGO指的是独立于任何政府运营的组织，尽管它可能从政府机构接受资助，但其具体运作既不受政府监督，也不是政府的代表。NGO在西方世界中发展较早，其最早的历史可以追溯到17世纪的宗教组织和教会控制的传统慈善组织。进入近现代以来，NGO通过19世纪西方的大规模殖民化进程开始在全球范围发展。20世纪以来，伴随着两次世界大战的爆发，NGO也大幅加快了其扩张的步伐，并在很多发展中国家的扶贫、教育、医疗、战后

---

[1] Joseph S. Nye. Soft Power [J]. Foreign Policy, 1990 (80): 153–171.

重建等领域展开活动，但这一时期，由于美苏东西两个对立阵营的存在，NGO 主要在亲西方国家展开跨国活动。从 20 世纪 70 年代开始，尤其是"冷战"结束后，主要西方国家在"新自由主义"政策结合自身利益考量的推动下，开始把政府的一些公共服务职能，例如，针对一些国家的对外援助等，交由跨国 NGO 来实施处理，而这些举措也为 NGO 的发展提供了肥沃的土壤，大量新 NGO 在全球各地如雨后春笋般涌现。至今，NGO 已经发展成为高度成熟和现代化的社会组织团体，并培育出一个涉及人权、环境、教育、慈善、医疗等多个领域的全球化网络，已经拥有很强的国际影响力。

按照职能划分，NGO 大致可分为两类：倡导型 NGO 和操作型 NGO。倡导型 NGO 的职能主要包括积极参与政治议程，并寻求与政府机构以及政府间国际组织合作，以影响后者的决策进程；而操作型 NGO 的职能主要包括帮助联合国机构、世界银行以及其他国际发展机构在全球各地提供医疗卫生、灾难援助、清洁用水、公共设施以及教育等方面的专业服务。但当今操作型 NGO 和倡导型 NGO 之间的职能分工日渐模糊，一些操作型 NGO 因其关注全球各地的弱势群体，也经常积极介入政治议程。

通过与联合国等权威性政府间国际组织进行合作，NGO 也可以在其参与项目所在国的政治领域利用国际规则、标准和规范对当地政府产生影响；而受到权威性国际组织的认可也可以使 NGO 在其项目所在国的民众中建立公信力。因此，在传统的援助职能范围外，NGO 也逐渐发展出作为权威性国际组织与某一国民众之间的中介职能，使其在民众中的公信力与影响力不断增强。随着

NGO 职能范围的扩展，当今世界主要的 NGO 已经不满足于仅仅充当"援助者"和"中介者"的角色，并越发积极地参与到国际政治中的主要议题的探讨中，且主动影响国际舆论。近年来，在国际热门的政治议题诸如环境保护、种族权益、文化与宗教冲突、疾病预防、人类发展等领域中频繁闪现 NGO 的身影。此外，由于 NGO 拥有政府不具备的关键资源，例如可信度、专业知识以及跨国关系网络，它们也可以在某些政治议题中发挥关键的正面或负面作用，影响政府决策。一言以蔽之，在 NGO 发展过程中，逐步展现出了某些优于政府的政策倡导力和网络资源，并日渐乐于操纵这些资源来达到其自身目的，成了影响国际政治走向的一个主要力量。

美国是目前世界中发展 NGO 最多，对 NGO 支持力度最大的国家。据不完全统计，目前有大约 150 万个 NGO 在美国运营，它们的活动涉及政治和生活的方方面面，囊括外交政策、选举、环保、卫生、妇女权益、经济发展、志愿者服务、帮助弱势群体等诸多领域，而这些 NGO 在美国对外发展"文教经援""选举监督"等"软实力"外交中也发挥着重要的作用。当然，这些 NGO 的蓬勃发展与美国政府对它们的资金支持密不可分。事实上，美国政府从 20 世纪 60 年代开始便意识到了 NGO 的发展对美国对外政策推广与实施的重要性。1961 年成立的美国国际开发署（USAID）自 1973 年起便开始向美国 NGO 提供资金支持，帮助它们拓展海外活动。进入 20 世纪 80 年代，美国政府进一步加强了对 NGO 的资金支持：在 1981 年，美国国会立法规定至少 13.5% 的政府对外发展援助支出需通过 NGO 执行；在 1982 年，美国总统里根提出了促进"民主基本建设"计划，在全球推广"民主"。

由此可以看出，作为当代跨国社会组织和团体的主要载体，NGO已经将其原始的基于公益目的的职能，慢慢拓展到了参与更广泛的国际政治议题的制定和执行层面。而美国作为全球最积极发展和支持跨国NGO的国家，早已通过立法开展对NGO的系统性资助来影响并控制跨国NGO网络，并利用它们向对手国民众推广美国的价值观，甚至煽动"颜色革命"来破坏对手国国内的政权稳定，来辅助美国其他"卡脖子"策略的有效执行。

第五章

数字经济时代的"卡脖子"

"节物风光不相待,桑田碧海须臾改。"中美贸易摩擦以来,美国加紧了对我国高科技领域的制裁和打压,数字经济领域安全可控的必要性和急迫性不断凸显。2018年4月,习近平总书记组织召开了全国网络安全和信息化工作会议,并指出:"当今世界,一场新的全方位综合国力竞争正在全球展开。能不能适应和引领互联网发展,成为决定大国兴衰的一个关键。世界各大国均把信息化作为国家战略重点和优先发展方向,围绕网络空间发展主导权、制网权的争夺日趋激烈,世界权力图谱因信息化而被重新绘制,互联网成为影响世界的重要力量。当今世界,谁掌握了互联网,谁就把握住了时代主动权;谁轻视互联网,谁就会被时代所抛弃。一定程度上可以说,得网络者得天下。"在数字经济领域,我国能否拥有网络空间主导权、制导权,是否同样遇到"卡脖子"的技术难题?又应当如何打破这一困局?我国必须以底线思维来评估数字经济领域作为国家安全新领域、新疆域的潜在威胁,建立常态化评估预警机制,寻找"卡脖子"突围的有效路径。

第一节　数字经济时代：数权的大国之争

一、什么是数字经济

随着互联网在更广泛领域的渗透融合，数字经济逐渐发展为一种独立的经济业态。有别于农业经济和工业经济，数字经济主要生产要素为数据，不仅包括大数据、云计算、物联网、区块链、人工智能、5G通信等新兴技术，也包括由此衍生出的第三产业。

《G20数字经济发展和合作倡议》中对数字经济的定义是以数据为基本生产要素，依托现代信息网络为媒介，最终可以实现提升效率和优化经济结构的一系列经济活动。截至2020年末，我国数字经济规模约为39.2万亿元，占GDP比重38.6%，总规模体量占市场第二位，数字经济增速是整个GDP增速的三倍以上。

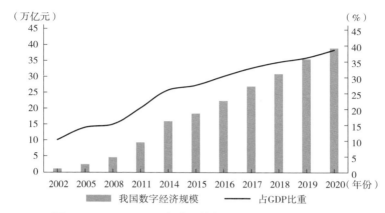

图5-1　2002—2020年我国数字经济规模及占GDP比重

资料来源：国家统计局。

二、"数权"世界的大国竞争

传统微观经济学理论强调资源的有限性和稀缺性，国际政治学借鉴这一理念道破国际竞争的本质，即有限资源和无限需求之间的矛盾。农业经济时代，合成氨技术取代传统自然肥料，实现农产品量产翻番，解决了人口增长的"天花板"。直到1974年我国掌握了合成氨技术，才让国人的饭碗端在自己手里。工业经济时代，石油成为根本能源动力，一个国家拥有对石油的控制权，其他国家或主体便很难分羹。进入数字经济时代，在数据使用中，一个主体对数据的使用并不妨碍另一个主体同样使用。因此，数据的无消耗性、边际成本为零，使得传统经济学理论对资源有限性和稀缺性的定义无法完全适用于数字经济。数据作为基本生产要素，必然带来海量信息数据，无穷尽、无实体、无疆界的大数据与有限、有形、有范围的管制形成天然矛盾。

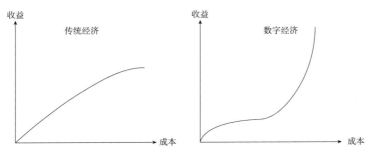

图5-2 数字经济和传统经济边际成本带来的成本收益曲线变化

这便是数字经济时代的革命性所在,作为基本生产要素,它的供给是无限的。大卫·李嘉图(David Ricardo)指出,国际贸易的可行性在于国与国之间的生产和流通存在比较优势,而数字经济技术直接改变了这一规则,比较优势因生产边际成本变化而被重新定义,数字经济从根本上带来了经贸方式与国际交往方式的变革。

有鉴于此,各个国家都加大了对数字技术和数字经济的投入。西方发达国家已经开始从抢夺国际数字市场、主导数字贸易规则等方面着手,抢占发展先机和谋求垄断权。必须客观承认,在数字经济领域,我国相比西方发达国家仍有差距,而以美国为主的发达经济体不断以国家安全为由,对我国数字经济高新技术产业进行封锁、规制。主要方式有:设置实体清单,限制数字科技技术出口,并将技术出口制裁从行政法令上升至法律层面等。比如,2018年美国国会通过并出台《出口管制改革法案》,限制相关行业和领域外资准入。2018年特朗普政府签署并通过《外国投资风险审查现代化法案》,这一法案识别并审查与美国国家安全和发展的关键技术。日本和欧盟均效仿该法案提高相关行业、领域的技术准入和出口门槛。采取上述措施的核心目的就是建设网络强国,

第五章 数字经济时代的"卡脖子"

抢占数字经济时代的制高点,掌握未来发展的主导权、制导权。

表5-1 主要发达国家/地区数字经济政策文件

国家/地区	时间	政策文件
美国	2008年	《数字经济战略》
	2012年	《大数据战略》
	2015年	美国商务部成立数字经济咨询委员会
	2016年	《人工智能研发战略计划》
	2018年	《数据科学战略计划》 《美国国家网络战略》 《美国先进制造业领导力战略》
欧盟	2010年	《欧洲数字议程》
	2015年	《欧洲数字化单一市场战略》
	2018年	《欧盟人工智能战略》 《通用数据保护条例》 《非个人数据在欧盟境内自由流动框架条例》 《促进人工智能在欧洲发展和应用的协调行动计划》 《可信赖的人工智能道德准则草案》
英国	2010年	《数字经济法案》
	2013年	《信息经济战略2013》
	2015年	《2015—2018数字经济战略》
	2017年	《英国数字战略》
	2018年	《数字宪章》 《产业战略:人工智能领域行动》《国家计量战略实施计划》
日本	2013年	《ICT成长战略》
	2014年	《智能日本ICT战略》
	2018年	《集成创新战略》
德国	2010年	《数字德国2015》
	2014年	《数字议程(2014—2017)》
	2016年	《数字化战略2025》
	2018年	《联邦政府人工智能战略要点》 《人工智能德国制造》

"夫未战而庙算胜者，得算多也。"《孙子兵法》指出兵家之道运筹帷幄、决胜千里在于情报的收集和运算，农业兵器时代是如此，工业时代是如此，数字经济时代更是如此。数字经济时代垄断和反垄断的矛盾可能更为尖锐，即技术创新背后的话语权与控制权的争夺，这是企业竞争与国家竞争的必然结果。国际间的数字经济垄断可能导致"卡脖子"的致命问题。数字经济由平台、数据和底层算法等融合而成，技术、标准、规则的竞争日益凸显，同时，平台竞争常常表现为整个数字生态系统的竞争。因此，对于数字经济的"卡脖子"的手段工具及特征需要更深入的探究。

中共中央党校汪玉凯教授认为，网络强国至少需要具备以下一些特征：第一，网络信息化基础设施要处于世界领先水平；第二，要有明确的网络空间战略和国际社会中的网络话语权；第三，关键技术上要自主可控，特别是操作系统和中央处理器（CPU）技术；第四，网络安全要有足够的保障手段和能力；第五，网络应用在规模、质量等方面要处在世界领先水平；第六，在网络空间战略中，要有占领制高点的能力和实力。[①]对照上述六个方面，我国在关键技术自主可控、网络空间的话语权与制导权等方面还有明显短板，应对来自国际社会的网络威胁方面的能力还亟待提升。

---

① 参见 http://theory.people.com.cn/n1/2021/0208/c40531-32025680.html，上网时间2021-03-01。

第二节 数字经济时代的"卡脖子",我们还能自主呼吸吗

习近平总书记在科学家座谈会上指出,"研究方向的选择要坚持需求导向,从国家急迫需要和长远需求出发,真正解决实际问题",就是"研究方向的选择要坚持需求导向"的体现。

一旦在国际竞争中实现商品垄断、技术垄断和规则垄断,这些核心技术就会成为一个国家产业发展的"卡脖子"问题。本节主要从以下七个维度研究数字经济的"卡脖子"问题。

一、域名与根服务器

数据主权是网络空间安全的核心,网络域名和根服务器是网络空间主权的重要战略资源和国家主权标志,掌控网络域名和根服务器,就可以控制网络空间的物理基础及应用发展,并以此为基础掌控网络通信数据源和操控网络空间"开关"的主导权和话语权。

数字经济时代万物互联,工业、农业领域广泛使用传感器、电子数控设备,甚至日常生活中空调、冰箱、洗衣机等家用电器

都需要 IP 地址。IP 即"互联网协议",在相当长的一段时间,全球共有 13 组根服务器(IPv4 体系内),其中 10 组位于美国,2 组位于欧洲,1 组在日本,中国没有相关部署。事实上,IP 地址和根服务器具有重要的战略意义,在不能实现自主可控前,美国可随时切断或封堵任意一个国家对外网络连接,在极端压力情况下,甚至会导致电力系统瘫痪、金融系统紊乱等严重事件。

在 IPv4 时代,我国最担心两个问题,一是域名上限,即域名地址不够用,限制信息网络经济的发展;二是网络域名与根服务器的安全,即如果被境外断网则会产生严重后果。目前进入 IPv6 加速改造与渗透阶段,我国希望在 IPv6 时代不再出现上述两个底线问题。在发展 IPv6 技术上,我国积极参与对话、开展积极有效的工作,最大变化是在我国大陆境内拥有了根服务器,即中国 IPv6 的主根。基于国家战略安全,2015 年 6 月我国下一代互联网工程中心领衔发起"雪人计划",即对 IPv6 根服务器运营和域名系统安全拓展的技术突破。

回溯"雪人计划"之所以能取得成功,主要得益于两个方面。第一,着力构建国际数据治理体系。保障数据主权和国家安全已经达成世界共识,但在互联网发展过程中,一开始工程师们保留对互联网无国界的愿景,美国政府逐渐明确了维护并控制互联网的立场,1998 年美国政府将互联网管理权从科研机构国家科学基金会移交至美国商务部。这标志着"互联网无国界的乌托邦"并不存在,尤其是进入数字经济时代,数字主权越来越成为各国积极角力的领域。在此背景下,互联网无国界逐渐发展演变为不少国家提出互联网治理国际化,由世界各国共同参与互联网治理,而不是被美国一家垄断，建立自由、民主、公平、公正的国际互联网治理体系迫在眉睫。第二，我国抓住了技术升级和更新迭代的历史机遇。IPv4是在互联网方兴未艾之时制定的，彼时技术和框架未能对数字经济的爆发做出精确预判，随着时间推移，IP地址资源已消耗殆尽，资源拓展势在必行。"雪人计划"以根服务器组数量扩展为契机，联合德国、法国、俄罗斯、印度等国共同参与到全球互联网的治理中，使域名与根服务器分布到更多国家，在一定程度上缓解了网络基础设施的"卡脖子"难题。在IPv6时代，我国拥有了根服务器，简单说就是不能单方面"断网"，这有利于我国的数字网络主权与信息安全。当然，从物理基础设施看，跨海光缆等基础设施也事关网络与信息安全。总体看，进入IPv6时代，在域名和根服务器领域被"卡脖子"的情况已基本不存在。

表5-2 "雪人计划"IPv6根服务器全球架设

国家	主根服务器	辅根服务器
中国	1	3
美国	1	2
日本	1	0
印度	0	3
法国	0	3
德国	0	2
俄罗斯	0	1
意大利	0	1
西班牙	0	1
奥地利	0	1
智利	0	1
南非	0	1

续表

国家	主根服务器	辅根服务器
澳大利亚	0	1
瑞士	0	1
荷兰	0	1

资料来源：公开资料。

二、操作系统、数据库与中间件等基础软件

近年来国外对我国的"卡脖子"事件中，软件和芯片是攻击我国数字经济技术发展的"软""硬"两把剑。遭遇封堵或限制的软件主要涉及各种操作软件（如桌面操作软件、云操作软件）、数据库、中间件、编译器等。在 PC 操作系统领域，2021 年 6 月，国外调研机构 Netmarketshare 发布了关于操作系统市场份额的数据，其中微软 Windows 操作系统占据市场主导地位，市场份额为 86%；苹果 MacOS 操作系统市场份额居次位，为近 10%。根据 2021 年手机出货数据推测全球手机操作系统市场份额，安卓市场份额约为 77.5%，IOS 系统市场份额为 15.1%。由此可见，美国在操作系统领域具有绝对垄断地位。

在基础软件领域，代码和技术一般是开源的（苹果 iOS 为非开源），为什么还存在"卡脖子"的危险和威胁呢？首先需要明确的是，在开源软件中，不同于数据主权，代码在某种意义上没有主权概念，世界范围内的开发者和程序员可以根据自身需求在平台中交换开源代码，操作系统的风险并不在于开源代码，而在于某国对开源代码社区的贡献程度和对开源游戏规则的掌控能力。

第五章　数字经济时代的"卡脖子"

目前，国产操作系统银河麒麟 V10 中标统信、金山 WPS 等已经开始大批量应用于政务办公系统，国产软硬件大多已达到"可用"阶段，并向"好用"阶段发展。但是，国产信息技术体系在生态方面仍有不足。以国产桌面计算机技术为例，目前国产技术体系使用"1+3"的架构，即"Linux OS + 3 种国产 CPU（申威 / 飞腾或海思 / 龙芯）"，而 Wintel 体系的架构是"Windows OS + Intel 架构 CPU"。但建立一个完整的生态系统（硬件 + 软件）并不是一朝一夕的事，要实现自主可控并具有竞争优势的 CPU 和操作系统，仍须付出巨大的努力。

基于开源软件 Linux 内核搭建起的国产操作系统，是否存在"卡脖子"问题呢？首先，国产操作系统解决了我国操作系统有无的问题，特别是在中文处理方面具有一定优势；其次，上述国产操作系统是基于 Linux 内核搭建的，用于商用目的时需要得到相应授权，并需要支付一定许可费用；最后，如我国对开源代码的贡献程度不足，无法把握开源游戏规则的话语权，仅使用软件时不会暴露风险，但在系统进行边际优化和改进时就会遇到"卡脖子"的风险。如美国基于在操作系统领域的绝对优势地位，2019年 5 月谷歌宣布要限制华为使用其旗下的 GMS 生态和安卓系统，这对华为在海外的智能手机业务造成了严重影响。只有遵循开源代码的特性，不断加大我国对开源社区的贡献，并逐渐获取主导地位，才能不被"卡脖子"甚至后发制人。

广义数据垄断指包含以上提到狭义数据垄断在内的各种以数据和数据库在内谋求单边获利的行为。从 20 世纪 90 年代开始，国内普遍使用甲骨文等美国公司的数据库技术。缺少中国自主研发创新的数据库同样存在"卡脖子"的致命缺点：第一，供给缺乏弹性的卖方市场造成定价高，尤其是随着我国互联网经济快速起飞，如果继续使用甲骨文数据库，代价巨大。第二，特殊时期可能遇到的技术垄断同样会使我国互联网企业面临像华为"缺芯"一样的困境。以金融业为例，传统数据库因为容量有限、无法水平扩展、容灾成本高等问题变得越来越难以适应新业务场景的要求，目前数据库方案大都为国外产品，对于关乎国计民生的大量国内金融机构而言，也很难做到真正意义上的"安全自主可控"。数据库管理系统被列为我国"卡脖子"的35项关键技术之一，国内数据库能否健康可持续地发展，在很大程度上影响着网络信息安全。值得欣慰的是，目前在关系数据库领域已涌现出一批性能和安全指标优异的产品，在政府、金融、电力、军工、公检法、统计、农业、教育等行业得到了广泛应用，"卡脖子"的威胁已有所缓解。

在关系数据库领域，我国首要任务是追赶，但在图数据库领域可争取并跑和领跑的位势。图数据库是以计算机科学领域中的图为基本模型和数据结构的数据库。由于具备优秀的表达能力、可视化效果和坚实的数学基础，图已经在物理、化学、生物、计算机科学等众多领域得到广泛应用。仅以计算机科学领域为例，图被用来表示通信网络、数据组织、计算流和数据流等，包括人工智能计算框架。相比传统的关系数据库，图数据库具有更善于处理数据之间的关系、更容易可视化展示和更充分满足多种实际场景需要的优点。作为承载数据资源的"容器"并能对外提供查询和分析能力的工具，图数据库也变得越发重要。当前，图数据库正在成为发达国家在数据库领域竞相布局的新兴热门领域。据预测，从 2020 年至 2026 年，全球图数据库市场的规模将以 28.6% 的年增长率增长。[①] 尽管在传统数据库时代，国外企业一直占据国内数据库市场的绝对份额，但在图数据库时代，全球图数据库市场尚未定型，要避免重蹈关系数据库的覆辙，要坚持走自主创新之路，坚持应用拉动与创新驱动并重，走产学研结合的协同创新之路，确保我国图数据库技术具备引领性和产品的竞争力。

中间件软件处于应用和操作系统与数据库之间，作为一种应用在分布式系统的基础软件，它可以处理数据传输与访问、系统构建与集成等问题，分布式系统的开发、运行和集成都离不开中间件软件的基础支撑。由于金融行业是对 IT 系统高度依赖的行业，因此对于中间件产品的功能、性能以及稳定性要求极高。我国对国外企业中间件产品依赖程度较高，目前主要市场份额仍由 IBM、Oracle 占据。随着大数据和云技术发展，中间件技术从传统的金融、电信等领域走向电子政务、能源、教育、医疗等领域，相关行业需求日渐增长。近年来，我国本土公司在若干垂直领域中间件技术及应用已取得积极进展，逐步打破了国际知名公司的寡头垄断。

在桌面办公操作系统、关系数据库与图数据库、中间件领域，我国自主可控水平大为提升。在智能终端操作系统，虽有华为鸿蒙迈出了关键一步，但我国本土公司的操作系统仍有较大差距，

---

① 参见 https://baijiahao.baidu.com/s?id=1708230516354259349&wfr=spider&for=pc，上网时间 2021-08-20。

在美国等国家实施极端政策的情况下，终端产品的竞争力仍将遭受严峻挑战，期待我国"信创"战略实施尽快取得积极进展。

三、网络安全防护、网络作战与防御能力

关键信息基础设施，是指公共通信和信息服务、能源、交通、水利、金融、公共服务、电子政务、国防科技工业等重要行业和领域的，以及其他一旦遭到破坏、丧失功能或者数据泄露可能严重危害国家安全、国计民生、公共利益的重要网络设施、信息系统等。关键信息基础设施是确保关键基础设施得以有效控制和持续运转的不可或缺的要素。随着信息化的发展，关键信息基础设施的安全成为网络安全的重中之重和关键环节。"没有网络安全就没有国家安全"，软件安全作为应用软件和网络安全产业的重要组成部分，也是我国"国家网络空间安全战略"核心领域的关键技术。

全球网络安全局势复杂严峻，对各国关键信息基础设施安全防护提出新挑战。近年来，多国基础设施和重要信息系统遭受网络攻击，对国家安全稳定造成巨大风险。特别是2021年，美国最大的燃油管道运营商、全球最大的肉类加工企业均因黑客攻击而停摆，导致国家乃至全球经济运行的基础设施受损。近期，世界主要国家和地区均强化了关键基础设施的安全防护。美国不仅大幅增加关键基础设施网络安全方面的资金投入，而且提出多部强化关键基础设施网络安全、预防勒索软件攻击等方面的法案和官方指南。欧盟也在《欧盟安全联盟战略》中将提升关键基础设施的保护和恢复能力作为未来五年网络安全工作的重中之重。习近平

第五章 数字经济时代的"卡脖子"

总书记在网络安全和信息化工作座谈会上指出,"金融、能源、电力、通信、交通等领域的关键信息基础设施是经济社会运行的神经中枢,是网络安全的重中之重,也是可能遭到重点攻击的目标……我们必须深入研究,采取有效措施,切实做好国家关键信息基础设施安全防护"。

随着 5G 技术和物联网的发展,国家社会运行将更加依托网络空间,网络战所带来的潜在威胁也随之扩大。相比传统战争,网络战攻击目标更多,攻击范围更大,更容易产生不可预料的连锁反应。例如,针对他国电力系统的攻击可能会引发变电系统故障,造成电站爆炸或核电站事故;针对一国军事设施的攻击也可能造成武器系统爆炸,进而牵连无辜民众。网络战通常没有宣战信号和预先警示,被攻击国不会采取疏散措施,这会让攻击更容易造成连带伤害。网络战的实质是访问、更改或删除敌方网络的数据。根据不同需求获取不同数据,并干扰或部分禁止敌方系统的运行,进而导致敌方重要设备故障甚至被摧毁(例如,关闭核反应堆的冷却系统后,反应堆会因为过热而爆炸)。

与民用互联网相比,军用网络更复杂,更难以攻克,但是攻克敌方军用网络后有助于获得战场上的主动权。军用网络防范网络攻击的第一道关卡是物理隔绝;第二道关卡是冷门操作系统与小众编程语言;第三道关卡是严密的安全措施;第四道关卡是系统安全检查;第五道关卡是更改系统逻辑,让计算机病毒失能。除了第一道关卡外,其他四道关卡都涉及网络安全保障能力。网络攻击的前提决定了网络攻击技术主要应用于编程语言普及率高、访问接口获取难度低、数据库位置相对透明的民用互联网领域。

从当今世界情况看，一个国家的网络安全防护能力、网络作战与防御能力，本质上在于有没有自主可控的技术能力。"棱镜门"事件说明，核心技术受制于人，信息就可能被别人监控；乌克兰电网被黑、伊朗核电站受攻击事件说明，不掌握核心技术，国家安全就会被人"卡脖子"。自主可控不等于安全，然而不自主可控是万万无法保证安全的。根据 Gartner 2020 年 4 月公布的《2020 年度 Gartner 应用安全测试魔力象限》，进入"Gartner 应用安全测试魔力象限"的 11 家软件安全企业均为国外企业。网络安全数学层面无法计算，可控性无法计算，黑客随时可能发起攻击。所以，我国必须从网络安全的顶层设计入手，多管齐下，系统部署，才能取得未来网络空间的主导权与制导权。

四、跨境数字支付与数字货币

数字经济时代，随着现代金融体系不断演进，各国央行职能未发生根本改变，但是交易媒介和工具发生了重大变化。在国际秩序构建与重构中，数字货币对货币替代有很强的冲击性，数字货币已经成为国际竞争的新兴领域。

数字经济改变了货币主权斗争的行为模式，以美国为代表的西方国家继承了罗马帝国以债权人为导向的法律哲学，即具备掠夺性的货币金融体系。在过去的货币主权变迁历史中，美国占据先发优势，美元石油体系下离开美元国际贸易寸步难行。在数字货币战略中，离开全球货币跨境支付清算系统也寸步难行。

自二战以来，美国一直掌控世界货币霸权，不仅可以享受美

第五章 数字经济时代的"卡脖子"

元面值与铸造税,还逐渐制定和掌控了国际货币结算体系。随着数字经济发展和国际贸易深化,在贸易往来时双方只需互相认证银行账户,确认交易代码,然后就可以实现货币结算,而这一过程离不开美国把控的国际货币结算体系。作为前车之鉴,伊朗被踢出 SWIFT 系统后,国际贸易支付结算方式倒退回原始水平,石油出口断崖式下跌。数字经济时代,无须折损一兵一卒便可封锁敌人的对外贸易与"钱袋子"。

近年来,跨国公司联盟主导下的数字货币开启了货币非国家化进程,尽管当下其与主权国家货币的正面抗衡并不具备法理和政治基础。2019 年 6 月,美国互联网企业 Facebook 对外发布加密数字货币白皮书(Libra 白皮书)。Libra 是一种稳定的数字加密货币,以锚定一揽子货币的形式建立信息机制,其系统建立在一个安全可靠的区块链上,以赋予其内在价值的资产储备为基础,并由独立的非营利组织协会负责统筹管理。在 Libra 之前,已经有很多机构开始着手涉足数字货币领域,比如 2019 年 2 月,摩根大通发布了数字摩根币用于机构间清算。但非政府机构主导下的货币"商业化"受到越来越多国家金融监管部门的公开质疑和反对,2019 年 11 月仅白皮书公开半年后,一批支付巨头受到监管质疑和压力,如 PayPal、Visa、Mastercard、Stripe、Mercado Pago 和电商巨头 eBay 先后宣布退出加密货币 Libra 项目。欧洲方面对 Libra 同样保持谨慎态度,法国财政部部长公开指出,Libra 使得主权国家货币面临威胁,欧洲无法授权 Facebook 在欧洲运营 Libra。尽管主权货币与非主权货币、政府与非政府、管制与市场、资本与主权之间的关系尚未厘清,但在数字货币领域,美国早已通过官方和非官方的方式尽可能地抢占了区块链和数字货币先机。

数字支付及数字货币在信息网络上运行，也会出现安全隐患和威胁。时任美国总统唐纳德·特朗普在2021年1月5日签署一项行政命令，禁止使用微信支付、支付宝等八款中国应用程序在美国本土进行交易。很显然，美国是以"威胁国家安全"为由在打压中国企业，尽管到目前为止这一措施尚未全面实施，但让我们看到网络空间安全问题已不单纯是技术问题。虽然我国的数字人民币已进入试点阶段，但以美国为核心的西方国家牢牢把控了跨境支付结算和央行数字货币国际标准主导权，数字人民币跨境使用是否也会遭遇障碍呢？目前看，数字支付及数字主权货币还难以实现在网络世界无障碍、无疆域地运行，这里既有网络信息技术的自主可控问题，也有国家网络空间与数字主权等深层次问题。

五、跨境数字贸易与规则制定

数字技术的变革催生数字贸易，2013年美国国际贸易委员会率先提出数字贸易的概念，认为WTO传统贸易框架无法满足和涵盖数字经济中数据的无形、流动性和跨越国界的新要求。以美国为首的西方发达国家逐渐主导制定了《跨太平洋伙伴关系协定》（TPP）、《跨大西洋贸易与投资伙伴关系协定》（TTIP）、《国际服务贸易协定》（TISA）三个超大型自由贸易协定数字贸易规则。①

---

① 李杨，陈寰琦，周念利.数字贸易规则"美式模板"对中国的挑战及应对[J].国际贸易，2016（10）：24-27，37.

第五章 数字经济时代的"卡脖子"

在新的贸易形式下,美国、日本、欧盟等国家和地区仍然是霸权国家,并且正在逐渐将各自的影响范围进行对接以形成较大的"数字利益圈",企图在数字经济风口中掌控全球数字贸易规则制定的主导权,并尝试推动建立一个以美国为主的具备约束力的全球标准。① 因此不论是从意识形态抑或规则博弈角度看,我国均在全球数字贸易规则制定中处于薄弱地位。一方面,从经济形态和管理体制差异看,在降低数字贸易交易壁垒议题上,我国更注重监管主权。另一方面,管理体制和意识形态又反作用于贸易结盟,在数字贸易多边框架塑形阶段,加速了"志同道合"的国家间构建制度联盟的趋势,在数字经济贸易领域我国被"边缘化"的风险加大。比如,在数据跨境流动上,美国、欧盟以及日本都已经通过并建立多边制度,并且这一数据跨境流动制度是将我国排除在外的;美日分别通过《美墨加协议》(USMCA)实现了与部分贸易伙伴间的数据流动。数字经济联盟体的搭建是大势所趋,作为新兴的贸易业态,世界主要国家均据此建立起对外联盟和谈判的基本方案。《区域全面经济伙伴关系协定》(RCEP)由东盟10国提出,涵盖了中国、日本、韩国等15个成员及29.7%的全球人口,经济规模占2019年全球经济总量的29.3%,是全球规模最大的贸易协定。

积极倡导建立起包含本国的数字贸易联盟是行之有效的方式,此外抓住国际竞争与合作的契机同样值得重视,正如IPv6的建设

---

① 蓝庆新,窦凯.美欧日数字贸易的内涵演变、发展趋势及中国策略[J].国际贸易,2019(6):48-54.

中,我国正是抓住了其他国家共同期望打破美国控制根服务器这一局势的要害,利用技术更迭契机迎难而上。在数字贸易规则中,尽管美国和欧盟掌握话语权,但欧美等国在数字经济的发展方向和基本理念上存在差异,导致各方在数据跨国流动和个人隐私保护方面态度也不尽相同。美国作为拥有互联网巨头的国家积极要求推动数据自由流动,而欧盟国家作为守擂方对待数字流动更加审慎,我国应当充分利用他国竞争中的分歧抓住机遇,增强发展中国家在数字经济政策、跨境数据流动规则上的话语权。

六、数字主权与数字税收

数字主权是基于数字经济生产要素大数据无形特征而重新确权的权利,数据确权带来很多挑战,特别是很多政府、个人、企业或其他组织参与,形成一个非常复杂的生态,从而带来了对经贸方式与国际交往方式的革命。在数字经济领域以平台经济和万物互联为特征的数字化产品,不拘泥于传统物理形态,软件、广告、游戏,这些无形资产可以实现世界范围内的流动和转让,这为数据保护、网络安全和跨国互联网企业避税埋下安全隐患。欧洲是数字主权和确权的发起方,2020年欧盟公布《数字服务法》(*Digital Services Act*)和《数字市场法》(*Digital Markets Act*)两部法律草案,极力推动构建自身数字主权,降低对美国互联网企业的依赖。究其原因在于欧盟成员国始终未能拿出与美国互联网巨头抗衡的平台产品,大量宝贵的数字资源通过平台毫无保留地流向他国政府。美国方面希望通过主导数字主权规则,联合发达经济体就数字贸易规则率先达成一致意见，以在数字主权中争夺更多主动权，维护美国互联网公司在数字经济领域的优势地位。美欧之间在数字主权问题上的分歧，对无形数据和平台的确权以及数字经济活动实质的认定带来了数字税收问题。目前，数字经济下的税基侵蚀和利润侵蚀（Base Erosion and Profit Shifting，BEPS）已经引起各国政府注意，我国作为互联网大国同样面临数字主权和数字税收的安全隐患问题，需要加快数字税收体制改革，逐渐建立与数字经济发展相适应和匹配的税收制度。起源于2010年法国文化部对谷歌提出的"文化税"，又称"数字服务税"，为各国对涉及数字经济跨国贸易的税收划分和管辖提供了借鉴和参考标准。2013年经济合作与发展组织（OECD）发布《BEPS行动计划》，内容强调税收利益要与数字经济时代下的经济实质相匹配，即发生经济活动要与税收一一对应，其合理性在于用户数据是平台的价值来源，但用户数据不应是免费的。从经济学角度理解，数字税仍然侧重垄断和反垄断的事实，对数字企业征收数字税本身是对企业偏离竞争中性的校正，对用户数据成本的偿还。2021年以来，全球已经有30多个国家陆续宣布对大型跨国互联网公司征收数字税。欧盟早在几年前便已经对互联网巨头发起反垄断调查，其中包括"数字税"的措施。

　　数字主权及数字税收的影响一般是中性的，也就是说对于本国企业与外国企业的待遇应该是无差别的。但是，对于规则的制定方及执行国而言，可以利用规则对外国企业进行规制与打击，造成他国重大的经济损失，甚至导致数据公司的垮塌，从这个意义上讲，也涉及"卡脖子"问题，是需要认真应对的现实课题。

七、数字平台垄断

伴随着数字经济技术的发展和应用，在全球范围内互联网行业涌现出一大批行业巨头，国内有BAT（百度、阿里、腾讯）及字节跳动等企业，国外有GAFA（谷歌、苹果、脸书、亚马逊）等企业，以它们为代表的互联网企业主导的平台经济利用资本、技术、大数据和全平台生态逐渐建立起各自领域的垄断地位。市场竞争在搜索引擎、电子商务、即时通信等不同维度上呈现出"加速竞争"和"固化板结"的反向发展态势。[①]

数字经济的技术路径决定了行业的自然垄断属性，建立起行业护城河后凭借边际成本递减甚至为零的特征优势，使其规模效应被放大，数字经济时代涌现出的互联网巨头正是利用了这一规模优势，迅速成长壮大并形成一定的行业垄断。有学者将互联网平台垄断称为数字封建主义（Digi-Feudalism），即某种凭借数据和平台体系而建立起的用户上交数据，平台没收数据，用户接受平台的服务规则和内部社区规范。一方面，平台经济由某一单一服务逐渐全场景、立体式地干预到生活方方面面，涉及公众利益和公共服务的部分也被渗透，但平台权力服从于股东利益，绝非公共利益。另一方面，互联网和平台的无界延伸跨越了国家界限，并且难以被传统反垄断和跨国贸易的相关规则制衡。

目前，对互联网企业垄断的反垄断和规则管制已经成为世界

---

① 袁昊. 新兴权利视域下互联网平台数据垄断的法律规制[J]. 西北民族大学学报（哲学社会科学版），2020（5）：81-91.

共识，并且认为传统的反垄断法并不完全适用于数字经济时代，需要新的法律和配套措施与时代和技术的变革相匹配，无论这种反垄断是针对国内企业的自身改革抑或国外互联网垄断企业的权力延伸的桎梏。美国模式总体呈现从宽松逐渐过渡到审慎管理的特点，这也与其互联网行业蓬勃发展的历史相契合。在行业成熟度逐渐丰满，企业逐渐形成一定规模后，必然出现某种导火索事件推动下的国家反垄断行为。

制约互联网平台最有效的方式是政府干预和监管，这也是欧洲模式最早沿袭的做法。欧盟是最早监管和对互联网企业垄断问题进行制裁的区域之一。早在2007年欧盟就着手证实微软行业垄断行为，但欧洲模式与其区域内缺少互联网平台巨头企业的事实有关，外来互联网巨头权力的跨界行为使得欧盟内部对数字平台监管形成更大共识。面对外来"入侵"的互联网平台企业，欧盟显然已经准备好扮演"守门员"的角色，2018年3月欧盟委员会正式宣布计划对大型跨国科技公司增收"数字税"，主要针对GAFA的互联网巨头。2020年12月欧盟委员会正式推出《数字服务法》和《数字市场法》，这些法案也被称为"守门人制度"，即该互联网平台企业的用户一旦达到4 500万（欧盟人口的10%），由于其在传播非法内容和社会危害方面所构成的特殊风险，必须遵守额外的特殊规则。《数字市场法》对"守门人"的定义是在过去三年中收入超过65亿欧元，或在上一个财政年度中拥有平均市值或等效公平市值至少650亿欧元的公司。对于这些公司，欧盟将有权进行市场调查和更严格的监管，否则将处以全球营业额的10%罚款，在必要情况下，迫使侵权者采取结构性措施，例如剥离某些业务。

面对大数据时代的不确定性，我国数字经济领域反垄断正当时。梳理好国内互联网平台垄断的矛盾以更好地谋求国内互联网企业的全球化和技术进步，不放任一家独大破坏整个产业生态，维护好企业和消费者之间的平衡。数字经济发展难以预测，面对不确定性，当企业的经营逐渐超越其经营界限和商业能力，甚至将对国家机器和文明形成挑战时，监管和反垄断的意义便在于给予企业更多的敬畏之心。从国家层面看，防范跨国数字平台形成市场垄断、技术垄断或某一方面的规则垄断，也是反制"卡脖子"领域的一个组成部分。

第三节 "'卡脖子'清单"如何变成"攻坚清单"

一、正确认识数字经济时代"卡脖子"问题

首先,数字经济领域垄断具体体现在三个方面:其一是商品垄断,其二是技术垄断,其三是规则垄断。商品垄断和技术垄断是表象,比如,美国要求芯片公司断供华为,缺少芯片零部件的华为手机出货量和市场占有率便迅速下降。低端产业和技术向欠发达国家和地区转移也是一种间接的技术垄断,承接国同时面临着机遇与挑战。另外,商品垄断影响是双向的,规则垄断则是话语权的垄断,以美国为首的西方国家积极倡导建立新时代数字经济规则和制度,企图率先建立制度和规则游戏。如同政治博弈游戏,一旦大规模的数字经济生态圈建立完备后,后发国家要想共振齐飞就必须遵守游戏法则,否则就是落后抑或被判为"异端"。

其次,要清楚认识我国数字经济的发展阶段。从产业结构上看,我国数字经济整体呈现出"中间强,两头弱"的特点:以半导体、信息通信技术和智能硬件构成的核心层,以及数字赋能层较弱,这是当前半导体困境的现状。而以电商与数字金融为代表

的平台经济发展强劲，这反映我国在数字经济的商业应用上，具有应用场景多、市场规模大、创新阻碍小的优势。

最后，数字经济打破了固有国际竞争秩序和格局，跨国公司与非跨国公司的颠覆，后发国家对先发国家的赶超，发达经济体和欠发达经济体比较优势发生了重大变化。在全球利益和政治格局的重塑时期，解决"卡脖子"技术，实现全面自主创新，需要从政府和市场主体两个方面进行双轮驱动，在被迫转型阵痛中实现发展和跨越。

二、产业链自主可控是"卡脖子"突围的根本路径

应对"卡脖子"最重要的是实现产业链自主可控。以国产微处理器自主可控为例，倪光南院士曾经提出了三大标准：一是CPU研制单位应当符合一定的安全保密要求；二是具备可持续自主发展的CPU指令系统；三是CPU核心源代码是否是自己编。

关于CPU研制单位是否符合安全保密要求，安全保密是处理器自主可控的基石，这是处理器研制的最基本要求，也是最容易实现的。

关于CPU指令系统是否可持续自主发展，这个并不是追求所有的指令集、架构都是国产的，都要自己重新开发，而是要做到持续、自主发展，通过商业授权，无论是ARM、Mips、Sparc、x86等架构，只要获得架构的指令集永久授权和全部源代码，可以在此基础上持续不断地开发出芯片来，有持续的迭代能力和供货能力，就可以说是实现了自主发展。微处理器要面向服务器、

AI芯片、计算机、手机和智能设备，要和过去的产品相适配、相兼容，要做到多设备兼容，就需要用世界上广泛采用的架构，不可能也没有必要所有的架构都重新建构。要确保与世界兼容，重要的路径就是通过商业授权研发大家普遍采用的架构的处理器。

关于CPU核心源代码是否是自己编写，这是处理器研发更高的一个台阶，它要求核心源代码可以自己编写，在专利上有主导权，不受别人的控制，不会有专利、版本方面的纠纷。在架构上得到授权，但在处理器研发上，核心源代码编写也要拥有自己的专利，自己可以对相关源代码进行不受限制的修改。这意味着企业进行处理器研发，必须经得住国家相关部门对源代码和专利的审查，不会造成重大安全隐患。

面对庞大的、日新月异的信息产业，会有不同性能、架构的微处理器，没有一个国家可能在芯片架构上重新建立起一个全新的架构体系，同时依靠某一个架构也不可能完全解决国产芯片的自主可控。切实做到由我主导，不断提升，长期供货，保证安全，才是真正意义上的自主可控，最后完全主导整个产业技术的发展走向。

三、祸兮福之所倚？重围之下的破局

数字产业的国产化之路比军工行业难度更大，背后原因在于后者需求方几乎完全由政府购买组成。商业市场前景和规模更为广阔，但需求并不稳定，行业技术门槛高、资金需求大。2018年中美贸易摩擦后，美国对半导体的技术封锁尽管使华为的终端零售业务遭受重创，但相关产业终于迎来了政策、资金和技术倾斜的春天。半导体行业是资金和技术密集型行业，短期内无法实现收回资金成本，兑付盈利。因此，祸兮福之所倚，有时敌人的技术封锁和穷追猛打反而会推动我国实现技术自主化。

2020年中国的人均GDP名列全球第59位，而数字经济发展指数排名全球第二，数字经济规模约为39.2万亿元，占GDP比重38.6%，总规模体量占市场第二位，数字经济增速是整个GDP增速的三倍以上。这背后有赖于我国庞大的消费市场，也是过去十年我国互联网企业迅速崛起的关键，即在投入一定量资金和技术后建立行业壁垒，并依赖数字经济边际成本递减规律，巨大的人口市场在边际成本为零上实现乘数效应，最终实现盈利。这是我国独特的数字经济模式——用户驱动型。在数字经济发展过程中，我们也应采取中国特色的数字经济发展模式和道路，借鉴先发国家优势，以我为主，为我所用，切实推动数字经济技术国产化和自主化。

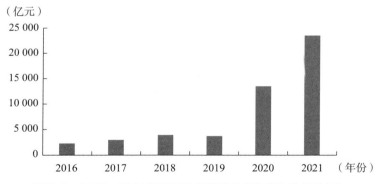

图5-3 2016—2021年5月底申万行业半导体行业总市值变化

资料来源：Wind金融数据。

第六章

他山之石：
各国"卡脖子"与反"卡脖子"的启示

武侠小说《笑傲江湖》中有句名言："只要有人的地方就有恩怨，有恩怨就会有江湖。"这句话稍加修改用来描述国家间的关系也不为过：只要有国家的地方就有冲突，有冲突就会有对立。距今2500多年前，古希腊史学家修昔底德已在其著作《伯罗奔尼撒战争史》中，通过对以古希腊城邦雅典领导的提洛同盟和以斯巴达领导的伯罗奔尼撒联盟之间长达数十年的战争的详细研究，对国与国之间冲突对立的本质进行了精辟的阐述："使战争不可避免的真正原因是雅典势力的增长以及因此而引起的斯巴达的恐惧。"

时光荏苒，当人们几乎已经淡忘了这场战争的时候，2012年，美国哈佛大学的著名国际关系研究专家格雷厄姆·艾利森（Graham Allison）在分析当代中美关系的演进和走向时再次引用了伯罗奔尼撒战争的例子。在他看来，一个崛起的新兴大国必将挑战现存的守成大国，而守成大国也必然会回应这种威胁，从而导致崛起国与守成国之间的战争不可避免。艾利森则形象地将这场不可避免的战争称为"修昔底德陷阱"。

然而，通过详细分析过去500年间3个全球性霸权国家——荷兰、英国、美国实现霸权的途径以及它们与挑战国之间的竞争可以发现，虽然大规模战争（热战）曾经是国家竞争中"卡脖子"的主要手段，但随着科技的飞速发展以及全球化的不断推进，这种"卡脖子"的手段正逐渐边缘化，取而代之的是更多守成国通过综合运用自身在贸易金融规则、科技、资源上的比较优势对竞争者"卡脖子"。通过借鉴这些历史上主要国家间"卡脖子"与反"卡脖子"经验中的"他山之石"，可以帮助我们对当代全球大国间的竞争有更加深刻的认识和了解。

第一节　英荷争霸：全球海洋贸易垄断权

　　始于15世纪的"大航海时代"被广泛认为是欧洲跨越中世纪进入现代的标志，而位于南欧伊比利亚半岛的葡萄牙和西班牙则是大航海时代最早的受益者。葡萄牙和西班牙王室对于金、银等贵金属以及来自东方的香料的渴求激励着诸如达伽马、麦哲伦、哥伦布等一批又一批的探险者出海找寻资源并开拓早期的殖民地，而作为海上探险的"副产品"，葡西两国的冒险家们也构建了全球贸易网络的雏形，可被称为"全球化1.0"的奠基者。为什么全球海洋探索和贸易会始于葡西两国呢？有观点认为是当时的欧洲政治环境影响它们陆上贸易的发展；也有观点认为是当时欧洲贵金属短缺导致通货紧缩并使欧洲陷入经济萧条，刺激两国探险家出海寻找新的货币来源。不管原因是什么，积极进行海洋探索和推进海洋贸易的好处对这两个伊比利亚半岛上的小国是显而易见的：

第六章 他山之石：各国"卡脖子"与反"卡脖子"的启示

葡萄牙和西班牙成功发展为世界上最早的全球性霸权国。然而，葡西两国所建立的霸权似乎更多是出于人类本能性的扩张，除贡献了"地理大发现"之外，它们对世界的发展并没有长远和深刻的影响。但是，它们间接帮助孕育了第一个现代意义上的全球霸权国家——荷兰帝国，而荷兰在商业、贸易和金融领域中发展的运作模式对当代世界仍有深刻影响。

荷兰帝国的前身及核心区域位于中世纪神圣罗马帝国哈布斯堡王朝所控制的北方省。1556年，神圣罗马帝国皇帝查理五世退位，将帝国的西班牙和北方省区域分给了他的儿子腓力二世并组成了西班牙王国。1568年，北方省爆发起义反抗西班牙国王的强权统治，拉开了与西班牙"八十年战争"的序幕。1579年，北方省中的七省结成了"乌得勒支同盟"，并于1581年宣布独立，形成了日后荷兰帝国的雏形。独立后的荷兰继承了前辈葡萄牙和西班牙的衣钵继续发展海洋贸易，在北美新大陆、非洲以及东南亚积极进行殖民扩张，并在17世纪中期垄断了全球贸易与航运，被形象地称为"海上马车夫"。

地理位置的优势虽是助力荷兰实现对全球航运和海洋贸易垄断的原因之一，但更重要的原因是它在造船和航运领域建立起来的技术垄断优势，以及此后它创造出来的现代商业金融模式。首先，从地理角度来看，荷兰比邻大西洋并位于多条欧洲重要航道的交叉处，这使得它能够连接当时欧洲主要的贸易圈，并能够向整个欧洲进行贸易辐射。因此，荷兰的地理位置使其成为跨大西洋与欧洲贸易的重要中转站，为其发展转口贸易提供了天然的优势。但地理位置上的优势仅仅是荷兰发展为17世纪全球海洋贸易中心的一个充分条件，而关键的必要条件则是荷兰拥有着当时世界领先的造船技术、船舶生产能力以及航运管理模式。首先，在16世纪70年代，当时的欧洲金融中心安特卫普遭遇了雇佣军的哗变并被洗劫一空，突如其来的灾难使将近10万人离开了安特卫普迁往荷兰、德国、英国、瑞典等地。这些人中大多数是商人和工匠，并在迁移中将最新的工业及造船技术带到了荷兰，使荷兰人学会了最早由葡萄牙人创造的大型商船造船技术，并结合荷兰国内多沼泽、湖泊、河流的地理条件进行了改进，创造出小型、肚子大、外壳薄的商船。其次，相对其主要竞争对手英国和法国而言，荷兰建立了在与波罗的海国家贸易中采购造船原材料的成本优势，而荷兰工匠的技术能力则进一步将该优势拉大。这使得荷兰造商船比同等英国造商船的单位成本便宜了500—2 400镑，货运费较英国便宜了1/3左右。最后，荷兰海军在荷兰商船的航运过程中会提供护航的"公共服务"，而英国的商船则只能既运载货物又运载枪支弹药，这种运载量上的差距进一步降低了荷兰商船的航运成本，夯实了其在航运领域的比较优势。

除了在造船技术上的领先之外，荷兰还在16世纪末期创造了股份公司制度并建立了世界第一个股份制公司——荷兰东印度公司（VOC），并在17世纪初期建立了阿姆斯特丹银行来加快贸易融资。这些先进的商业和金融模式进一步扩大了荷兰在造船和航运领域对英国及其他竞争对手的比较优势：到1609年，荷兰的贸易投资总量以及拥有船只的数量分别是英国的15倍和10倍，帮助"海上马车夫"实现了对全球海洋贸易的垄断，并逐渐建立起一套以荷兰为中心的全球贸易体系。荷兰在17世纪早期建立的全

第六章 他山之石：各国"卡脖子"与反"卡脖子"的启示

球贸易垄断地位也帮助它获取了巨大的经济利益，而为了维持其在全球贸易中的垄断地位，在17世纪上半叶，荷兰对西班牙、葡萄牙在全球的殖民地以及当时中国在亚洲所控制的部分区域发动了袭击，并建立了一系列由荷兰东印度公司控制的殖民地港口，包括北美洲的新阿姆斯特丹（现纽约）、东南亚的爪哇以及马六甲等地区。通过对这些港口和殖民地的控制，荷兰一方面掌控了北美和东南亚的主要港口和航道，另一方面也对亚洲运往欧洲的香料进行了垄断，进一步获取巨额垄断利润。

与荷兰隔海相望的英国无论在地理位置和宗教文化上都与荷兰有诸多相似，而荷兰在全球海洋贸易上的成功也使英国倍感失落与嫉妒。作为对全球海洋贸易垄断国的荷兰，自然清楚英国经济模式与其自身有同质化和竞争性的特点。因此，为了维护自身在全球贸易体系中的霸权与垄断地位，荷兰首先在海洋贸易领域对英国进行了"卡脖子"：17世纪上半叶，荷兰先后在波罗的海封锁了英国与波罗的海国家的通商道路并控制了造船原料的贸易；在北美洲与英国争夺殖民地并产生冲突；限制英国在印度洋上的贸易；允许荷兰渔船在英国海域肆意捕鱼，并将所捕到的鱼高价卖回给英国人，以打击英国的捕鱼业。[①]

"福无双至，祸不单行"。正值荷兰在贸易和渔业上排挤英国的时期，英国国内在1640年爆发了资产阶级革命并在接下来的8年中经历了两次内战，直到1648年，才由克伦威尔领导的革命胜利方组建了代表资产阶级的政府和议会。由于英国的资产阶级在

---

① 陈文艺. 十七世纪后半期三次英荷战争的背景与后果[J]. 历史教学，1984（1）.

荷兰采取的贸易"卡脖子"策略中利益受损，克伦威尔的新政府在1651年颁布了《航海条例》，并在条例中规定：只有英国或其殖民地的船只可以运转英国殖民地的货物；政府制定某些殖民地产品只准许贩运到英国本土或其他英国殖民地；其他国家制造的产品，必须经由英国本土，而不能直接销往英国殖民地。本质上，该条例将荷兰排除在一切与英国本土及其殖民地的相关贸易活动之外，被视为英国对荷兰限制英国贸易行为的反制举措。《航海条例》的颁布标志着英荷贸易冲突的升级，而在此之后很短的时间内，两国迅速陷入了全面的贸易对峙并导致它们主要经济往来的全面断绝。最终，在1652年5月，荷兰选择通过战争的方式解决与英国之间的贸易冲突，在多佛海峡发动了第一次英荷战争。这场战争持续到了1654年，而英国凭借海军优势强行封锁了英吉利海峡，使荷兰经济陷入瘫痪，并最终认输、承认并接受《航海条例》。第一次英荷战争的失利对以转口贸易为主业的荷兰，及其花了近50年时间才建立起的全球贸易垄断地位造成了沉重的打击；而作为战胜方的英国则是荷兰全球贸易地位相对衰落的最大受益者。

另外，在17世纪上半叶荷兰垄断全球贸易的同时，其国内的金融业也在由安特卫普逃离到阿姆斯特丹的银行家们的带领下飞速发展，并形成了期权、期货、商品、股票、政府债券等各类现代金融市场。金融业得以发展的根本原因，是荷兰在全球贸易中所获得并积累的超额垄断利润，而发达的金融市场同时也助力荷兰进一步扩大自身在全球贸易中的领先优势。但由于《航海条例》的颁布以及荷兰在第一次英荷战争中的失利，荷兰在全球海洋贸

第六章　他山之石：各国"卡脖子"与反"卡脖子"的启示

易中的垄断地位及其能够获得的超额垄断收益被打破，导致荷兰国内资本对贸易投资的边际收益不断下降。为了维持资本的投资收益，在17世纪中叶，荷兰国内开启了一场基于投机的"金融革命"，而到了17世纪下半叶，荷兰国内的商人和投资者对于纯粹的金融投机的青睐已经超过了对贸易的兴趣，并驱动荷兰从航运贸易导向型经济朝着金融投机导向型经济发展。自17世纪初期开始发展的金融业帮助荷兰建立了相对于其他欧洲强国在金融领域的比较优势，也帮助阿姆斯特丹成了进入现代以来的第一个全球金融中心。

在17世纪下半叶的英荷竞争中，荷兰也毫不犹豫地运用自身在金融领域的优势对英国进行金融"卡脖子"。事实上，早在17世纪初期，荷兰便通过在阿姆斯特丹建立的银行体系向斯堪的纳维亚半岛国家以及德国各个城邦进行贷款，与它们建立联系并施加影响。然而，对于和荷兰在海洋贸易中竞争的英国，荷兰似乎在金融上并没有那么慷慨，甚至采取了融资阻断的方式限制对手的发展。荷兰对英国的金融"卡脖子"主要从两个方面开展。一方面，在重商主义时代（1640年左右开始），英国议会颁布了禁止出口英国金属货币的法案；与之相对的是，荷兰议会则允许稀有金属自由出口，使荷兰东印度公司可以在阿姆斯特丹购买其在印度做生意所需要的贵金属，从而打破了英国对金属货币的出口限制。另一方面，从英国1651年颁布《航海条例》到三次英荷战争期间（1674年结束），荷兰严格限制了本国银行业向英国的贷款，意图通过金融信贷对英国"卡脖子"以削弱其在海战中的优势。

虽然在金融领域中的"卡脖子"策略似乎帮助荷兰获得了第二次（1665—1667年）和第三次（1672—1674年）英荷战争的胜利，但这两场战争的失利并没有对英国在全球贸易中的发展造成显著的负面冲击。与此同时，荷兰对英国的金融"卡脖子"措施也没有得到长期持续。1688年，英国爆发了"光荣革命"，使得来自荷兰的总督威廉三世通过其妻子玛丽公主的血缘关系篡夺并继承了英国王位。威廉三世的荷兰人身份使他能够帮助调停英荷矛盾并促使英荷两国结为同盟，而双方关系缓和后，荷兰也放松了对英国的金融和工业限制，使大批来自荷兰的金融家、资本家、商人能够来到英国，带动了英国金融业和工业（尤其是造船业）的快速发展，并进一步蚕食了荷兰在金融和造船领域的优势。到了17世纪90年代，英国在各项主要实力上均已显著强于荷兰。进入18世纪，英国则进一步巩固了自己在贸易和航运业中对荷兰的优势，并逐渐取代荷兰成为新的全球海上霸权国家。讽刺的是，正是来自荷兰的金融家和资本家在很大程度上帮助英国完成了对荷兰的反超。到1780年第四次英荷战争开始时，荷兰帝国早已是强弩之末，而它在战争中的失败直接引发了1787年荷兰国内的"爱国者革命"。最终，荷兰在1795年被法兰西第一共和国征服，彻底结束了近200年的帝国旅程。

荷兰帝国的崛起和衰落有诸多外因和内因。显然，荷兰在贸易和金融领域对英国采取的"卡脖子"措施并不能称为完全的成功，而英国在贸易领域中的反制则直接导致了第一次英荷战争的爆发。英国在那场战争中的胜利切实撼动了荷兰在全球贸易中的垄断地位，加速了荷兰帝国的衰落进程。仔细探究荷兰"卡脖子"

第六章 他山之石：各国"卡脖子"与反"卡脖子"的启示

失败的原因，可以发现其中既有一些独特的原因，例如，威廉三世在英国光荣革命后上台促成了英荷同盟，并使得荷兰放松了对英国的金融限制；也有一些普世的结构性原因，例如，荷兰经济发展过于依赖较虚的转口贸易和金融业，而其在工业上过于依靠造船业，等等。随着荷兰的商业和金融模式、造船技术通过移民向欧洲其他主要国家扩散，荷兰在转口贸易和造船上所建立的垄断优势势必会被削弱，从而侵蚀其国内资产阶级所能获得的利润，加快经济脱实向虚，朝金融投机方向发展，进一步削弱其国力并最终导致其全球贸易霸主的地位被英国取代。

第二节　德英之争：殖民地与资源

英国在赢得 17 世纪 50 年代的第一次英荷战争后，便开始在与荷兰的竞争中占据相对优势，并在 17 世纪末期—18 世纪初期逐渐取代荷兰成为全球贸易霸主。回顾历史，克伦威尔政府在 1651 年颁布《航海条例》来应对荷兰对英国的贸易排挤并非未经算计的莽撞之举。实际上，英国人比荷兰人更加深谙资源对发展的重要性，早在 1650 年前便建立了比荷兰地域更广、资源更丰富的殖民地。荷兰的早期殖民地如印尼（1603 年开始）、加纳（1598 年开始）、圭亚那（1616 年开始）、毛里求斯（1638 年开始）等均处于各大洋主要航道的港口位置；而英国的早期殖民地印度（1609 年开始）以及北美十三州（1607 年开始）则由资源丰富的靠海大陆组成。对比两国早期殖民地的特征可以发现，荷属早期殖民地多为海上贸易的中转站，而英属早期殖民地则是实打实的资源宝藏。相比英国，荷兰更像是个没有野心的纯粹商人。在 17 世纪下半叶与荷兰的全球海洋贸易主导权的争夺中取得优势之后，进入 18 世纪后的英国开启了"海洋贸易＋海外殖民"的"双轮驱动"霸权模式，并在 18 世纪中后期发展为全球第一大殖民国，其

第六章　他山之石：各国"卡脖子"与反"卡脖子"的启示

所拥有的殖民地数量和面积远超其他国家。18世纪末期的第四次英荷战争中取胜之后，英国彻底将老迈的荷兰帝国送入了历史的洪流，同时也开启了持续了200多年属于"日不落帝国"的霸权时代。

提到大英帝国的霸权，就不能不提两件事：殖民地贸易与工业革命。正是殖民地贸易的兴盛导致了1840年前后工业革命的发生，而正是工业革命的发展使大英帝国走向了其霸权时代的巅峰。故事的源头还要从一位叫马尔萨斯的英国经济学家的理论说起。托马斯·马尔萨斯（1766—1834年）是英国著名的人口学家和政治经济学家，在研究历史上人口与经济的关系时，他得出了一个悲观的理论：在人类历史上大多数时候，人口规模是按照几何级数增长，而人类的生产力和生产资料则是按照算术级（线性）增长的。因此，人口的增长速度必将超过生产力的增长速度，导致人均收入不断下降以及社会发展的停滞，直到人口的增长率再次小于生产力的增长率时。这就是著名的"马尔萨斯陷阱"。根据马尔萨斯理论的推断，英国进入19世纪将因人口的不断增加导致人均收入不断降低。统计数据显示，进入19世纪前，英国的人口数量的确快速增加：以伦敦为例，从1500年到1600年，伦敦的人口从约5万增长到约20万；从1600年到1700年，它的人口增长到了40万；而到1800年，它的总人口则达到了100万之多。但是，与马尔萨斯理论所预测的正相反，伦敦的工人工资水平也从1700年的每人每天10克白银涨到了1800年的每人每天超过14克白银，增长超40%，并未出现收入降低的现象。而导致伦敦人口和人均收入在这100年间均快速增加的根本原因就是英国在这期间逐渐建立起来的海洋贸易体系和海外殖民地霸权,这使得英国本土(生产)和海外殖民地(原材料供应)之间能够进行大规模贸易往来并带动英国工人的收入增长。

另一方面,相对于工人居高不下的工资,英格兰北部有大量的煤炭储备,使得英国的能源费用非常便宜。在利润的驱使下,英国资本家有十足的动力寻找工人的替代品,促进了英国国内在这方面创新研究的风潮。瓦特在1840年前后发明的通过燃烧廉价煤炭工作的蒸汽机恰恰满足了资本家的愿望,同时也拉开了工业革命的大幕。率先开启工业革命的英国在1840年后国内经济和工业生产力上扶摇直上。统计数据显示:到1850年,英国的城镇人口已经超过了总人口的60%,铁产量超过了世界其他国家的产量之和,棉布产量超过世界总量的1/2,煤产量达到世界总量的2/3。到了1870年,英国的工业产值更是达到了世界总产值的1/3,工业出口额也达到了世界总出口额的2/5,英国成了名副其实的"世界工厂"[1],并顺利登上了全球霸权的巅峰。恰巧在同一年,英国未来几十年的竞争对手德国在"铁血首相"俾斯麦的带领下也完成了统一。

其实,为人所熟知的德国是一个1871年之后才有的概念,而它在此之前的历史则要从神圣罗马帝国和拿破仑时代说起。在19世纪初,拿破仑通过武力解散神圣罗马帝国后,在1806年合并收编了原属于神圣罗马帝国的莱茵河以东的德意志国家,组建了法国的附庸国莱茵邦联,这也是德国的雏形。1815年拿破仑战败之

---

[1] 吴学云.美元刀:美元全球经济殖民战略解析[M].北京:中国经济出版社,2009.

第六章　他山之石：各国"卡脖子"与反"卡脖子"的启示

后，维也纳会议将此前附属于法国的日耳曼各邦国团结为德意志邦联，并由奥地利帝国领导。德意志邦联中崇尚骑士精神的普鲁士邦国不甘心臣服于奥地利，因此在1834年建立了德意志关税同盟，几乎包含了除奥地利之外的所有德意志邦国。但关税联盟中的各邦国并不甘心寄于普鲁士麾下，致使连年骚乱。1862年，普鲁士国王威廉一世任命俾斯麦为宰相，后者制定了强硬的"铁血政策"平定骚乱，并先后在1864年和丹麦、1870年和法国发动了战争。1871年，普鲁士赢得了普法战争的胜利并建立了德意志第二帝国，统一了德国。

通过普法战争的胜利，普鲁士不但统一了德国，还迫使法国签订了不平等条约，将重要的工业区——阿尔萨斯和洛林割让给德国，并支付德国高达50亿法郎的巨额赔款，这些从法国获得的战争赔款和领土为德国工业化奠定了重要的基础。阿尔萨斯和洛林蕴藏着丰富的铁资源，并拥有大量的法国钢铁工厂；而德国境内紧挨着该地区的鲁尔区则拥有丰富的煤炭资源。获得阿尔萨斯和洛林之后的德国将两个地区的优势充分整合，大幅增加自身钢铁产能，为19世纪末期在工业和经济上赶超英国打下了重要的基础。图6-1中包含工业革命后衡量一个国家工业水平的主要指标：煤、生铁和钢产量，而通过对比图中英德在1870年、1890年和1900年的数据，可以清晰地看出德国在这些重要指标上相对英国的快速增长。尤其在生铁和钢产量上，德国分别在1900年达到了英国产量的93.4%和211.5%。除了在基础能源与工业材料上迅速赶超英国之外，德国在19世纪末期各主要社会经济指标也均得到了迅速的发展。例如，到1896年，德国的工业产出已经占世界总产出的15%，成为世界第三大工业强国，城市化比率已经超过50%，文盲率缩减到小于1%。此外，德国在19世纪末期还迎来了一波集中在化学和电气工业领域的创新潮，在世界中独领风骚。据统计，到1900年，德国在主要化工和医药品如酸、碱、染料、药品等领域中均拿到世界之冠，让其他国家望尘莫及。

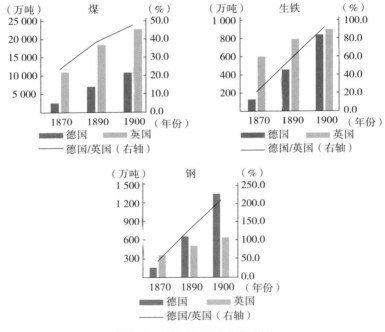

图6-1 英德主要工业指标对比

资料来源：公开资料整理。

19世纪的后30年间，德国社会高速发展，朝气蓬勃，充满惊喜。但日耳曼民族所表现出来的朝气，却渐渐转化为盎格鲁-撒克逊人心中的恐惧。1870年后，德国工业的高速发展在扩大了其经济体量之余，也大大增加了它对于资源和原材料的需求，但

第六章 他山之石：各国"卡脖子"与反"卡脖子"的启示

德国本土的资源已经无法喂饱这头胃口日益增大的雄狮。因此，在1884—1885年，德国也跟随着此前欧洲列强的脚步开启了自己的海外殖民之旅，在非洲强占了多哥、喀麦隆以及东非和西南非的部分土地。① 在对外扩张获取殖民地资源的原材料的同时，德国也积极开拓海外贸易并开始侵蚀英国的出口市场。据统计，英国在1870年时占世界贸易总额的25%，是不折不扣的世界贸易霸主；但在德国高速发展10年后的1880年，英国这一比例下降到了23%，德国的比例却增长到了10%；到了1900年，英国的比例进一步下降到20%，德国的比例则上升到13%。德国"海外殖民地＋贸易扩张"的崛起方式除了侵蚀英国在世界贸易中的份额之外，也勾起了英国人对于自身崛起并取代荷兰成为全球霸权的回忆。为了阻止德国发展成为取代自己的霸权，英国在19世纪80年代中期开启了对德国漫长而又复杂的"卡脖子"之旅，而这场旅途的终点则是令两国两败俱伤的一战以及随之而来的二战。

之所以说英国对德国的"卡脖子"复杂，是因为不同于荷兰，英国除了对德国实施长期的贸易"卡脖子"之外，也在殖民地争夺、军备竞赛、国际舆论以及外交结盟等诸多方面对德国进行了"卡脖子"，而这些"卡脖子"行为的根本目的就是维持英国对世界贸易以及殖民地资源的垄断。首先，同荷兰一样，英国选取了相对温和的在贸易上对德国"卡脖子"的战术。在19世纪80年代中期，英国国内掀起了一股"公平贸易"运动，旨在建立一个对大英帝国有利的关税体系。在1887年，"公平贸易"运动

---

① 陈文艺.近代国际关系史［M］.郑州：河南大学出版社，1986.

取得了第一个成就：英国颁布了《商标法案》(Merchandise Marks Act)，并在法案中要求任何进口到英国本土及其殖民地的产品都要标记原产地。通过这个法案，英国可以筛选出进口到帝国内部的德国货物，并结合舆论宣传让英国民众意识到突然之间有如此多的德国货充斥在英国市场，来培养民众对德国货的抵制情绪。《商标法案》以及"公平贸易"运动成功地在英帝国内掀起了对德国货的敌视，以及对德国政府和企业通过"不公平贸易方式"向英国倾销德国货的抱怨，而这些敌视和抱怨也逐渐转化为针对德国产品的歧视性贸易政策。1897年加拿大推出对英国本土产品的优惠税率便是这些歧视性政策的一个例子。由于英国及其殖民地是德国产品出口的主要目的地之一，英国通过"公平贸易"运动掀起的国内对德国产品的敌视以及所采取的歧视性政策狠狠地打击了德国的出口。在贸易上限制德国的同时，英国也开始在殖民地资源上对德国进行"卡脖子"，并在19世纪90年代争夺南部非洲殖民地资源时和德国发生了尖锐的冲突。英德当时冲突的焦点是在德兰士瓦（现南非境内，现此地名已不存在），而冲突的主要原因是德兰士瓦境内发现了金矿，英国希望将金矿及布尔人在南非的土地据为己有，并组织德国在南非的深入殖民发展。[①]为应对英国咄咄逼人的行动，德国则加大了对德兰士瓦的投资，并几乎控制了当地全部的对外贸易。眼看自己在德兰士瓦的影响力日渐消失，1899年，英国直接发动了第二次布尔战争，与当时受到德

[①] 胡才珍. 论19世纪末20世纪初德国在欧洲历史地位的巨变[J]. 武汉大学学报（人文社科版），2017（11）.

第六章　他山之石：各国"卡脖子"与反"卡脖子"的启示

国支持的控制德兰士瓦的布尔人打了起来。装备了德国人最新毛瑟步枪的布尔人并没有在与英国人的对抗中处于下风，最终赢得了这场战争，而当时德国皇帝威廉二世在战争后所发布的挑衅英国的电报则进一步触痛了英国人的神经，加剧了英德之间的紧张关系。

历史数据表明，英国在19世纪末对德国贸易上的"卡脖子"并未成功：到1900年，德国所占世界贸易份额较1880年反而上升了3个百分点；而英国在殖民地资源上对德国的"卡脖子"则唤起了德国的警觉。因此，在1898年，为了进一步拓展自身海外殖民地并保护现有殖民地利益，德国国会通过了《海军法》并要求迅速增强本国海军力量；在1900年，德国进一步升级了《海军法》并将1898年的计划扩充了一倍。看到自己海外殖民地利益被威胁的英国也迅速做出了回应，重建海军与德国抗衡，保持其在1900—1914年的海军预算一直以超过德国预算一倍的速度增长，以确保对德国海军的绝对优势。与此同时，进入20世纪后，为了限制德国的崛起，英国还放弃了自己一贯保持的"光荣孤立"政策与欧洲另外两个大国——法国和俄国结成同盟，在外交上对德国进行"卡脖子"。此外，英国还通过媒体到处散播"德国威胁论"，在国际舆论上不断孤立德国。这一系列的"卡脖子"举措进一步加剧了英德之间的紧张关系，最终，在1914年6月的一天，一名来自萨拉热窝的青年刺杀了德国主要盟国奥匈帝国王储斐迪南大公，引燃了第一次世界大战的导火索，将英德及其盟国拉入了持续4年、夺走1 000多万条人命的第一次世界大战。

英国及其盟国在1918年11月赢得了第一次世界大战，并在

1919年6月在法国巴黎与德国签订了不平等条约《凡尔赛和约》及其他一系列条约。为了限制德国的再次崛起，以英国为主导的协约国在条约中施加了对德国极为严苛的条款：根据条约规定，德国损失了13.5%的领土、12.5%的人口、所有的海外殖民地以及16%的煤产地及半数的钢铁工业，并且需要赔偿协约国2 260亿马克（合113亿英镑）的巨资。英国及其盟国希望通过《凡尔赛和约》"卡"死德国的"脖子"，使它永无重新崛起的可能。然而事与愿违，和约苛刻的条款最终导致了纳粹的上台并引发了第二次世界大战，几乎毁灭了整个欧洲。在二战中失败的德国再次解体，而作为战胜国的英国也将自己的国力消耗殆尽，将世界霸权的宝座转交给了大西洋彼岸的美国。

回顾持续辉煌了200多年的大英帝国，以及德国对其霸权地位持续70多年的挑战，可以看出在进入工业时代后崛起国与守成国的竞争中，更多的焦点集中在了对殖民地和资源（工业原材料）的争夺上。而此前垄断殖民地资源的英国，在面对德国的快速崛起与挑战时，采取了多种并用的"卡脖子"手段来捍卫自己的垄断权利。英国的"卡脖子"行为迫使德国做出了应对并加剧了双方的紧张关系，最终战争的爆发虽然遏制了德国的崛起，但也耗尽了英国的国力。

第三节　美国崛起：新的世界霸主

　　中国有句成语叫"鹬蚌相争，渔翁得利"，用它来形容美国在20世纪获得世界霸权的过程再合适不过了。一战和二战对于英国、德国以及欧洲其他主要国家的破坏是不言而喻的，而远离欧洲大陆千里之外大洋彼岸的美国，则仅仅在二战后期才真正加入战争并收割了战争胜利的果实。二战后，作为战胜国的美国环顾四周，看到的是已经因战争耗尽国力的英国、四分五裂的德国以及工业产值远不如自身的苏联。美国顺理成章地接替英国坐上了全球霸主的宝座，并将以英法为主的欧洲西部国家纳入了自己构造的"北约"同盟，正式开启了以美国为中心的全球经济霸权体系，并一直延续至今。

　　回溯历史，可以发现在美国看似平淡无奇地获取世界霸权的背后，是这个国家历经近一个世纪的发展，在世界工业和经济领域取得的领导地位。而要了解美国如何崛起并最终登上世界霸主的宝座，则必须将视角延长到19世纪中叶甚至更早。众所周知，美国最早是欧洲移民（主要为英国清教徒）在北美印第安人的土地上建立的殖民地，直到1776年独立战争后才完成了真正意义上的建国。刚刚建国的美国因资源禀赋限制，以及英国对其所进行的海上贸易的干扰等原因，到1812年第二次英美战争前一直作为一个农业国在发展。直到1815年第二次英美战争获胜后，美国才真正意义上摆脱了英国的枷锁，踏上了农业与工商业相结合的发展道路。在1815年到19世纪中叶的发展中，美国农业以种植园为基础，成为全球棉花和粮食等原材料的重要产区。另外，结合自身棉花产能上的优势，美国也在国内优先发展纺织业，并同时大力发展汽船和铁路运输。截至1861年，美国船舶载重量已经达到世界第一，而到了1860年，铁路也承担了美国全国2/3的货运。通过对19世纪上半叶的农业种植业、纺织业以及运输业快速发展的有机结合，美国开发出相对其他国家更有效率的一套纺织工业组织体系，并使纺织业迅速成长为该国的主导产业之一，也为其之后的工业化道路夯实了基础。

美国的全面崛起与腾飞发生在19世纪后半叶。促使美国能够顺利实现崛起的主要原因有：第一，成功地借鉴了英国工业革命的成果，并将这些成果进行了改进，使之能够更好地适应美国本国的工业发展；第二，开放了移民政策并大力吸引了来自欧洲的农业和手工业移民，而这些移民与美国得天独厚的自然资源禀赋相结合，使美国可以轻松突破工业化过程中的原材料瓶颈；第三，德国在19世纪后半叶的崛起与快速发展，以及随之而来的在贸易和海外殖民地等方面对英国产生的威胁，使当时的世界霸主英国无暇顾及千里之外的美国，而这也为美国的"和平"发展提供了宝贵的时间。从1860年起到一战前夕，美国实现了快速的发展，并在工业、农业以及经济发展的其他领域完成了对英国和其他欧

第六章 他山之石：各国"卡脖子"与反"卡脖子"的启示

洲强国的全面赶超。在表6-1中，可以清晰看出美国在这一段时间的高速发展轨迹。到一战结束时，美国已发展成为事实上的全球经济霸主，而通过主导二战结束后全球货币、贸易以及其他主要国际体系和规则的创立，美国也完成了对世界霸主王冠的加冕，正式登上了主宰世界发展的宝座。

表6-1　1860—1914年美国主要农业工业产品产量增长

项目	增长情况
小麦产量	增加了342%
玉米产量	增加了200%
棉花产量	增加了600%
亚麻产量	增加了730%
烟草产量	增加了210%
钢产量	从不足英国的1%到世界第一
工业产值	从不足欧洲的50%到超过英、法、德、日四国总和
工业制成品出口	从不足16%到超过48%

资料来源：李中，《美国经济百年崛起历程、经验与启示》。

如在此前章节中所描述的，与历史上其他全球霸权国家不同的是，美国更倾向于通过构建由其自身主导的国际政治、经济、货币、贸易体系来实施它对全球的"包容性霸权"并从中获益；而美国强大的军事实力更多是作为维护其在国际体系中的领导地位的后盾，而非直接维持其霸权地位的手段。其实，早在一战前美国经济笑傲群雄的时候，时任美国总统威尔逊便提出了通过"商业自由和国际门户的开放，利用国际联盟使美国得到世界的领导权，以确保美国的经济扩张和金融优势地位的建立"的原则。在二战中后期的1941年，罗斯福通过与英国首相丘吉尔共同签订的《大西洋宪章》，进一步将威尔逊提出的想法付诸实践。《大西洋宪章》中除了提出美英两国不寻求本国之外领土要求的主张，更表达了两国（更多是美国）降低贸易关税壁垒，促进全球经济合作和社会福利，以及保持公海自由和共同实施战后裁军等主张。与英国共同签署的《大西洋宪章》最终也成为二战后美国主导创立的以联合国为代表的国际秩序的基础，而通过创建以美元为核心的布雷顿森林体系以及基于该体系成立IMF、世界银行、WTO等全球金融和贸易领域中的治理机构，美国进一步主导建立了一套复杂的、前所未有的多边国际治理体系来施加对世界的霸权统治。当任何国家侵犯到美国霸权的核心利益或是威胁到美国在全球的霸权地位时，美国会毫不犹豫地运用自身在世界治理机构中的规则制定权、解释权和实施权对挑战国进行"卡脖子"，直到其对美国霸权的威胁消失为止。

二战以来，美国运用其对全球治理体系的垄断优势对竞争对手"卡脖子"的案例不胜枚举。本节主要通过发生在20世纪50年代的"苏伊士运河危机"，以及发生在20世纪60年代—90年代的美日贸易战和"广场协议"，对美国利用全球治理体系进行"卡脖子"手法和效果进行简要分析。

一、苏伊士运河危机

二战后的英国，已经彻底跌落全球霸主的神坛并沦为一个二流国家，而当时英国的主要精力也从维护其全球的影响力转到维

第六章 他山之石：各国"卡脖子"与反"卡脖子"的启示

护其在中东区域的权力并保证其石油管道的畅通。因此，面对埃及国内民族主义的崛起，英国希望用更新条约的方式使埃及加入以英国为首的中东防御组织，让英国可以继续通过"盟友关系"保持它对苏伊士运河的控制。然而，埃及政府率先废除了与英国的条约，并要求英军撤出在苏伊士运河周边的基地。[①] 面对埃及的"挑衅"，英国选择向世界新任霸主美国汇报并希望美国支持其对埃及采取强硬措施。但美国顾虑到如果支持英国对埃及的行动，将会把中东地区的主导权拱手送给苏联，因此没有支持英国的提议。没有获得美国支持的英国不得已在1954年4月与埃及签订了撤军协议。

然而，签订撤军协议后的英国仍心有不甘，而埃及政府在1956年7月宣布将苏伊士运河收为国有，再次触痛了英国的神经并侵犯到其核心利益，使英国坚定了通过武力夺回苏伊士运河的想法。在苏伊士运河拥有利益的另一欧洲大国——法国也赞同英国通过武力解决问题的计划。于是，英法两国拉上了与埃及宿怨颇深的以色列，共同制订并实施了"火枪手"计划。根据该计划，以色列在1956年10月29日向埃及西奈半岛发起突袭；同时，英法两国发出通牒要求埃及和以色列停火，并双双撤出苏伊士运河地区。看穿英法企图的埃及政府拒绝了它们的要求，而英法两国则以埃及拒绝调停为理由正式向它出兵发动进攻。

英法对于埃及的进攻直接影响到了美国在中东地区的战略布

---

① 胡才珍，左昌飞. 从苏伊士运河事件看英美"特殊关系"[J]. 武汉大学学报（人文社科版），2006（4）.

局以及核心利益，因此美国果断运用手中掌握的霸权力量对这两国（尤其是英国）进行制衡。首先，在美国的领导下，联合国大会通过了对英、法、以三国的谴责法案。同时，美国也开始实施对英国的金融和贸易打击进一步逼迫其停火撤军。在贸易上，美国通过对英国采取石油禁运的方式切断其能源补给；在金融上，美国通过在国际市场上大量卖出英镑使得英国在短时间内失去了 20% 的外汇储备，面临严重的货币贬值危机。在金融和贸易领域腹背受敌的英国最终被迫向美国主导的 IMF 寻求帮助以维护英镑的地位，而 IMF 的帮助条款中明确要求英国从埃及撤军作为提供援助的前提。被美国"卡死脖子"的英国最终只能乖乖地从埃及撤军来换取 IMF 提供的援助，此后美国也取代了英国在中东地区的影响力。

二、美日贸易战与"广场协议"

如果"苏伊士运河危机"是美国利用其在二战后主导建立的国际金融体系和治理机构对挑战者实施打击的一个案例，那么前后持续了近 30 年之久的美日贸易战则是美国利用其主导的全球贸易治理体系，在不破坏国际多边体系的规则框架下，通过国内立法的形式对挑战国进行打击并获胜的一个案例。

二战后的日本经济在美国的扶持下取得了飞速的增长，而日本以出口为导向的经济也使大批日本产品出口到美国市场并挤占了美国本土公司的市场份额，引发了美国商界的不满。日本最早侵占美国市场的产品是纺织品。在 20 世纪 60 年代，日本向美国出口的纺织品数量大增，引起了其美国同行的不满，并

第六章　他山之石：各国"卡脖子"与反"卡脖子"的启示

开始向美国政府施压。而美国政府通过贸易谈判的方式在1968年同日本达成了美日纺织品贸易协定，也拉开了美日贸易战的大幕。在纺织品贸易战中尝到甜头的美国在1974年颁布了修订版的《1974年贸易法》，并在该法案的第301条到第310条中规定："当有任何利害关系人申诉外国的做法损害了美国在贸易协定下的利益或其他不公正、不合理或歧视性行为给美国商业造成负担或障碍时，美国贸易代表办公室（USTR）可进行调查，决定采取撤销贸易减让或优惠条件等制裁措施。美国贸易代表办公室也可根据上述情况决定是否自行启动调查。"这些条款后被统称为"301条款"，并在1979年到1988年间进行了3次修订，添加了"特别301条款"和"超级301条款"。这些条款被广泛认为是美国对其竞争对手在贸易领域进行打压和报复的法律依据。[①] 在"301条款"颁布后，美国开始频繁使用该条款对日本贸易进行打压，迫使日本被打压的行业在与美国同行的竞争中失去竞争力。表6-2汇总整理了美国在1970—1994年对日本不同行业进行贸易打压并使日本屈服签订协定的情况。

表6-2　1976—1994年美国对日本贸易打压措施汇总

时间	行业	措施
1976—1977	彩电	·1977年迫使日本签订贸易协定，主动限制对美国的彩电出口
1976—1978	钢铁	·1976年美日签订特殊钢进口配额限制协定 ·1978年美国钢铁启动价格保护制度
1979—1981	汽车	·1981年两国签订美日汽车及零部件协议
1981—1991	半导体	·1981年美国以反倾销为由对日本部分半导体产品征收100%关税 ·1987年达成美日半导体协定

---

① 何力.美国"301条款"的复活与WTO[J].政法论丛，2017（6）.

续表

时间	行业	措施
1989—1994	日本国内市场	·1989年美国启用"超级301条款"，强迫日本签订美日结构性障碍协定，强迫日本开放部分国内市场 ·1994年美国再次启动"超级301条款"，使日本进一步开放国内市场

资料来源：公开信息整理。

在与日本进行长时间、大规模贸易战的同时，美国也在日元汇率上对日本不断施压，将美日贸易失衡归结为日本刻意压低汇率。最终在1985年，美国、联邦德国、法国、英国及日本的财政部部长和央行行长在美国纽约的广场饭店举行会谈，并达成五国政府联合干预外汇市场，诱导美元对主要货币有序贬值，从而解决美国贸易赤字的问题，这个协议被称为"广场协议"。"广场协议"的最大受害国便是日本：该协议签订后，日元的快速升值促使日本从以制造业为核心的实体经济驱动模式变成了以房地产和金融借贷为核心的经济发展模式。而在日本房地产与金融借贷泡沫破裂后，日本经济一蹶不振并陷入了"失去的20年"，彻底失去了与美国竞争的实力。

通过对上述两个案例的描述，可以看出美国如何通过利用其领导建立的国际多边治理体系对竞争对手进行"卡脖子"。然而，随着进入21世纪我国加入WTO并在其规则框架内高速发展，美国"9·11"事件后的大规模反恐战争，和2008年金融危机后国力的衰落，中美之间的实力对比迅速发生变化，使得我国成为二战以来美国最严峻的挑战者。随着特朗普政府的上台，美国在2018年再次通过启用"301条款"对我国发动贸易战，并以"国

第六章 他山之石：各国"卡脖子"与反"卡脖子"的启示

家安全"为由限制向我国出口尖端半导体产品。值得注意的是，如果说美国20世纪70年代—90年代对日本启用"301条款"发动贸易战是利用了当时GATT没有争端解决机制这一设计漏洞的话，那么美国在2018年对中国发动的贸易战则违反了它自己主导制定的WTO争端解决机制的规则。这是否意味着此前用于维持美国全球霸权统治的国际多边主义框架和规则的作用在渐渐丧失呢？

第四节　历史的启示

　　通过对过去500年间的三个全球性霸权国家——荷兰、英国和美国的崛起，以及它们对主要挑战国的"卡脖子"行为进行了详细的回顾与分析，可以发现：荷兰由于工业和经济模式过度单一，它对英国在贸易和金融领域的"卡脖子"因为没有强大资源、工业和军队的支撑最终被瓦解，而荷兰"卡脖子"失败的代价便是其全球贸易霸主的地位被英国取代。英国在吸取了荷兰失败的教训后开启了"海上贸易 + 海外殖民地"双轮驱动的发展模式，并成功通过工业革命大大提高了生产力，发展成为"日不落帝国"。面对统一后快速实现工业化并发展的德国，英国在包括贸易、殖民地资源、军备竞赛、外交结盟、舆论等多个维度上对德国进行"卡脖子"以遏制其崛起。英德之间的敌对升级最终演变为战争，并将世界拖入了第一次以及随后的第二次世界大战。而一战与二战也彻底拖垮了英国的国力，使得远在大洋彼岸在19世纪后半叶到20世纪上半叶快速实现工业和经济发展的美国渔翁得利，和平地从英国手中拿走了全球霸主的王冠。不同于此前的霸权，美国以联合国和布雷顿森林体系为基础，通过制定政治、经

第六章　他山之石：各国"卡脖子"与反"卡脖子"的启示

济、金融、贸易等领域中的全球多边体系与规则，通过领导诸如 IMF、世界银行、WTO 等国际多边体系下的全球治理机构来实现并维持自身的全球霸权，并通过操控体系与规则对他国"卡脖子"。进入 21 世纪，随着我国的迅速崛起以及中美实力差距的迅速缩小，美国近年来展现出了摒弃其多年维护的全球多边体系与规则的势头，并更乐于通过强硬的单边主义来遏制我国崛起。而这种势头是否预示着美国霸权正在向衰落发展，美国是否会重返其制定的全球多边体系与规则中与我国继续博弈？我们拭目以待。

第七章

"卡脖子"的本质：理论探究

第一节 "卡脖子"现象自古有之

"卡脖子"现象在国家竞争、区域竞争中自古有之,争夺"一夫当关,万夫莫开"的战略要塞,一直是军事战争方面的核心策略,而在国家之间的战略斗争,无论是为领土还是为资源,无论是战争还是和平的竞争手段,都希望找到一招制敌的"卡脖子"绝招。

汉武帝为解决北方匈奴"卡脖子"威胁而寻求与大月氏联盟,派张骞出使西域开辟了促进东西方文明交流的伟大的丝绸之路。

刚刚从黑暗的中世纪苏醒的欧洲人,为破解东西方贸易交通要道的"卡脖子"困难,从海路寻找新的通向东方的道路,开启了伟大的大航海时代,拉开了人类近代史地理大发现的序幕。

大航海促进了全球交通技术的进步,人类的全球化进入了新的时代,而国家之间的竞争也达到了前所未有的激烈程度,霸主之争主要体现在"卡脖子"与反"卡脖子"的博弈方面。

英国率先通过工业革命成为新的世界强国,为维持其领先地位,1774—1785年,颁布了《航海条例》等一系列禁令,严禁纺织业主和熟练工人移民美洲,要"卡"美国的"脖子"。而英国的

"叛徒"塞缪尔·斯莱特来到美洲,成了美国的"工业革命之父"。

当然,也有应对"卡脖子"的反面典型:在二战期间,日本为打破美国在石油禁运与经济制裁的"卡脖子",妄图消灭美国的太平洋舰队,而在珍珠港铤而走险。

"卡脖子",原意是掐住别人的脖子,多比喻控制别人的要害。能查到的较早的报道,是1974年12月5日的《人民日报》:"唐家庄矿由于新井提升能力不足,遇到'卡脖子'的困难,井下煤不能及时运上来。"

当前热议的"卡脖子",则是指一个国家不可缺少、难以自给且难以替代的需求或环节,其供给被他国控制的现象。而且,"卡脖子"可能来自其他国家,也可能来自其他组织甚至企业巨头。

那么,"卡脖子"问题究竟是科技问题,还是政治问题或者经济问题呢?

首先,"卡脖子"涉及"卡"别国的国家(即"主动方")和被"卡"的国家(即"被动方")。那么,"卡脖子"问题就分解为四个问题:一是主动方为什么要"卡"别人的"脖子"?二是主动方有什么"卡"别人"脖子"的能力?三是被动方为什么会被"卡"住?四是被动方如何破解"卡脖子"的困局?

主动方"卡"别人的原因是政治问题,是主动方希望控制别人来达到自己的目的和利益,就是"修昔底德陷阱"问题。而主动方的能力往往是源于其优势地位,如:对重要资源和重要运输路线的控制能力,往往依靠其军事的部署和控制能力;对科技方面的控制能力,往往依靠其研发实力和知识产权的保护机制;对国际经贸规则的控制能力,往往依靠其经济实力和国际规则的话语权，体现为对国际产业链贸易和金融结算等重要环节的控制；在数字经济网络时代，跨国企业对产业链以及信息数据的垄断成为可能，也带来了新的"卡脖子"能力。

被动方往往在关键资源、科技、交通路线、国际规则和产业链核心平台等方面存在一定的外部依赖性，其国家经济社会发展在这些方面又存在较为刚性的需求，其自然禀赋、地理布局、科技水平和国际分工等方面的短板，就构成了可能被"卡脖子"的风险。被动方要想破解"卡脖子"威胁，必须在这些风险领域寻找内部替代和外部替代，扩大选择和替代，打破国家垄断。

第二节 "卡脖子"的本质：国家垄断

一个国家在资源、科技、交通、产业链等方面存在外部依赖，并不一定会被"卡脖子"，因为如果这些外部依赖分散于多个国家，该国可以通过促进这些国家彼此的竞争而避免被"卡脖子"。但如果这些外部依赖被一个国家垄断，就可能被"卡脖子"。因此"卡脖子"的本质就是垄断，是国家垄断。

"卡脖子"问题，包括目前普遍受关注的科技领域，本质是经济问题，更是政治问题。从经济学视角分析，"卡脖子"的本质源于垄断，就是国家之间利用垄断地位这样的非战争手段实现其政治目的的行为。企业实施垄断，往往是追求超额经济利益，国家制造垄断，更多是为了政治目的，当然政治目的也包括其国家的经济利益，甚至说到底就是一个国家的长期经济利益。

而且，一个国家可能被另一个国家"卡脖子"，也可能被一个企业或组织"卡脖子"，都是因为在某些关键领域被其他国家和企业垄断。

垄断的英文词源是 monopoly，也译作"独占"，是经济学术语，是一种市场结构，指一个行业里有且只有一家公司（或卖方）

提供产品或服务。

垄断总体分为买方垄断与卖方垄断两大类,一般关注的重点往往在卖方,具体又分为四类:特许垄断、自然垄断、策略性垄断和其他垄断(如资源和原材料垄断等)。

特许垄断是指由法律所规定并受到法律保护的独家经营权利,典型的如专利权和版权。在国家垄断中,与国际规则赋予的特别权利类似,本书称其为规则垄断。

自然垄断是规模效应所致,在某些行业或领域,规模越大,成本越低,最终最大的供应者成本最低,淘汰了较小的厂商,垄断了全部市场。在互联网企业中,往往大的平台如电商平台或社交平台,有最大的客流量,最终垄断了市场。数字经济时代的平台垄断和自然垄断类似,最终是掌握了一个或一些国家某些领域关键的电子数据,具备了与国家进行博弈的垄断地位。

策略性垄断是指掌握了别人不知道的技术或诀窍,形成了技术垄断。少数国家具有科技领先优势,并通过不断升级创新来保持其科技垄断地位,是当前国家垄断的重要形式。

其他垄断主要包括自然资源或原材料垄断。在国家垄断中,特别体现在一个国家因其天然的地理位置占有垄断比例的自然资源,尤其是能源或关键材料矿藏,形成资源垄断。另外,一个国家也可能因其占有的地理位置具有交通要道的优势,而形成交通垄断。

垄断意味着话语权与控制权,意味着对利益的掌控。与垄断相对的是竞争,竞争不足是垄断,而竞争过度就是内卷。竞争同质化最终就是价格竞争,造成企业利润不足,产品服务的质量也会下降,从而降低企业经营的可持续性,造成员工工资下降和就业减少。所以,在市场竞争中,企业不愿意沦落到完全竞争而导致利润最小化,都希望避免红海而寻找蓝海,就是希望通过差异化直至垄断而独占市场。同样,国家也希望寻求独占优势,尽可能地提高自己的国际地位,争取本国利益的最大化。因此,垄断是企业竞争与国家竞争追求的终极目标和必然结果。

在大多数人眼中,垄断并非褒义。其实,垄断并非都是坏事,也有好处。

当然,垄断主要有六大弊端:一是垄断行业竞争不足,企业缺乏创新进步的动力,垄断企业还可能恶意收购新兴创新企业,阻碍创新和社会进步;二是价格高、服务差,损害消费者权益;三是竞争不足,造成供给不足以维持超高价格,社会需求不能完全满足,压低了国民经济产出;四是利用垄断地位阻碍中小企业竞争或新进入者,减少了社会就业;五是垄断带来长期超高利润,成本控制动力不足,容易造成浪费;六是国际垄断危害国家安全。

垄断也有四大好处:一是规模效应可以降低成本、提高效率,避免重复建设;二是垄断有超额利润,发展预期稳定,企业可以从容考虑更长期发展和全局战略,有更多资金投入基础研发、长期创新研发和高风险创新研发[①];三是垄断有利于提升本国企业实力,增强国际竞争力;四是垄断行业企业少,国家管理简单,易形成统一高效的行业标准,监管政策复杂度降低,方便国家进行特殊资源管理(如稀土等)。

---

① 熊彼得认为,适当的垄断可以使企业留出利润用于研发创新。

市场中的企业垄断和国际间的国家垄断有相似之处，也有不同。首先，企业和国家都追求垄断独占，对资源、科技、规则和平台的垄断有诸多类似，而国家还有对交通地理的垄断的特殊类型；其次，企业和国家在垄断后都有超额回报，但国家还会考虑政治利益；再次，企业的垄断主要在科技和规则方面，需要遵守国家的法律法规，而国家的垄断则覆盖更广泛，更注重主导规则的制定，并以武力作为托底的保障；最后，企业应对垄断主要通过寻找替代，很难做到各方面的自主性，而大的国家需要更多的自主性，替代和垄断不同领域的交换博弈是更现实的手段。

　　此外，国家的垄断与反垄断往往体现为国家之间的博弈，包括政治、经济、文化等多个方面的多重博弈。

　　而企业的垄断与反垄断和国家的垄断与反垄断最本质的相似性就是都可以归结为经济学问题，即使是国际政治博弈也可以用经济学方法来解释。本书就试图用经济学的垄断与反垄断，来分析和解决国家的"卡脖子"博弈问题。

第三节 "卡脖子"领域：不止在科技

当前，人们往往把国家间的"卡脖子"集中在技术领域，或者把科技"卡脖子"简单地看作科技领域的问题。然而，这些已经发生的科技"卡脖子"问题，其背后的研发工作大多从10年前、20年前甚至几十年前就开始了，如果现在只是针对这些今天发现的技术领域进行应对，很难在短时间内实现对领先国家长时间的科研积累的追赶。而且，即使研发突破能够奇迹般地及时实现，但5年后、10年后会不会又出现新的"卡脖子"技术？是不是一直要如此疲于奔命？不解决根源问题，只应付眼前问题，就会一直被别人牵着鼻子走，很难实现真正的崛起。

深入分析，领先国家具有"卡脖子"能力的科技成果，往往是产业经济市场长期分工积累的结果，是产业需求到科研项目、科研项目与创业创新投资、科技创新与产业链专业分工等产业、科研、资本三界互动、交替、积累、发展的综合结果。如果只是从科技攻关角度解决，实际上是很难达到目的的，这与当年我们独立自主研发"两弹一星"有着重大区别。因为"两弹一星"是一次性的大项目投入，不像集成电路这样的产业科技需要快速的产业应用迭代，需要产业经济效益的不断反哺研发投入，需要多国企业在产业链上下游的不同环节进行相互分工配合。一个企业都无法解决上下游的技术积累与更新换代问题，更不要说一个科研团队了，而且其中的重要障碍问题是需要产业实践、生产实践和应用实践来解决的。

而且，即使我们可以独立自主地解决这些科技短板问题，但能源矿产等方面的资源"卡脖子"问题，就无法用自主研发的方式应对了，需要从全球各地进口石油天然气、铁、铜、铀等自然资源，还要考虑进口的运输通道的交通"卡脖子"风险、进一步改革开放的国际大循环可能面临的国际规则"卡脖子"风险、数字经济时代全球化的平台"卡脖子"风险。

解决当前的"卡脖子"问题，一定要认识到，"卡脖子"领域不止在科技方面。延续前文对垄断和国家垄断的分析，本书进一步将"卡脖子"分为五类国家垄断：

1. 资源垄断：能源、材料（矿产）以及与农业等相关自然资源分布，需要进口的重要资源，存在被少数国家垄断的可能性。
2. 科技垄断：科教/人才、创新研发、专利与工艺（包括关键部件、种业等）存在被少数国家垄断控制的可能性。
3. 规则垄断：产业分工、标准制定、金融体系等方面的规则，或制定、管理这些规则的国际组织，存在被少数国家垄断控制的可能性。
4. 交通垄断：重要的进出口运输交通路线，如海路、陆路、空路等，存在被少数国家垄断控制的可能性。

5. 平台垄断：数字经济时代，对人员、设备、交通工具、企业、社会组织、国家等属性与行为信息等关键或重要数据的生成与管理，对科教、经贸、社交等方面网络交互的平台，都存在被少数大企业或少数国家垄断控制的可能性。

对这五大类国家垄断，都需要分别进行分析和专门的研究。

第四节　大国与小国：优势与苦恼

面对"卡脖子"与国家垄断，大国与小国情况有很大差异：大国需求量大，如果过度对外依赖，比小国更容易被"卡脖子"；小国实力可能弱于大国，资源或武力总体不具优势，也可能更有被"卡脖子"的风险。因此，大国面临的"卡脖子"风险和应对能力与小国有明显的不同。

在此，本节总结了大国模型的两大主要特征：规模效应与人均效应，具体体现在人口多、疆域大和影响力大三个方面。

第一，大国人口多，需求大、市场大。小国的各产业需求大多可能通过进口满足，只要专注发展自己国家有比较优势的产业即可，如瑞士的钟表和金融、德国的制造业、日本的电子产业等。而大国由于需求大，很多产业行业的国内需求难以完全通过进口来满足，而且在国家安全方面也不便完全依赖于国际市场，这必然要求大国国内的产业结构具有一定的完整性，保持适宜的外贸依存度，无论是否有比较优势。另外，大国人口规模大，其年龄、职业等结构改变的难度大与惯性大，需求和供给需要在国内维持复杂的均衡状态。

第二，大国疆域辽阔，资源储藏丰富，但各区域不平衡的可能性也更大。大国虽然物产丰富，但种类可能并不平衡，而且人均不一定多，所以资源尤其是能源安全战略尤为重要。小国需求量小，即使受某些国家限制，也容易通过其他国家供给实现替代。另外，小国的城乡差别、区域差别往往不如大国的大，解决起来也更加容易。而大国具有更大的城市数量与城市容量，应当发展多城市带和多个都市圈，更须注重城乡的区域平衡，需要更复杂的区域平衡规划。

第三，大国有更强的独立性和影响力。大国由于其较大的经济规模往往具有更大的经济和金融影响力，要求其货币和财政具有较强的独立性。大国往往具有一定的文化独立性，而独立的文明往往是原始创新、领先创新的重要基础。大国独立的文明影响力，一般体现在经济规模、军事力量、科技贡献、制度榜样和文化影响这五大方面。大国由于更大的影响力，往往产生对周边乃至更大范围的辐射与联盟作用，对其资源合作、产业链合作、科技合作、经贸联系、金融合作和人才等多方面合作产生多层次的影响，在国际规则制定和管理中可以承担更重要的角色。大国较多的人口可能具有更加丰富的民族多样性和文化多样性，更有利于自主创新。

小国具有与大国人口、疆域和影响力相对不同的特征，但也有小国独特的优势。如德、日、瑞士、新加坡等国，由于体量小，无须保持完整的产业结构体系，可以集中发展其局部比较优势与整体比较优势明显的产业，在国际分工中的定位相对灵活，容易调整，可以一个或几个特色产业为立国基础，其他产业通过国际贸易与合作解决。

在可预见的未来，中国、美国、欧盟、印度和俄罗斯都符合大国模型，而阿拉伯国家、巴西、澳大利亚和加拿大具有大国的潜力，非洲还没出现大国趋势，这样的模型有助于我们分析未来世界的经济发展格局。

第五节　后发优势与后发劣势

重温杨小凯的后发劣势观点，总结我国及各追赶崛起的后发国家的普遍规律，我们发现，发展中国家和发达国家既有阶段性差异（增长的三要素理论），也有大国与小国差异，还有后发优势和后发劣势。发展中国家和发达国家以及不同的发展阶段和相交的历史时期，过程中彼此相互作用，也具有动态的特征，体现为后发的优势和劣势（相对应于先发的劣势和优势）。

从实践到理论，可以总结出后发国家可能具备的六大优势（亦即对应先发国家的劣势）。

一是发展快。学习别人成熟的科学技术、各类制度和政府与企业的管理经验，可以少走弯路，显然比自己寻找要快得多。

二是风险少。汲取前人的经验教训，就能减少自己探索与尝试失败的风险，降低风险损失。

三是效率高。参照先发国家，更容易确定发展目标，可以发挥我国集中力量办大事的优势，按明确目标制订有成熟经验参照的计划，执行效率大幅提高。

四是成本低。后发经济体在发展的早期劳动力工资低，具有

第七章 "卡脖子"的本质：理论探究

明显的人工成本优势，容易吸引外资进入，许多简单商品价格低，具有较大的出口比较优势。

五是增速高。由于原来经济基数小，所以很容易取得较高的增长速度。

六是动力足。由于落后，追赶和改变贫穷而致富的意愿往往更加强烈，更容易激发各方面发展的动力。

同时，后发国家也往往面临六大劣势（相对于先发国家的优势）。

一是路径依赖。追赶早期靠学习可以实现高速发展，但当差距逐渐缩小时，学习型发展的边际效应将快速减弱，我们的人均工资不断提高（这当然是发展的目标，即提高人们收入），但成本的比较优势逐渐消失，因此必须逐渐增加自我创新的比例，改变原来的追赶型发展模式。同时，要提升因落后学习而形成的既有品牌形象是非常困难的，也容易导致自大或自卑的极端化情绪，要完成从追赶到超越的转型，挑战巨大。

二是"修昔底德陷阱"风险。修昔底德陷阱风险就是"卡脖子"风险，已经领先的经济体大都具有规则与定价权，处于国际分工的优势地位，具有制高点先机和实力优势，掌握了国际话语权和垄断或控制地位，要想赶超可能会遇到领先者的压制。

三是基础不扎实。由于追赶时发展太快，许多体制方面的制度配套和需要几代人传承积累的习惯与观念积淀不一定都能跟上时代需求，发展的基础需要补足。

四是人才劣势。先发经济体有培养体系和吸引全球人才优势，后发追赶者需要补更多的课，对全球人才缺乏吸引力，对本国人才的培养和留用也面临更大的竞争。

五是资源更稀缺。在发展早期,石油等能源和资源比较丰富,开采容易、价格便宜,而等到更多追赶者发展时,面临更稀缺的资源和更高的价格,同时前期累积的污染等生态问题开始从局部问题逐渐变为全球性问题,例如,现在已经形成应对气候变化的新约束和碳中和等方面的国际协定,约束条件和发展成本大大增加。

六是后发高速悖论。由于发达门槛日益提升,发展越晚差距越大,就需要更多的时间完成以前相同的追赶,例如,美国用了30年完成了第一次工业化和到世界第一大经济体的追赶,日本用了30年完成了与当时我国人均GDP相近到与美国人均GDP相近的追赶,韩国用42年的高速增长进入了发达国家行列,而我们经过了40年的高速增长,却仍在发展中国家行列,甚至没有达到世界人均GDP的平均数。

第六节　反垄断与国家博弈的理论透视

国内的垄断问题主要考虑企业垄断，而国际的垄断问题既有跨国企业的垄断问题，更有国家垄断问题。国家间的"卡脖子"实际就是国家垄断的生动体现。因此应对"卡脖子"挑战，实际就是应对国家垄断，可以从反垄断方面得到许多借鉴。

前面已经分析过，垄断既有好处，也有坏处，反垄断就应该针对垄断的弊端，而保留垄断的益处。因此，反企业垄断的目的就是促进创新，支持创新成果的产业化与普惠，保护中小企业和新进入者的良性竞争秩序，避免同质化竞争和内卷。

由此，反国家垄断的目的，就应当是促进世界文明多元化、发达国家与发展中国家的兼容性，共同参与制定和不断改进完善国际规则，实现国际资源和交通运输的共赢合作，推动各国科技创新合作，促进全球共同发展、合作进步。

不过，不同于反企业垄断的是，国家垄断的应对主体，必然是"卡脖子"的一方，需要增加对国家间博弈的思考。大国博弈，需要升维思考、降维打击，不但要考虑如何提升自主能力，也要考虑资源禀赋的现实，如何开展国际合作，还要考虑彼此"卡脖子"不同领域的博弈交换，以及国际联盟的国家力量与利益的延伸。从合纵连横到国家联盟，从主义到政治与经济利益，从实力威慑到避免囚徒困境，从良性竞争到合作共赢。

中国传统文化的精髓之一，就是追求和而不同的境界，能够容纳世界多种文明共存，同时保持一定的危机感和竞争意识，谨记"生于忧患，死于安乐"。

第八章

大国突围：
"卡脖子"的破解之道

纵览世界各国兴衰起伏的历史，分析世界科技、资源、规则、交通和平台的垄断格局，深入"卡脖子"的经济学本质，以国家垄断应对国家垄断。最后，我们总结破解"卡脖子"的四种手段：一是自主替代；二是国际替代；三是交换制衡；四是夺取控制。

对于科技垄断和产业链的规则垄断，大国之策是以自主能力为先，建立国际联盟，构建国际科技创新、产业分工合作的垄断替代网络；对于关键的科技和供应链环节要有多方竞争、多点备份、多种替代；对于特殊垄断资源或特殊领域，寻找可以交换的差异"卡脖子"垄断环节，以此垄断交换彼垄断，相互制衡。从根本上看，还是以科技和正义建立最后的武力保障底线，将硬实力与软实力、明实力与暗实力结合起来，以"卡脖子"的主动方实力应对被"卡脖子"的挑战。

第一节 反垄断的企业之道与国家之道

以目前的国家实力，打破国际垄断需要眼前的务实之道与长远的战略之道相结合，从"反垄断"逐步积累到"防垄断"，从应对国际垄断到建立主动方的国家垄断，需要多层突围的综合破解之道。

一、从企业应对到国家应对：产业反垄断

强大的本国企业，是国家强大的微观基础。做强本国企业，应当逐步从国内企业向跨国企业发展，梳理自身的产业链，分析短板环节，建立关键环节的多供应替代与备份，消除独供环节（单一厂家或单一国家等有系统性单一影响因素），可以考虑自主研发、环节替代和纵向并购等多种方法，注意产业风险和跨国发展的国别政治风险，建立全球反垄断战略，循序渐进地积极参与产业规则、国际标准等的制定和维护，积极参与国内国际经贸、技术联盟，逐步承担关键角色。

以能源革命、材料革命打破资源约束，制定星际大航海战略打破资源垄断，必须将企业作为基本主体发展纳入国家博弈策略。

市场空间的"卡脖子"，强势国家可能会垄断某些区域市场，这些市场空间在以前都是传统的地域地理空间，对这些传统的地理市场空间的控制往往会体现在本国企业的跨国化。我国企业在跨国化方面还有较大的差距。

而且，现在数字经济已经全面渗透，平台经济和数字网络空间成为新的市场空间，这种新的空间超越了国境，超越了时间，既会影响原有的税收主权，更会对数据主权、信息主权、传播主权产生难以想象的影响，数字经济时代的平台垄断也将企业的力

量提高到可以和国家力量相互博弈的量级。一个国家如果不对数字空间进行主权和控制力布局，将来不但会被别的国家"卡脖子"，也可能被"数字平台企业帝国""卡脖子"。

二、建立综合的关键技术突破与创新机制

我们要将短期与中长期科技积累相结合，建立国家基础研究、产业科技等方面的公私结合的综合创新体系，将产业发展创新需求、国家战略创新需求、科研好奇创新需求等三大方面的创新动力综合起来，并重结合，实现"远水"和"近渴"的融合。

当前，科技成为"卡脖子"的热点领域，从覆盖软件、硬件、网络、标准及 IP 等资源的信息技术（IT）到以 IT 为基础实现大数据和 AI 等上层应用的智能科技，从以工业母机为代表的高端制造技术与产品到生命科技，从能源科技到材料科技，从农业科技到生态环保，从军事科技到航天，广泛而繁杂，互相之间看似没有联系，其实都是围绕人类的根本需求，即生命生存方式的改善和社会生活方式的改善。这些改善需求需要生产技术和经济金融的支撑，而支撑的底层是能源和材料。把握住人类这两条根本需求的主线，就可以梳理出人类科技的发展脉络，其中的关键环节就可能被用来"卡脖子"。

从长期来看，人类科技文明的发展方向和分支领域可以用图 8-1 系统展现出来。

从图 8-1 可以发现，新能源、新材料、新生物技术、智能技术、星际大航海、数字新空间是未来尤其是下次产业与科技变革

的战略方向。因此，我们可以以此建立国家队、企业队和科研机构团队，充分发挥各方主动性和创造性，构建产、学、研、资、政的多耦合、可持续创新体系，打破科技的国际垄断。

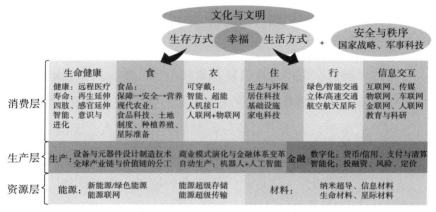

图8-1 人类文明发展的科技图谱

这些科技创新的实现需要建立大国与世界协同的全产业链体系，没有市场机制支撑的全产业链体系，科技攻关将面临顾此失彼、疲于应付、无法持续、缺乏后劲的尴尬境地。

这些科技创新的实现还需要产业和资本的整合。科技进步来自科研创新，科研创新基于教育，这些因素说到底就是人才，是对本国人才的培养，也是对全球精英人才的吸引与争夺。人才往哪里走，哪里就会成为科技创新的高地。

三、打破规则垄断、变革国际联盟

美国在二战后牵头建立了联合国、WTO、世界银行等国际组织，以及 OECD 和区域联盟，还有国际行业与标准化的组织，通过这些组织建立了主导当今国际交往的规则体系，比如，国际货币与金融结算体系。如果在规则方面进行"卡脖子"，被"卡"的国家基本就会被孤立，甚至可能被隔离在主流现代文明之外。

后发国家必须积极融入现有的规则体系，先加入，再贡献，渐进式地参与组织及相应规则的制定和革新，条件成熟时再谋求主导甚至建立新的规则体系，切勿操之过急。

同时，要推动建立国际反垄断联盟，积极参与国家/地区的科技、资源、经贸、政治、人才、生态等行业或领域联盟的变革，发挥"一带一路"倡议、东盟与中日韩（10+3）等组织的发展作用。

四、反卡博弈

石油、天然气、煤炭、核原料等重要能源，铁、铜、稀土、新能源元素（如锂、钴等）、新金属（如铼等）、新材料等重要战略矿产，这些资源矿藏天然形成，在各国的分布并不均匀，主要产区的控制权成为"卡脖子"博弈的核心。这类资源如果本国匮乏，无法实现自主替代（当然我国曾通过自主勘探摘掉过贫油的"帽子"），在短时间内也很难通过科技创新的方法实现创新替代。除此之外有两个可行的方法，一是通过与这些资源的主要产区建立可保障的合作或取得控制权，二是从本国的战略资源优势中梳理可以"卡"住对方的资源，如稀土等，建立本国的"卡脖子"资源反制体系，与对方"卡"我们的资源实现交换，建立"卡"

与被"卡"的交换博弈。

五、运输新通道

由于资源全球分布的不均匀性，像我国这样有着庞大需求的大国，很难实现资源的自给自足，所以全球资源的贸易成为必然选择，而交通运输则成为无法回避的环节。马六甲海峡、南海是对我国非常重要的交通路径，如果不能保障，就会被别人"卡了脖子"。"一带一路"也许有替代作用，但无论从成本还是运力和速度等方面，海路都是无法完全被替代的方式。而巴拿马运河、苏伊士运河、直布罗陀海峡、北大西洋航道、北冰洋航道等航路，既可能替代，也可能作为博弈交换的手段。不过，这些咽喉要道一般都是被几个大国控制，而非其地域属国。我国是联合国五大常任理事国里唯一没有海外领土和军事基地的国家，如何建立全球的经济贸易保障，是我国崛起和复兴必须考虑的问题。

探索建立海路、陆路、空路的运输新通道，改善与现有海陆空国际交通要道的政治与经贸关系，必须建立长久合作机制。

过去几百年，人类文明从陆地走向海洋。从当前到未来，人类活动的热点领域将从天空到太空，从太空到星际，也许，新的"星际大航海"时代正在到来。"星际大航海"不仅是新的开疆破土，新科技更会在新的探索中产生，我国已经错过600年前的大航海，这一次不能再留遗憾了。

第二节 "双循环"是破解"卡脖子"的重大战略

一、G2博弈是新时代难以回避的历史阶段

"卡脖子"是既有霸主对崛起大国的抑制战略，G2之间存在着认知的不对称性，中国了解美国多，美国了解中国少，两个大国间存在着三个层面的利益冲突：一是国家之争，国家不同，在国际政治和经济领域的话语权和国内的执政需要等方面会有差异；二是文化之争，不同的文化模式、不同的宗教信仰、不同的意识形态、不同的国家制度，必然会带来冲突；三是文明之争，不同民族、不同种族、不同肤色、不同基因，存在互相竞争的本能。

但这个冲突博弈只会存在于一定的历史阶段，不会永远持续下去，随着中国的复兴崛起带来G2力量的对比变化，大国关系会走向新的平衡。

二、双循环是应对"卡脖子"国家博弈的必然方案

有些被"卡"的领域,是后发国家的短板,也是可以自力更生的方面,可以通过内部市场、自主创新等构建自身实力的国内循环的办法解决。

有些领域,需要后发国家继续开放,寻找外部替代、创新外部交流、建立外部联盟的国际循环的方法解决。

我国经济规模增长,内需超越进出口已成为经济主要力量,我国是大国经济体,与日本、德国、新加坡、瑞士等国的经济模型有本质差别。小国难以建立足够的国内循环,而我国的国内循环具有现实基础;美国自我感觉对原 G1 格局变化不适,正在全方位限制我国崛起,我们必须重视国内循环。

现代科技和经济的发展,又必须国际化产业分工才能深化,才能持续,在资源共享、科技合作、产业链分工、市场互补等方面,国际循环也不可缺少;而创新进步的重要因素就是竞争和多样化,没有国际循环,颠覆性创新进步可能很难发生;应对气候变化、解决环境生态问题、实现碳中和目标,必须全球合作;数字经济时代,全球化成本极大降低,地理疆域受到巨大冲击,国际循环已无法回避。

从历史上看,无论是人类文明早期青铜器技术的传播,还是农业文明时期丝绸之路带来的番薯、玉米、土豆等引入中国,中世纪末期造纸术传入欧洲,更不用说郑和下西洋的停止与欧洲大航海开启带来的东西方"大分流",现代科技文明的进步完全建立在国际大循环的基础之上,这些都证明了国内循环只是为了更好

地国际循环而储备实力。

希望我国作为大国,能够依靠国内循环的缓冲,应对"卡脖子"的历史挑战,最终开辟更加开放的国际大循环,以更多、更重要的新"四大发明",实现中华民族的伟大复兴,为人类文明的再进步、再革命做出不可或缺的新贡献!

第三节　突围的基础还是实力

没有硬实力，话语权会沦为空谈，规则也会失去执行的保障，组织也会被架空，一切战略、策略都难以实施。

实力即国家核心竞争力，包括全球资源控制力、创新能力（科技交流＋多元化思维＋多元化人才吸引力，学习模式与领先模式）、转化能力（市场经济体系：产业与资本体系）、国际联盟能力（共识与规则制定）和执行保障能力等五方面的能力。

实力既有硬实力，也有软实力。硬实力包括科技、军事和资源，软实力包括科教、市场、企业、资本、文化、制度、意识形态、价值观等共识，也包括包容性，即发达国家与发展中国家的兼容性和不同宗教信仰、文明的兼容性。

实力也有明实力和暗实力。明实力就是可以描述、计算和衡量的实力，暗实力则是难以衡量、计算，但又非常重要的实力。

我国目前已经初步形成了一系列的特色实力：一是新型举国体制，正在形成国家创新体系的整合（国家需求＋产业需求＋好奇需求）；二是新型开放格局，以中国文化的历史性和包容性逐渐形成国际联盟能力。

国家实力比较的历史说明,价值共识和规则共识比利益重要,需要国家层面、企业层面、行业与第三方组织层面等多层面的综合。

第四节　突破"金德尔伯格"和"修昔底德"两大陷阱

在我国重新崛起的复兴过程中，不仅我国会面临"修昔底德陷阱"的威胁，世界也会因为美国绝对国际霸主的相对势力平衡的打破，面临掉入"金德尔伯格陷阱"的风险。

"修昔底德陷阱"源自古希腊著名历史学家修昔底德。他认为，当一个崛起的大国与既有的统治霸主竞争时，双方面临的危险多数以战争告终，一个新崛起的大国必然要挑战现存大国，而现存大国也必然会回应这种威胁，战争变得不可避免。本书的第一章也回顾了世界历史上 16 次大国竞争，仅有 4 次没有通过战争解决。

但是，随着人类文明的进步，人类之间的矛盾有了更加文明的解决办法，"卡脖子"与"反卡脖子"的博弈也有非战争的手段来解决。

2017 年 1 月，美国麻省理工学院教授查尔斯·P. 金德尔伯格（Charles P.Kindleberger）教授提出"金德尔伯格陷阱理论"。作为著名世界经济史学家、国际政治经济学和国际关系学的霸权稳定

第八章 大国突围："卡脖子"的破解之道

理论奠基者之一，也是二战后马歇尔计划的主要构建者之一，金德尔伯格认为，20世纪30年代的灾难起源于美国取代英国成为全球最大强权，但又未能像英国一样承担起提供全球公共产品的责任。美国尽管取代英国成为世界最大经济体，但未能接替英国扮演的角色，结果导致了全球经济体系陷入衰退、种族灭绝和世界大战。对全球秩序而言，缺少了全球公共品的提供者。他担心，当前中国的再次崛起和美国全球力量的相对减弱，有可能造成美国无力承担重要国际公共产品的供给，导致世界再次陷入领导力空缺、危机四起的险境。

早在20世纪六七十年代，美国经济学家奥尔森（Mancur Olson）等人提出相对于国内公共产品的国际公共产品的概念。它具有非排他性和非竞争性的特点，是成本和获益超越单一国家边界、跨越不同世代、超越不同人群的共享产品。典型的国际公共产品包括稳定的国际金融和货币体系、开放的国际自由贸易、协调的国际宏观经济政策、国际安全保障体系与公海航行自由等。

此后，金德尔伯格、吉尔平（Robert Gilpin）、考尔（Inge Kaul）、桑德勒（Todd Sandler）等学者把国际公共产品概念用以分析国际政治经济关系，并结合国际现实完善概念内涵，把国际公共产品按部门领域划分为环境性、经济性、社会性以及制度或基础设施等类型。今天，世界和平、区域合作、自由贸易、经济增长、金融稳定、环境保护、传染病防治、知识产权保护、度量衡与标准的统一等大量容易产生外部效应的国际公共产品已经成为全球化与国际关系的重要议题，对世界各国的发展、稳定与安全产生了深远的影响。

国际公共产品是人类文明进步的标志,是国家之间冲突的解决方式不再依赖于战争的重要基础。但国际公共产品的稳定供给需要巨大的成本,一个国家能否以及愿否承担重要国际公共产品的供给,既依赖于该国是否具备建立世界秩序、维护世界秩序的能力、实力和影响力,也依赖于该国是否可以从提供国际公共产品中获得一定的收益,如国际话语权的决策者利益等直接收益和国际铸币权等间接收益,这些收益应当能够覆盖提供国际公共产品而付出的成本。

世界正在进入 G2 时代,G1 向 G2 的过渡需要避免"修昔底德陷阱",而实力既会带来权利,也会产生义务,G1 全球权利格局向 G2 格局的平稳过渡也须避免世界落入"金德尔伯格陷阱"。

新时代需要新型国家战略观,需要对人类命运共同体做出时代诠释——突破"金德尔伯格陷阱",承担人类文明发展的新使命,做出新贡献,建立价值共享、责任共担的新体系。

习近平总书记在 2015 年访美期间指出:"中国一直是现行国际体系的参与者、建设者、贡献者,同时也是受益者。改革和完善现行国际体系,不意味着另起炉灶,而是要推动它朝着更加公正合理的方向发展。"我国正在履行大国责任,提供公共产品,提出解决世界问题的方案。

我国改革开放不断融入世界体系的过程,一直坚持"和平与发展"的时代主题,我国提出"一带一路"倡议和成立金砖国家开发银行、亚洲基础设施投资银行等,本质上是与世界分享我国的繁荣和发展,邀请其他国家搭我国发展的"快车""便车"。在 G20 杭州峰会期间,我国倡议各国共同努力,"构建创新、活力、

第八章 大国突围:"卡脖子"的破解之道

联动、包容的世界经济";在达沃斯世界经济论坛上,我国为世界经济把脉,并提出打造富有活力的增长模式、开放共赢的合作模式、公正合理的治理模式、平衡普惠的发展模式;在联合国日内瓦总部,习近平总书记发出了构建人类命运共同体的倡议……这些都是我国给世界提供的公共产品。

从我国的发展阶段和综合国力来看,我国仍然是一个发展中的社会主义国家,改革、发展与国家治理仍然是国家的重心。让我国 13 亿多人口过上越来越好的生活本身就是对世界的巨大贡献,而且我们也不会回避自己应承担的国际责任。中国人民和中国领导人具有开放的世界观,立足中国、放眼世界是我们的宏大心胸和开放格局。习近平总书记提出构建人类命运共同体,就是这一心胸与格局的体现。而且,随着中国的发展,我们在若干领域开始具备参与制定国际规则的能力,还将为世界提供越来越多的国际公共产品。在 2017 年 1 月的达沃斯世界经济论坛上,习近平总书记提出:中国的发展是世界的机遇,中国持续的改革开放为开放型世界经济发展提供了重要动力。他还多次强调,在"一带一路"建设和国际经贸合作上要讲求"共商、共建、共享"。这些说明,中国不谋求世界领导地位,也没有必要代替美国承担国际领导责任,但是我们不会回避自己的大国责任。

2021 年 4 月 22 日,中国国家主席习近平在世界领导人气候峰会上发表了题为《共同构建人与自然生命共同体》的重要讲话,做出了中国"碳达峰、碳中和"的承诺:"中华文明历来崇尚天人合一,追求人与自然和谐共生……中国以生态文明思想为指导,贯彻新发展理念,以经济社会发展全面绿色转型为引领,以能源绿色低碳发展为关键,坚持走生态优先、绿色低碳的发展道路。中国将力争2030年前实现碳达峰、2060年前实现碳中和……中国承诺实现从碳达峰到碳中和的时间,远远短于发达国家所用的时间,需要中方付出艰苦努力。"这是我国为世界公共产品做出进一步贡献的新努力。

"修昔底德陷阱"可以避免,"金德尔伯格陷阱"也可以避免。

结　语

破解"卡脖子"难题，第一，要认清"卡脖子"双方的意愿，两个国家往往存在着彼此认知的不对称性和目标的冲突，这些不对称性和冲突一般源于国家之争（政治与经济利益），文化之争（意识形态、信仰的道路模式）和文明之争（民族、种族、肤色的基因竞争本能）三个层面，其中有可以共赢的成分，也有相互竞争的成分；第二，要了解双方实力，而且要认识到实力对比的变化性；第三，必须保持长期耐心的心态；第四，还要具备应急与未雨绸缪的反应能力；第五，应当夯实基础实力，提升措施技巧，充分发挥自身与国际联盟的综合力量。

在本书的结尾，再次重温"生于忧患，死于安乐"的古训，国家之间需要合作，要避免战争，人类文明才能提升到更高的水平；再次重温中国"和而不同"的大国包容情怀，国家之间也需要竞争，需要不同，文明才能不断反思、彼此学习、不断改进。人类文明需要多样性，需要包容性，东方文明和西方文明都是伟大的文明，我们有足够的智慧在地球上乃至宇宙中共同存在、共同成长、共同进化，人类必将拥有一个科技进步、你追我赶、丰富多彩的灿烂未来！

参考文献

[1] Herr T. Malware counter-proliferation and the Wassenaar Arrangement[C]// Cyber Conflict(CyCon), 2016.8th International Conference on. IEEE, 2016: 175-190.

[2] Joseph S.Nye. Soft Power[J]. Foreign Policy, 1990(80): 153-171.

[3] Lewis A, Goldstein J. The Effectiveness of the Wassenaar Arrangement as the Non-Proliferation Regime for Conventional Weapons[J]. 2015:46-49.

[4] Lipson M. The Wassenaar Arrangement: Transparency and Restraint through Trans-Governmental Cooperation?[M]// Non-Proliferation Export Controls. Routledge, 2017:5782.

[5] 常雁.关注限制措施对全球贸易之影响[J].中国贸易救济,2014(4):4-5.

[6] 陈劲,阳镇,朱子钦."十四五"时期"卡脖子"技术的破解：识别框架、战略转向与突破路径[J].改革,2020(12):5-15.

[7] 陈劲,朱子钦.关键核心技术"卡脖子"问题突破路径研究[J].创新科技,2020,20(7):1-8.

[8] 陈文艺.近代国际关系史[M].郑州：河南大学出版社,1986.

[9] 陈文艺.十七世纪后半期三次英荷战争的背景与后果[J].历史教学,1984(1).

[10] 冯聪.美国金融制裁机制研究与启示[J].银行家,2020(5).

[11] 葛树荣,陈俊飞.德国制造业文化的启示[J].企业文明,2011(8):26-29.

[12] 顾强.大国经济与工业强国之路[M].北京：电子工业出版社,2015.

[13] 何力.美国"301条款"的复活与WTO[J].政法论丛,2017(6).

[14] 侯红育.瓦森纳安排的缘起与发展[J].国际论坛,2005(5):1-6.

[15] 胡才珍,左昌飞.从苏伊士运河事件看英美"特殊关系"[J].武汉大学学报(人文社科版),2006(4).

[16] 胡才珍.论19世纪末20世纪初德国在欧洲历史地位的巨变[J].武汉大学学报(人文社科版),2017(11).

[17] 黄磊.美国新旧"伊朗制裁法案"的比较及其影响[J].国际经济合作,2011(4).

[18] 纪顺洪,陈兴淋.美国出口管制影响中国产业技术创新机理研究[J].上海经济研究,2017(1):60-67.

[19] 贾辉,鞠光.识别美初级制裁和次级制裁[J].中国外汇,2019(18).

[20] 蓝庆新,窦凯.美欧日数字贸易的内涵演变、发展趋势及中国策略[J].国际贸易,2019(6):48-54.

[21] 李恒阳.美国不扩散出口管制政策分析[D].外交学院,2013.

[22] 李杨,陈寰琦,周念利.数字贸易规则"美式模板"对中国的挑战及应对[J].国际贸易,2016(10):24-27,37.

[23] 李峥.美国推动中美科技"脱钩"的深层动因及长期趋势[J].现代国际关系,2020(1):33-40.

[24] 刘斌,李秋静.特朗普时期美国对华出口管制的最新趋势与应对策略[J].国际贸易,2019.

[25] 刘鹤.加快构建以国内大循环为主体、国内国际双循环相互促进的新发展格局[N].人民日报,2020-11-25(6).

[26] 刘理远.美国对华高新科技产品出口限制原因及对第三国影响之探究——一个基于动态博弈模型的理论分析[J].中国外资,2011.

[27] 刘雅祺.中国对外直接投资产业选择研究[D].吉林财经大学,2018.

[28] 罗蓉.特朗普政府2017年贸易政策议程[J].贸易风险预警,2017(5):23-25.

[29] 吕文栋,林琳,赵杨,钟凯.美国对华高技术出口管制与中国应对策略研究[J].科学决策,2020.

[30] 马鑫, 许钊颖. 美国对俄罗斯的金融制裁 [J]. 美国研究, 2015 (5).

[31] 梅永红, 王梅, 凌文, 罗宁, 杨长利, 宋世麒. 草根的力量 [J]. 中国工业报, 2019 (01).

[32] 彭爽, 曾国安. 美国出口管制政策的演变与启示 [J]. 理论月刊, 2014 (1): 185-188.

[33] 彭爽, 张晓东. 论美国的出口管制体制 [J]. 经济资料译丛, 2015 (2): 24-41.

[34] 任胜君. 软硬力量的协调运用与国家对外关系 [D]. 上海外国语大学, 2018.

[35] 任泽平, 罗志桓. 全球贸易摩擦与大国兴衰 [M]. 北京: 人民出版社, 2019.

[36] 宋力昕. 关于"卡脖子"技术问题的思考 [J]. 科学与社会, 2020, 10 (04): 12-14, 19-21.

[37] 苏均平, 江北, 许放. 学科与学科建设 [M]. 上海: 第二军医大学出版社, 2014.

[38] 孙宁. "十一五"期间东北石油大学获得多项国家科技重大专项三级课题 [J]. 大庆石油学院学报, 2011 (3).

[39] 汤志伟, 李昱璇, 张龙鹏. 中美贸易摩擦背景下"卡脖子"技术识别方法与突破路径——以电子信息产业为例 [J]. 科技进步与对策, 2021 (1): 1-9.

[40] 唐恒, 邵泽宇, 蔡兴兵, 金志成. 专利视角下"卡脖子"技术短板甄选研究 [J]. 中国发明与专利, 2021 (1): 54-59.

[41] 王能全. 石油的时代 [M]. 北京: 中信出版社, 2018.

[42] 王孝松, 刘元春. 出口管制与贸易逆差——以美国高新技术产品对华出口管制为例 [J]. 国际经贸探索, 2017, 33 (1): 91-104.

[43] 王英俭. "卡脖子"问题到底被什么卡住了 [J]. 科学与社会, 2020, 10 (4): 9-11.

[44] 韦宗友. 特朗普政府限制中美科技人文交流政策探析 [J]. 美国问题研究, 2020 (1): 133-152.

［45］吴晓波，朱克力，新经济导刊.读懂中国制造2025［M］.北京：中信出版社，2015.

［46］吴学云.美元刀：美元全球经济殖民战略解析［M］.北京：中国经济出版社，2009.

［47］武汉大学中美科技竞争研究课题组.中美科技竞争的分析与对策思考［J］.中国软科学，2020（1）：1-10.

［48］夏清华，乐毅."卡脖子"技术究竟属于基础研究还是应用研究？［J］.科技中国，2020（10）：15-19.

［49］肖广岭.以颠覆性技术和"卡脖子"技术驱动创新发展［J］.人民论坛·学术前沿，2019（13）：55-61.

［50］徐以升，马鑫.金融制裁：美国新型全球不对称权力［M］.北京：中国经济出版社，2015.

［51］薛彦平.中欧高科技贸易中的问题和解决方案［J］.政策研究，2011，26（3）：22-27.

［52］杨宁，耿燕.英国技术出口管制体系对我国开展国际科技合作的启示［J］.中国高校科技，2016（1）：80-83.

［53］叶开.瓦森纳安排机制评析［D］.外交学院，2019.

［54］于桐研.试析特朗普政府的对话政策［D］.吉林大学，2018.

［55］余建华，孙霞.俄乌天然气争端反思［J］.俄罗斯中亚东欧研究，2010（3）.

［56］袁昊.新兴权利视域下互联网平台数据垄断的法律规制［J］.西北民族大学学报（哲学社会科学版），2020（5）：81-91.

［57］张芳芳.B公司申报国家资助G项目的工作能力评估研究［D］.中国科学院大学，2014.

［58］张镁利，董瑞青，顾强.世界工业强国的特征探讨［J］.现代产业经济，2013（9）.

［59］张长岭.美国出口管制的历史演变［J］.军事政治学研究，2014（1）：009.

［60］浙江省社科院课题组.走在前列谋新篇：新常态下若干重大问题的思考［M］.北京：社会科学文献出版社，2015.

［61］朱丹.中国加工贸易产业的转移与越南的承接［D］.陕西师范大学，2014.

［62］产业观察.美国到底有没有产业政策？——从《美国先进制造业领导战略》说起.微信公众号：华夏幸福产业研究院，2018.10.25.